CLASSES, RAÇAS E DEMOCRACIA

CB132248

FUSP
Fundação de Apoio à Universidade de São Paulo

Antonio Sérgio
Alfredo Guimarães

CLASSES, RAÇAS E DEMOCRACIA

Apoio: Fundação Ford

editora 34

EDITORA 34

Editora 34 Ltda.
Rua Hungria, 592 Jardim Europa CEP 01455-000
São Paulo - SP Brasil Tel/Fax (11) 3816-6777 editora34@uol.com.br

FUSP – Fundação de Apoio à Universidade de São Paulo
Av. Afrânio Peixoto, 14 Butantã CEP 05507-000
São Paulo - SP Brasil Tel/Fax (11) 3815-0800 fusp@edu.usp.br

Apoio: Fundação Ford

Copyright © Editora 34 Ltda., 2002
Classes, raças e democracia © Antonio Sérgio Alfredo Guimarães, 2002

A FOTOCÓPIA DE QUALQUER FOLHA DESTE LIVRO É ILEGAL, E CONFIGURA UMA APROPRIAÇÃO INDEVIDA DOS DIREITOS INTELECTUAIS E PATRIMONIAIS DO AUTOR.

Capa, projeto gráfico e editoração eletrônica:
Bracher & Malta Produção Gráfica

Revisão:
Adrienne de Oliveira Firmo

1ª Edição - 2002

Catalogação na Fonte do Departamento Nacional do Livro
(Fundação Biblioteca Nacional, RJ, Brasil)

Guimarães, Antonio Sérgio Alfredo
G963c Classes, raças e democracia / Antonio Sérgio Alfredo Guimarães. — São Paulo: Fundação de Apoio à Universidade de São Paulo; Ed. 34, 2002.
232 p.

ISBN 85-7326-232-X

1. Racismo - Brasil. 2. Classes sociais - Brasil. 3. Brasil - Relações raciais. I. Fundação de Apoio à Universidade de São Paulo. II. Título.

CDD - 305.80981

CLASSES, RAÇAS E DEMOCRACIA

Agradecimentos 7

Apresentação 9

1. Classes sociais 13
   - O grande consenso dos anos 1960: industrialização e modernidade 15
   - O Estado e os empresários como agentes sociais 16
   - Os estudos sobre a formação da classe trabalhadora brasileira 20
   - Os estudos sobre as classes médias 30
   - Os estudos sobre o campesinato e o proletariado rural 32
   - Novos estudos de classe 35
   - Classe como "condição" e "identidade" 38
   - Conclusões 42

2. Raça e pobreza no Brasil 47
   - Rediscutindo o conceito de raça 48
   - Os limites do racialismo negro 61
   - As causas da pobreza negra no Brasil: algumas reflexões 64
   - As críticas às ações afirmativas 70
   - Conclusões 75

3. Política de integração e política de identidade 79
   - O voto negro e a ciência política 80
   - O conformismo negro 85
   - Os movimentos negros 87
   - A dinâmica do movimento negro 90
   - O quilombismo ou a influência de Abdias do Nascimento nos anos 1980 99
   - Os limites da cooptação 105

4. Direitos e avessos da nacionalidade 109
   - A matriz francesa: memória e não raças 110
   - A matriz americana: o encontro do paraíso 113
   - O Brasil moderno: uma democracia racial 117
   - Uma nova identidade nacional brasileira? 122
   - Os avessos do mito: o preconceito contra os baianos 125

5. Democracia racial: o ideal, o pacto e o mito 137
A idéia de um paraíso racial 139
O "Itinerário da democracia" de Roger Bastide 141
O consenso racial-democrático 144
A "democracia social e étnica" e a
denúncia do "mito da democracia racial" 149
O novo protesto negro e o "mito da democracia racial" 157
A democracia racial enquanto mito 163
Conclusões 166

6. O mito anverso: o insulto racial 169
O que são os insultos raciais? 171
Os termos injuriosos encontrados 173
As situações de insulto 181
Insultados e insultantes 186
Os insultos proferidos em situação de trabalho 189
Os insultos dos vizinhos 191
Os insultos a consumidores 192
O insulto no trânsito e em outros âmbitos 193
Conclusões 194

Bibliografia 197

AGRADECIMENTOS

Os capítulos que compõem este livro resultam de projetos de pesquisa realizados com o apoio financeiro de diversas instituições e agências de fomento. Entre elas: a Fundação Ford, através da dotação nº 0980-1814; a ANPOCS (Associação Nacional de Pós-Graduação em Ciências Sociais), e a CAPES, através do projeto "O que ler na ciência social brasileira"; o CNPq, através de uma bolsa de produtividade de pesquisa; a FAPESP, através da concessão de uma bolsa pesquisa no exterior, entre dezembro de 1999 e fevereiro de 2000.

Dentre as instituições que apoiaram tais projetos estão o Departamento de Sociologia da USP, através de Líseas Negrão e Sedi Hirano, e Centre des Recherches sur le Brésil Contemporain, da École des Hautes Études en Sciences Sociales, através de Afrânio Garcia.

Nadya Araujo Guimarães teve paciência para rever os originais do livro, sugerindo melhorias no estilo e na argumentação. Márcio Macedo, Flávia Mateus Rios, Rita Hipólito e Uvanderson Vitor da Silva, meus assistentes de pesquisa, ajudaram na coleta de material e na organização da bibliografia. Os meus agradecimentos às outras pessoas que discutiram versões anteriores dos textos que compõem este livro estão expressos em cada um dos capítulos. Nestes encontra-se também a referência bibliográfica da versão publicada em revista acadêmica ou apresentada em congresso científico.

APRESENTAÇÃO

Este livro reúne artigos escritos por mim entre 1999 e 2001. O que os une são duas indagações que me têm sido constantemente repetidas: primeira, qual a relação entre classes e "raças" e, segunda, o que significa, afinal, democracia racial?

A idéia de que a discriminação e o preconceito de que sofrem os negros no Brasil, assim como as desigualdades sociais entre brancos e negros, têm um fundamento de "classe" é uma idéia que persiste apesar de todas as tentativas feitas anteriormente, por mim ou por outros, para demonstrar o seu caráter racial. Do mesmo modo, a idéia de que a democracia racial é, ao fim e ao cabo, uma doutrina satisfatória ou, pelo menos, fundadora de um possível futuro de relações não-racistas entre os grupos de cor parece resistente à denúncia do "mito da democracia racial". Nos capítulos que seguem, tento desvendar a permanência dessas concepções (que poderia chamar também de ilusões).

No capítulo inicial deste livro, resenho a trajetória acadêmica do conceito de "classes sociais" na sociologia brasileira. O conceito de "classe", como sabemos, ganhou universalidade e difusão através dos escritos de Marx e dos marxistas. Para demonstrar que a sociedade capitalista moderna, a sociedade burguesa, devia sua dinâmica e seu desenvolvimento à exploração dos trabalhadores, Marx (1967), subtraiu de sua análise da relação social de trabalho no capitalismo todas as formas de coerção não-econômicas que pudessem conspurcar essa relação (o gênero, a etnia, a idade, a raça, a religião, a nacionalidade etc.). Sua intenção era encontrar e analisar a relação de exploração entre capital e trabalho que fosse tipicamente capitalista. O argumento político erroneamente derivado dessa análise em abstrato, que muito deve ao evolucionismo do século XIX, foi o de que as classes sociais capitalistas se formam prescindindo de qualquer uma daquelas formas de sociabilidade, consideradas a partir daí como formas arcaicas, a serem superadas pelo próprio regime capitalista. Ora, o conceito de classes sociais capitalistas nada mais é que um recurso analítico para referir-se a esse tipo de exploração, que, na prática social e no mundo real, aparece sempre misturado a hierarquias de gênero, de raça, etnia ou outra forma qualquer de construção de *outsiders* (Elias e Scotson, 1994). O problema teórico deve ser colocado como de exploração ou apropriação diferencial de recursos. Assim, tautologicamente e por definição, não se pode escapar do fato de que as desigualdades raciais no capitalismo sejam também desigualdades de classe (afinal trata-se de apropriação diferencial). Do mesmo modo, os preconceitos de cor ou de raça só têm sentido se resultarem em posições de classe, distinguindo brancos de negros, no caso específico de que estamos tratando. O fato de que tais preconceitos e desigualdades persistam no interior de uma mesma classe é o modo lógico mais claro de demonstrar a atuação de componente tipicamente "racial" na geração dessas desigualdades. Ou seja, a constante recriação de raças, gêneros e etnias continua sendo um dos meios mais eficientes de gerar exploração econômica e tal "tecnologia" longe de ser suplantada no capitalismo tardio, tem sido constantemente reatualizada.

No primeiro capítulo deste livro, portanto, me dedico a resenhar boa parte da literatura sociológica brasileira para descobrir a trajetória do conceito de "classe" entre nós. Meu objetivo, mais que contextualizar, é alargar a concepção de "classes" para usá-la não apenas como categoria analítica, mas como grupo de pertença. Isso para sugerir que, seguindo a intuição nativa, no Brasil, os "negros" formam uma "classe".

No segundo capítulo, ao contrário, volto-me para esclarecer como a palavra "raça" pode e deve ser empregada como conceito analítico. Nesse capítulo, retomo os argumentos do meu livro anterior (Guimarães, 1999), enriquecendo-o com o diálogo e debate profícuos que estabeleci com alguns dos meus críticos.

No capítulo terceiro, busco reinterpretar o intervalo democrático entre 1945 e 1964 como compromisso político, a um só tempo racial e de classes. Ou seja, nesse capítulo avanço a tese de que a democracia racial brasileira não foi apenas doutrina de convivência pacífica entre as raças ou ideologia de dominação racial, ou mesmo mito fundador da nacionalidade brasileira: foi também, e principalmente, um pacto econômico e político que uniu a massa negra urbana (formada principalmente por trabalhadores) e os intelectuais negros ao *establishment* (elites políticas, intelectuais e econômicas) do Estado desenvolvimentista.

No quarto capítulo, trato diretamente da formação do imaginário nacional do Brasil moderno e das mudanças que podem ser observadas recentemente na nossa "democracia racial", mais especificamente das fissuras que expõe, nesse começo de século, o nosso sentimento de nacionalidade. Nesse capítulo, invisto na temporalidade e historicidade desse sentimento, abordando algumas tensões recentes que aparecem no nosso trato com os indígenas e os negros. No final, trato dos imigrantes nordestinos. Investigo a origem de sua discriminação, algo que antecede a grande imigração para o Sudeste, nos anos 1950. Meu argumento é que o preconceito contra os "baianos" e "nordestinos" teceu-se no século XX — após a primeira leva de modernização em finais dos oitocentos —, a partir da substituição da herança cultural luso-brasileira e colonial pela modernidade européia, estigmatizando a tudo e a todos que remetiam àquele passado. O Nordeste, particularmente a Bahia, e nordestinos passaram a ser associados ao atraso, ao arcaico, ao avesso do trabalho livre e voluntarioso. Essa forma de estigmatizar os outros pelo que a eles atribuímos de antimoderno e não-europeu parece ser uma constante no nosso modo de ser, alimentando os estigmas que cultivamos também em relação a outros grupos étnicos, sociais e nacionais.

No quinto capítulo, examino a construção e vulgarização da idéia de democracia racial, assim como sua aparente dissolução atual. Nele procuro restituir à expressão "democracia racial" os seus significados históricos, datando os diversos contextos em que tal concepção vigeu.

No último e sexto capítulo, retomo a análise empírica do racismo à brasileira, tomando como objeto os insultos raciais. Esse texto tem a mesma extração temporal e documental dos capítulos reunidos em um livro anterior meu (Guimarães, 1998). Trata-se de um banco de dados sobre queixas de discriminação racial registradas na Delegacia de Crimes Raciais de São Paulo.

1.
CLASSES SOCIAIS[1]

Central para os estudos de estrutura, organização e estratificação social, o conceito de "classes sociais" emerge com a nascente academia brasileira. Em 1942, Donald Pierson caracteriza o Brasil como uma "sociedade multirracial de classes" ou de grupos sociais abertos — ao contrário de sociedade de castas, que são grupos fechados, ou de "estados", grupos mais comunais que societários (Pierson, 1942, 1945). Estas distinções, introduzidas por Tönnies (1966) e Weber (1968), foram posteriormente reelaboradas pela sociologia americana e popularizadas em manuais de sociologia.

Nos anos 1940, a revista *Sociologia*, editada pela Escola de Sociologia e Política de São Paulo, serviu de veículo para o primeiro debate teórico sobre classes sociais, na nascente sociologia brasileira (Pierson, 1945, 1948; Pinto, 1946; Fernandes, 1948; Willems, 1948).

De modo geral, o debate opôs, de um lado, aqueles que, como Pierson e Willems, viam as "classes" como meros estratos sociais, dotados de consciência e sociabilidade próprias[2] e, de outro lado, aqueles que, como Pinto e Fernandes, viam as classes

---

[1] Este capítulo é uma versão ampliada do capítulo publicado originalmente em Sergio Miceli (org.), *O que ler na ciência social brasileira (1970-1995)*, vol. II: *Sociologia*, São Paulo/Brasília, Sumaré/ANPOCS/CAPES, 1999, pp. 13-56.

[2] Seguindo as orientações traçadas nos estudos de Yankee City por Lloyd Warner. Ver Gordon (1963).

como estruturas sociais, que condicionavam as ações coletivas nas sociedades capitalistas. Para os primeiros, o conceito de "classe social" era aplicável a qualquer sociedade humana, sendo simples sinônimo para "camada social", distinguindo-se apenas de outros tipos de estratos pelo grau de mobilidade ou solidariedade que proporcionava.[3] Para os segundos, as economias ocidentais capitalistas teriam se encarregado de destruir as sociedades de castas e de estados, anteriormente existentes, de tal modo que a sociedade de classes passou a condicionar a sociabilidade própria à modernidade e ao capitalismo ocidentais.

Em jogo, estavam mais que as concepções de duas tradições disciplinares — a antropologia *versus* a sociologia — ou metodológicas — os estudos de comunidade *versus* os estudos histórico-estruturais. Tratava-se de definir o objeto mesmo da reflexão sociológica no Brasil. No dizer de Florestan, a sociologia tinha "como objeto fundamental, o conhecimento da origem, da estrutura e da dinâmica de sociedades de classes" (Fernandes, 1948: 93). No Brasil, o *objeto* da sociologia seria, pois, fundamentalmente, o desenvolvimento de uma sociedade capitalista entre nós, ou — o que vem dar no mesmo — o desenvolvimento de uma sociedade de classes ou, simplesmente, o *desenvolvimento*.

O debate entre essas duas formas de compreender e utilizar o conceito de classes sociais (como conceito descritivo, por um lado, ou como conceito explicativo, por outro) chega aos anos 1960 com o claro predomínio daqueles que consideram a *análise de classe* central para a explicação sociológica. A *análise de classe*, enquanto estilo de explicação, se fundamenta no princípio de que a estrutura social e sua reprodução dependem, fundamentalmente, da ação das classes. Tal estilo de fazer sociologia consiste, basicamente, em interpretar e explicar os fenômenos sociais a

---

[3] Podemos subdividir essa corrente em duas: havia os que prescindiam de problematizar as classes e havia os que buscavam, em seus trabalhos de campo, compreender a organização social através da estratificação em classes das comunidades estudadas (Candido, 1947; Willems, 1947).

partir do comportamento e das atitudes de atores coletivos, referidos, direta ou indiretamente, às classes sociais, prescindindo ou não de atores individuais.

O GRANDE CONSENSO DOS ANOS 1960: INDUSTRIALIZAÇÃO E MODERNIDADE

A sociologia brasileira, em seus primeiros anos, principalmente nas décadas de 1930 e 1940, era ainda uma sociologia tributária daquela feita em Chicago, cuja força se mostrava nos estudos de comunidade. Logo em seguida, a partir dos meados dos 1950, formar-se-á um grande consenso teórico, que transformará o processo de industrialização em *explanandum* onipresente de todos os fenômenos sociais brasileiros. Tal paradigma se consubstancia na idéia de transição, seja do tradicional para o moderno, seja do patrimonial para a ordem social competitiva, seja do escravismo para o capitalismo, seja do capitalismo mercantil para o capitalismo industrial.

Nesse contexto teórico, serão as classes sociais os principais agentes e o seu conceito a principal ferramenta da sociologia. A própria idéia de sociologia passa a ser associada ao conhecimento de uma estrutura (a estrutura social), regida por leis científicas e, portanto, racionalmente compreensível, mas totalmente opaca ao entendimento dos indivíduos *qua* atores sociais. As relações sociais engendradas pelo processo de industrialização serão alçadas, portanto, à condição de principal objeto da pesquisa sociológica, mas também — numa petição de princípios evidente — à condição de explicação mais plausível para os fenômenos mais diversificados.

Os anos 1960 assistiram ao avanço da teoria das classes e à consolidação da influência do marxismo, e de todas as formas de explicação estrutural, na Sociologia brasileira. A vontade de desenvolvimento econômico e social passou, cada vez mais, a vincular-se a uma expectativa de que as classes sociais (fosse o empresariado industrial, fosse o operariado nascente, fossem as classes médias) adquirissem a consciência necessária para assumir o que se pensava ser seu papel histórico: quer a superação das oligarquias agrárias no poder, quer a implantação do socialismo.

Essa problemática será expressa, sob a forma de *análise de classes*, em três movimentos teóricos:

a) O de uma sociologia econômica. Trata-se dos estudos de desenvolvimento econômico-social que culminam com as análises de *dependência* (Fernandes, 1968, 1975; Cardoso e Faletto, 1969). Nesse caso, as análises macrossociais abandonam o estilo metodológico individualista das análises anteriores, para enfocar a articulação entre a dinâmica interna de classes, o Estado nacional e a ordem capitalista mundial. O objetivo será analisar as possibilidades de transformação do Estado e de aumento do bem-estar social; a ferramenta, a análise de classes.

b) O de uma sociologia política. Principalmente os estudos sobre patrimonialismo, clientelismo, populismo e, recentemente, democracia. Os autores de tais estudos, ainda tributários da análise de classe, focalizarão as instituições e o sistema políticos, o Estado e o seu contexto societário.

c) O dos estudos de formação das classes sociais brasileiras. Estes se ramificam em cinco: de formação do empresariado nacional; de formação de burocracias ou elites dirigentes; de formação de classes médias; de formação da classe operária industrial; e de formação do proletariado rural.

O ESTADO E OS EMPRESÁRIOS COMO AGENTES SOCIAIS

A nascente sociologia brasileira se atirou à análise dos agentes do processo de industrialização[4], procurando explicar a ação (ou

[4] "Por industrialização, a partir de 1930, não se entende somente o desenvolvimento das forças produtivas e da mecanização, mas também o

inação) de seus sujeitos/agentes: o Estado[5], a classe operária, o campesinato, a classe média e a burguesia.

O papel do Estado no processo de desenvolvimento capitalista brasileiro foi sempre elemento inesperado para os esquemas teóricos mais rígidos, permanecendo desafiador e instigante para novos esquemas interpretativos. A tal ponto o Estado esteve presente, no imaginário acadêmico, que Cerqueira e Boschi (1977: 9)[6] observam:

> "[...] no caso dos países de desenvolvimento tardio, parece-nos que a tentativa de captar a complexidade do processo político subjacente à consolidação do capitalismo industrial não se furtou de um certo viés, na medida em que, invariavelmente, salientou-se o papel determinante do Estado como matriz geradora dos processos sociais. Embora historicamente esta preponderância do Estado como núcleo vital do sistema seja inquestionável, questionável é, isto sim, o pequeno espaço que as análises conferiram à possibilidade de atuação autônoma de grupos sociais".

A princípio, para dar conta da importância do Estado, desenvolveu-se, entre nós, um estilo de análise, às vezes, por demais cul-

---

aceleramento da divisão social do trabalho, a dominação crescente do capital sobre o trabalho, a submissão da economia agrária às necessidades industriais e a imposição ao conjunto da sociedade de critérios capitalistas de 'racionalidade'" (Pinheiro, 1975: 125).

[5] Sader e Paoli (1986: 51) assim explicam a percepção do Estado enquanto agente: "[...] segundo a versão dominante do imaginário sociológico e político dos anos 60, o Estado é que torna a classe dominante apta à sua tarefa histórica quando disciplinou as relações entre as classes sociais".

[6] As citações de textos publicados nos 19 primeiros números dos *BIB* — Boletim Informativo e Bibliográfico de Ciências Sociais — serão feitas de acordo com a paginação dos *BIB*: *O que se Deve Ler em Ciências Sociais no Brasil*, vols. I, II e III.

turalista, de procura de um *ethos* nacional, outras vezes por demais estruturalista, no qual as variáveis causais ganhavam, quase sempre, o estatuto de agentes, substituindo-os[7]. Este estilo tem raízes, sem dúvida, nas análises clássicas de Gilberto Freyre (1969 [1933]), que abandonou o determinismo racial e climático do fim de século, em troca do desvendamento de uma matriz cultural fundadora; de Sérgio Buarque de Holanda (1936), que introduziu a noção de patrimonialismo[8] entre nós; e de Caio Prado Jr. (1965 [1937]), que teorizou sobre as determinações sistêmicas e as restrições exógenas ao nosso desenvolvimento nacional. Em cada uma dessas matrizes, as classes sociais, *qua* agentes, estiveram em segundo plano.

Tal tradição de análise teve continuidade com o clássico de Raymundo Faoro (1958), e levou algum tempo esquecida, sendo retomada, com toda a força, nos anos 1970, por Schwartzman (1970, 1973, 1982). Tanto em Faoro, quanto em Schwartzman, será a camada dirigente, *os donos do poder*, portadora do *ethos* patrimonialista, que dará os rumos à sociedade brasileira. Tal perspectiva, discutida à exaustão em *Dados*, nº 14, 1977, e criticada em seu culturalismo implícito, foi invariavelmente substituída por conceitos mais dialógicos, que capturavam melhor a articulação entre Estado e classes da sociedade civil, tais como os conceitos de populismo (Ianni, 1963, 1975, 1988; Camargo, 1974, 1976); de autoritarismo (Martins, 1973; Reis, 1974; Velho, 1976; Cardoso, 1975; Linz, 1975; Stepan, 1973) e de corporativismo (Erickson, 1972; Malloy, 1976; O'Donnell, 1976).

Concomitantemente, desenvolveram-se algumas perspectivas teóricas que procuraram teorizar o Estado, enquanto ator, através de categorias sociais plenas, tais como a tecnoburocracia (Martins, 1974; Pereira, 1978; Suarez, 1986) ou a burguesia de Estado (Perei-

---

[7] Na verdade, o nacionalismo de Estado foi, entre nós, uma forte ideologia. Ver, a respeito, Reis (1990).

[8] Sigo, aqui, a interpretação de Antonio Candido (1994), contrária à de Raymundo Faoro (1993).

ra, 1977, 1978, 1985). Apenas nas análises marxistas mais ortodoxas, mais próximas do PCB que da academia (Sodré, 1968, 1976), o Estado será teorizado como aparato apropriado por uma classe (a oligarquia rural e os setores agro-exportadores, ligados ao capital estrangeiro) e, portanto, quase como instância epifenomênica.

O empresariado nacional mereceu uma atenção especial de nossos analistas, principalmente depois de frustradas as esperanças de uma revolução burguesa nacionalista ou mesmo socialista (Martins, 1968; Faria, 1971; Cardoso, 1972; Cerqueira e Boschi, 1976; Guimarães, 1977; Santos, 1977; Gomes, 1979; Boschi, 1979). Tais análises desmentiram expectativas nutridas pela teoria das classes então vigente, que procurava encontrar, na burguesia, o principal ator da revolução burguesa. A conclusão, ao contrário, foi a de uma revolução sem ator (Fernandes, 1974), e de uma burguesia politicamente inexpressiva. No dizer de Cerqueira e Boschi (1977: 15): "[...] consolidou-se a idéia deste setor social como ator político de pouca relevância, o que de certa forma deslocou o foco da atenção, na produção das ciências sociais, para outros grupos tais como tecnocratas, militares e burocráticos".

A tradição dos estudos sobre o empresariado e as elites empresariais tem continuidade, nos anos 1980, deixando para trás, tanto as expectativas normativas sobre o papel político e histórico das classes, como as visões dicotômicas simples, que opunham o Estado controlado por estamento burocrático a outro, controlado por classe dominante. Assiste-se a um grande desenvolvimento conceitual (populismo, anéis burocráticos, neocorporativismo etc.), que reforça a necessidade de novos estudos empíricos. Assim, foi através de pesquisas bastante inovadoras que a ciência política explorou as análises de representação de interesses, de disputas por recursos de poder, de formação de opinião pública e de opinião de grupos dirigentes, de formação de elites e de *lobbies* congressuais etc., ampliando o universo da análise de classes. Muito representativos dessa nova postura foram os trabalhos de Cerqueira e Boschi (1976, 1977a), Diniz e Boschi (1993), Diniz (1978, 1984, 1986, 1992), Boschi (1979, 1983), Cheibub

(1995), Reis e Cheibub (1995), Lima e Boschi (1995), Pereira (1994) e Minella (1988).

OS ESTUDOS SOBRE A FORMAÇÃO DA CLASSE TRABALHADORA BRASILEIRA

No começo dos 1960, o diagnóstico consensual, nas ciências sociais, era o de que os anos 1930 haviam marcado uma ruptura no processo de desenvolvimento brasileiro, com o esgotamento da economia agroexportadora. No desenvolvimento da nova economia urbano-industrial, novas classes sociais teriam sido geradas, que se tornariam, daí em diante, os agentes (ou referentes) principais da mudança social e política: o operariado, as classes médias urbanas e a burguesia industrial.

Ainda nos anos 1960, aparecem os primeiros estudos sociológicos sobre a classe operária brasileira, principalmente paulista, que podem ser agrupados em dois temas: o sindicalismo e a organização operária (Simão, 1966; Rodrigues, J., 1968; Rodrigues, L., 1966, 1968); as atitudes e os valores da classe operária nascente (Cardoso, 1969 [1961]; Touraine, 1961; Lopes, 1964, 1967; Pereira, 1965; Rodrigues, L., 1970). Todos eles estão referidos à problemática maior da industrialização e da transformação da estrutura social no pós-1930; mais especificamente, buscam avaliar a ação, a força e o potencial político dos trabalhadores industriais brasileiros. São, pois, estudos que procuram situar e analisar a classe operária *qua* agente coletivo. Escritos e publicados entre o final dos anos 1950 e o começo dos 1970, o móvel político e a perspectiva de análise que os alimentam esgotam-se com os golpes de 1964 e 1968, quando fica clara a impossibilidade de ação coletiva da classe operária no futuro imediato. Na avaliação crítica da geração que os sucede,

> "Os ensaios [...] pecaram por uma leitura demais sociologizante: preocupou-se mais com a estrutura e a composição da classe operária. Aqui o prato de resistência

> foi a questão do peso dos imigrantes estrangeiros na formação da classe operária [antes de 1930]. Em seguida sublinharam-se as conseqüências da imigração rural na composição da classe operária, ressaltando-se os seus valores tradicionais, a sua dificuldade em aderir a organizações políticas, seu projeto de ascensão social" (Pinheiro, 1975: 123).

Os anos 1970, já no clima de resistência democrática à ditadura, assistem ao ressurgimento dos estudos de formação da classe trabalhadora, agora sob uma nova ótica: trata-se de reavaliar criticamente a estrutura sindical brasileira e as relações entre sindicalismo e Estado; trata-se de explicar os limites estruturais da ação transformadora da classe operária no Brasil, e não sua suposta falta de consciência política. Quem desencadeia este novo ciclo é, sem dúvida, Weffort (1972), em seu estudo sobre as greves de 1968, em Osasco e Contagem. Seguindo a trilha de Weffort, floresce uma grande produção sobre a formação da classe trabalhadora no Brasil, tanto entre historiadores (Fausto, 1974, 1976; Pinheiro e Hall, 1982; Carone, 1974, 1989; Hall, 1971, 1984), quanto cientistas políticos (Andrade, 1974; Almeida, 1975, 1978, 1978a, 1981, 1988; Moisés, 1977) e sociólogos (Humphrey, 1979, 1982).

Discutem-se as restrições estruturais, históricas, à ação da classe trabalhadora no Brasil, e as condições, objetivas e subjetivas, para o surgimento de uma nova classe operária e seu novo sindicalismo, a partir das condições materiais e políticas dadas pela grande indústria brasileira. Importante salientar que esses estudos já passam a usar ou referir o instrumental conceitual e analítico desenvolvido por Antonio Gramsci (a teoria da hegemonia) e Poulantzas (a teoria das classes), bastantes debatidos, então, nas ciências sociais brasileiras.

Nesse momento, um segundo debate importante sobre as classes sociais, no Brasil, tem lugar nas páginas da revista *Estudos Cebrap*, em especial no seu nº 3, de janeiro de 1973, dedicado à discussão das idéias de Poulantzas. Os frutos mais importantes desse debate foram a crítica ao excesso de formalismo teórico dos marxistas franceses (Cardoso, 1973), o retorno aos termos clássicos de pensar a mudança social como resultado da lutas de classes, e não do embate entre estados-nação, como o pensamento nacional-desenvolvimentista sugeria (Weffort, 1971), e a incorporação das categorias de análise althusserianas e gramscianas — frações de classe, categorias sociais, grupos sociais, sobredeterminações, hegemonia, bloco histórico, consentimento etc. — ao vocabulário sociológico brasileiro. Sintomaticamente, tanto o primeiro balanço crítico da produção brasileira sobre o movimento operário, feito por Pinheiro (1975), como os ensaios de Weffort (1972, 1973, 1975, 1978, 1979) estão calcados na análise gramsciana da hegemonia.

Conceitualmente, a teoria das classes, na sociologia brasileira, estivera presa, até então, a algumas grandes tradições teóricas: a *sociologia da USP* (nascida da confluência da Escola de Chicago com a escola de sociologia francesa), a *sociologia nacional-desenvolvimentista* do ISEB, a *ortodoxia marxista*, vigente nos partidos de esquerda, e a *sociologia latino-americana*, desenvolvida na FLACSO, sob a influência de Germani e dos desenvolvimentistas da Escolatina e da CEPAL. A novidade dos anos 1970 é o surgimento, no Brasil, do núcleo de pensamento em torno do Cebrap, direcionado para a nova exegese marxista, nos moldes aliás, do que já acontecera na França (Althusser, 1965; Althusser *et al.*, 1968; Poulantzas, 1968; Balibar, 1973) e na Itália (Della Volpe, 1969; Colletti, 1969, 1973). Nomes decisivos desse marxismo acadêmico serão Weffort, na corrente de análise política inspirada pelos escritos políticos de Marx e Gramsci, José Arthur Giannotti (1966), na corrente de análise da dialética marxista, e Francisco de Oliveira (Oliveira, 1972; Oliveira e Reichstul, 1973), na corrente de análise macroeconômica inspirada por O *Capital*.

As análises de classes que se desenvolverão nos 1970 refarão diagnósticos e interpretações do que foram a Revolução de 1930, o Estado Novo e o intervalo democrático de 1945-1964. O estilo é, portanto, histórico-estrutural, interpretativo, voltado para a teorização das restrições estruturais, internas e externas, na qual despontam, como sujeitos da história, os atores coletivos (os governos, as classes e os estamentos) que fizeram o Brasil.

Nos estudos sobre a classe operária, nessa época, havia os que, apoiados nas análises de conjuntura, atribuíam o fracasso operário, em 1964, à falta de autonomia de suas organizações diante dos partidos políticos e do Estado (Weffort, 1972, 1975, 1978, 1979; Moisés, 1978, 1979, 1982; Andrade, 1974); e aqueles que, escudando-se (Vianna, 1978a)[9] na "crítica à razão dualista", proposta por Oliveira (1972),

> "[...] sublinha[va]m sobretudo que a ordem corporativa e mais tarde a conservação das instituições corporativas sindicais na época liberal corresponderam a uma prática intencional para a desmobilização dessa classe, numa intervenção sobre o mercado de trabalho cujos fins foram os de viabilizar, pelo recurso à violência — institucionalizada ou não — a acumulação primitiva de capital" (Vianna, 1978: 86).

Francisco de Oliveira produzirá, além de dois ensaios marcantes, em termos de interpretação das restrições estruturais às ações de classe (Oliveira, 1972; Oliveira e Reichstul, 1973), duas obras primas de análise histórica e conjuntural, respaldadas em suas leituras dos textos políticos de Marx (principalmente *O 18 Brumário de Luis Bonaparte*): refiro-me ao seu *Elegia para uma re(li)gião* e *O elo perdido*, que deixarão marcas no marxismo dos anos 1980.[10]

De fato, na década seguinte, ampliar-se-á a ênfase na investigação dos condicionantes subjetivos da ação de classe e da for-

---

[9] Antunes (1982, 1986) e Boito (1991) darão continuidade a essa linha de análise.

[10] No Nordeste, estudos como o de Guimarães (1982), Guimarães e Castro (1988) e Lima (1996) são alguns exemplos da influência que Oliveira exerceu nas discussões sobre as classes sociais.

mação de uma cultura operária no Brasil. Muito importante para esse movimento teórico-metodológico foi a influência dos intelectuais marxistas ingleses, principalmente E. P. Thompson (1958, 1978) e Raymond Williams (1977, 1981), em sua reação ao marxismo estruturalista francês.[11]

No Brasil, os anos 1980 foram de enorme euforia nas esquerdas, nutrida pela expectativa do modo como os movimentos populares e o movimento operário seriam capazes de se expressar através de novo partido político — o PT. Seguindo o debate anterior, na ordem do dia esteve a discussão sobre a possibilidade da formação de aristocracias operárias no Brasil (Humphrey, 1982; Almeida, 1981; Jellin e Torre, 1982; Castro e Guimarães, 1996). Em termos acadêmicos, a relação entre operários e o movimento social mais amplo já era tratada desde os 1970 (Moisés, 1979; Moisés e Alier, 1978), mas, em 1980, uma coletânea organizada por Singer e Brant (1980) marcou, definitivamente, a incorporação dos movimentos populares aos estudos de classe. Seguiram-se várias coletâneas e resenhas sobre o tema (Jelin e Calderón, 1987; Larangeira, 1990; Cardoso, 1987; Gomes e Ferreira, 1987; Diniz, Lopes e Prandi, 1994).

O tom da revisão,[12] contudo, foi dado por dois artigos: um de autoria de Sader, Paoli e Telles (1983) e, o outro, de Sader e Paoli (1986). A mudança conceitual é notável: os novos estudos usarão sistematicamente conceitos como "experiência", "imaginário", "cotidiano", "cidadania", originários da história social e da filosofia política, em vez dos conceitos academicamente consagra-

---

[11] Cardoso (1987: 27) tem o seguinte diagnóstico: "A desilusão com os esquemas globalizantes passou a alimentar a busca de explicações qualitativas para os novos problemas que se colocavam e que diziam respeito ao sistema de dominação e seu modo de operar. A progressiva rigidez da teoria marxista, tal como vinha sendo usada, abriu caminho para novas formas de investigação".

[12] A fórmula cunhada por Emilia Viotti da Costa (1990), "estruturas *versus* experiência", sintetiza o que estava em jogo na revisão.

dos pela sociologia. Tais conceitos expressam a preocupação em tratar os dominados como criadores de seus próprios mundos, comprometendo os autores com a emergência da consciência de direitos, individuais e coletivos, por parte não apenas dos operários, mas das camadas populares. Neste sentido, tão importante quanto as organizações políticas, serão as práticas coletivas. No que toca a classe trabalhadora, os estudos serão dirigidos mais às fábricas que aos sindicatos (Frederico, 1978; Maroni, 1982; Abramo, 1988; De Decca, 1981), mais aos bairros de moradia que aos mercados de trabalho (Caldeira, 1984; Kowarick, 1988; Sader, 1988; Telles, 1988, 1992; Bava, 1988; Martins, 1991). Mas, com o tempo, esse novo enfoque criará seus próprios vícios. Acabará por fazer, entre outras coisas, com que boa parte da produção sociológica sobre os trabalhadores urbanos se desvie das preocupações teóricas clássicas, ficando prisioneira das teorias emergentes sobre os "novos movimentos sociais"[13]. Essa tendência foi argutamente notada por Sader e Paoli (1986: 39):

> "[...] ao narrar o que anda acontecendo com os trabalhadores e seus movimentos sociais, parte desta produção sociológica recente parece questionar profundamente o *conceito* de classe social como paradigma teórico instituído e adquirido pelas ciências sociais [...]".

Mas será, justamente, o alargamento do conceito de classe social para além de Tönnies[14], para significar mais que organização coletiva e ação política — sindicato e partido —, mas incor-

---

[13] Os novos movimentos sociais eram geralmente caracterizados pela "sua independência com relação aos políticos profissionais e aos partidos, bem como sua capacidade de expressar os desejos de base da sociedade" (Cardoso, 1987: 28). Eram vistos, pois, como atores sociais, com o mesmo estatuto teórico das classes.

[14] "Uma classe é tentativa de desenvolver poder efetivo através da força das massas, i.e., através do grande número daqueles que pertencem a esse coletivo; depende em menor medida das qualidades dos indivíduos [...] En-

porar práticas culturais e sociais de enfrentamento cotidiano, que possibilitará a Sader e Paoli (1986: 46-7) fazer a crítica do conceito de classes, usado antes, implicitamente, na sociologia brasileira:

> "Assim, as práticas culturais diferenciadas dos diversos grupos sociais populares, isto é, sua inserção real em um mundo de relações sociais historicamente formado [...], foram banidas do mundo da 'verdadeira' classe social, fazendo-se ver como algo que divide e conspira contra a unidade, a coesão e o poder coletivo".

Sader e Paoli (1986: 59) procuram ampliar o conceito de classe social para nele incluir o movimento social, ou seja, o processo de formação das classes a partir das práticas dos atores sociais, nas diversas esferas da vida cotidiana, produtiva ou não.[15] Nesse sentido, preferem mesmo falar de *classes populares,* já que tal termo indica "que o esforço de rigor do analista desloca-se do campo da delimitação das fronteiras entre classes, frações, categorias sociais, para o campo da compreensão específica da prática dos atores sociais em movimento". As classes, para Sader e Paoli (1986: 61) seriam

> "[...] um coletivo presente duplamente: 1) na experiência única com aqueles que se identificam com e em cada uma dessas situações e 2) na elaboração mais geral de todos, reconhecendo algo em comum entre experiências distintas".

O que estes autores vêem de novo, teoricamente, é a possibilidade de redefinir o conceito de classe, com a "descoberta da multiplicidade de espaços onde se faz a classe", "a existência de

---

caro o partido político como o tipo ideal de um coletivo *societário*" (Tönnies, 1966: 12-4).

[15] Também Cardoso (1987) anota a ação comunitária como sendo o que os distingue dos novos movimentos sociais.

práticas que criam novos lugares sociais", a "alteração das próprias instituições no curso das experiências coletivas". No entanto, como eles mesmos reconhecem, muitos outros autores, que trabalhavam com o cotidiano das "classes populares", perderam toda e qualquer consciência ou preocupação teórica, em seu esforço de "dar voz" aos dominados e visibilidade às suas práticas de resistência (Sader e Paoli, 1986: 65). A verdade é que, na maioria das vezes, tal tendência intelectual rejeitou as teorias de classe sem mesmo as ter submetido à crítica teórica.

Paralelamente, os estudos sobre a formação da classe trabalhadora enveredam por outra vertente, enfatizando as análises do processo de trabalho, antes restritas à sociologia industrial, que nunca formara tradição entre nós. Estes são retomados agora sob a óptica marxista, dada por Braverman (1974). Ao encerrar a sua resenha, Vianna (1978: 90) anotara:

> "Registre-se, entretanto, que mal começaram as investigações sobre o trabalho e a vida operária nas unidades fabris. Ritmo de trabalho, relações com o sindicato, com o departamento de pessoal da empresa, lazer, sistemas de interação horizontais e verticais etc. são temas que ainda fazem parte de um território a ser descoberto e explorado".

De fato, um conjunto de pesquisadores (sociólogos e antropólogos) procurará articular o estudo das condições do processo de trabalho com as condições extrafabris, para dar conta da formação dos trabalhadores em *classe*, quer como grupos identitários de *status*, quer como coletivos políticos (partidos, sindicatos, associações). Estudos como os de Vera Pereira (1979), José Sérgio Leite Lopes (1976) e John Humphrey (1979, 1982), realizados na segunda metade dos 1970, foram pioneiros e emblemáticos desse novo modo de analisar a classe operária, fosse industrial ou rural.

Forma-se na ANPOCS, paralelamente ao já tradicional Grupo de Trabalho "Classe Operária e Sindicalismo", outro GT, este sobre "Processo de Trabalho e Reivindicações Sociais". Em 1984, um pequeno e seminal estudo de Nilton Vargas (1985) reavalia a história das relações de trabalho no Brasil (relações entre burguesia, Estado e operariado) a partir do conceito de *taylorismo*. O texto é importante porque, ao repensar o Brasil contemporâneo com conceitos novos, aplaina o quadro de referência histórico para novos estudos sobre o processo capitalista de trabalho. A partir daí, não cessam de crescer os "estudos de caso", modo como eram referidas as pesquisas feitas em unidades fabris. Em 1986, duas resenhas já haviam sido escritas sobre o tema: Sorj (1983) e Abreu (1986). Mas o problema com a maioria de tais estudos cedo foi apontado, aliás inutilmente, por um observador arguto como Vianna (1984: 228):

> "A fraqueza de grande parte dessa literatura tem consistido num certo formalismo, derivando daí, com freqüência, um tratamento da dimensão da política apenas como um elemento estrutural — por exemplo, nos estudos que se limitam a demonstrar que a política se encontra embutida no processo de trabalho através do sistema de máquinas e no controle social da produção —, e não na riqueza das suas determinações concretas no plano da conjuntura".

Parte da riqueza a que Vianna alude, adveio do contato entre os estudos sobre a classe trabalhadora e os estudos feitos em outras tradições disciplinares, que eram não apenas diversas, mas, no Brasil, inusitadas, tais como a administração (Fleury e Fischer, 1985), a antropologia urbana (Pereira, 1979; Lopes 1976, 1988), a engenharia de produção (Fleury e Vargas, 1983) e, principalmente, os estudos feministas (Rodrigues, 1978; Abreu, 1980; Pena, 1981; Githay, 1982; Humphrey e Hirata, 1984; Hirata, 1988; Souza-Lobo, 1991). Os estudos de processo de trabalho foram, também, segundo Bruschini (1993: 2, *apud* Castro e Leite, 1994), "a porta de entrada dos estudos sobre a mulher na academia brasileira". Para Castro e Leite (1994: 42), "a crítica das relações sociais tecidas na produção e das formas simbólicas de opressão teve, então, a virtude de vivificar tanto os estudos feministas sobre mulher e trabalho, quanto o 'núcleo duro' dos estudos de fábrica [...]".

No que toca à teoria das classes, na sociologia mundial, os estudos sobre processo de trabalho ganham virtuosidade formal e teórica com Adam Przeworski (1977, 1979), que enfoca a *formação de classes*, e com Michael Burawoy (1979, 1985), que conceitualiza os *regimes fabris*. A partir deles, foi possível revigorar a teoria marxista das classes, integrando formalmente as esferas cotidianas de construção de interesses, valores e identidades ao mundo da produção, ou seja, articulando "estrutura" e "experiência". O impacto desses conceitos sobre os estudos da classe trabalhadora brasileira, se não foi direto nem imediato, foi, sem dúvida, crescente.[16]

Outra vertente importante, nesses anos, deriva dos estudos sobre trajetórias operárias, influenciados especialmente pela reconstrução da teoria das classes e da ação coletiva feita por Bourdieu (1974, 1979). Autores como Lopes (1987, 1988) e Guimarães, Agier e Castro (1995) documentam, também, essa tendência nos estudos sobre os trabalhadores urbanos.

Sintetizando, os estudos sobre a classe operária apresentaram quatro vertentes principais, nesses últimos 25 anos, identificáveis a partir da teoria de classe que os orientou:

a) Foram estudos sobre o sindicalismo ou centrados na análise da ação sindical, quando as associações políticas foram vistas como as representantes, *par excelence*, da classe, à maneira da conceituação de Tönnies. Nesse caso, tivemos seja uma análise sociológica das determinações estruturais, seja uma análise política das conjunturas, seja a conjugação de ambas.

b) Foram estudos de valores e atitudes, quando se acreditou que a classe era uma *associação* e não necessariamente uma *comunidade*, e que, portanto, a identidade operária e sua eventual ação política dependeriam das características sociais de seus membros.

---

[16] Apenas para citar a influência sobre minha formação, ver Guimarães (1988, 1991, 1998), Castro e Guimarães (1996).

c) Foram estudos do processo de trabalho e do mundo fabril, quando a classe foi vista como determinada, em última instância, pelo mundo da produção, e a organização política, como *locus* de alianças classistas espúrias ou de tutelagem.

d) Foram estudos de cidadania, quando se pensou que a classe era o modo como os indivíduos realizavam e atualizavam direitos civis de natureza coletiva.

Ao mesmo tempo, essas vertentes corresponderam a problemáticas sociais inscritas no mundo político brasileiro. Nos anos 1960, tratava-se de avaliar a continuidade das instituições corporativas do Estado Novo no processo de industrialização do pós-guerra (democrático e liberal, até 1964, e ditatorial, depois), e explicar a fraqueza da ação política do operariado brasileiro, se comparada ao que ocorria na Europa. Nos anos 1970, tratava-se de entender o caráter autonomista das reivindicações operárias emergentes. Nos 1980, buscava-se compreender a força de determinação das "bases" sobre a atuação dos sindicatos, e as reivindicações de direitos subjetivos e coletivos pelo conjunto das organizações populares.

OS ESTUDOS SOBRE AS CLASSES MÉDIAS

A recepção das idéias de Poulantzas no Brasil, e até mesmo o grande debate internacional[17] sobre o estatuto das classes médias (a nova pequena burguesia e os trabalhadores não-produtivos), não foram capazes de fazer com que tais estudos ganhassem, entre nós, o estilo de uma *análise de classes* marxista[18] (Simões, 1992). As teorizações sobre o papel das classes médias ficaram na

---

[17] Para acompanhar este debate ver Poulantzas (1973, 1977, 1978, 1983), Carchedi (1977), Wright (1977, 1978, 1985), Ehrenreich e Ehrenreich (1979), Abercombie e Urry (1983) e Simões (1992).

[18] A exceção fica por conta da tese de doutorado de Simões (1989), defendida em Londres.

forma incipiente de anotações (Oliveira, 1988), sem grande respaldo empírico.

A produção acadêmica brasileira sobre as classes médias privilegiará três temas: primeiro, estudos sobre categorias sociais decisivas, em algumas conjunturas históricas, tais como os estudantes (Foracchi, 1965; Poerner, 1968) ou os militares. No caso dos últimos, a sua persistente importância na vida nacional fará com que nova área temática, a dos estudos militares, ganhe autonomia na academia brasileira (Coelho, 1976, 1985; Martins, 1974; Oliveira, 1976; Stepan, 1971; Goes, 1986; Zaverucha, 1994; Leirner, 1997). Segundo, estudos sobre a mudança na situação de classe de camadas que transitam da autonomia para o assalariamento (Evers, 1982; Saes, 1984). Também importantes são os estudos sobre a relação entre camadas sociais específicas (bacharéis, intelectuais etc.) e o poder político no Brasil (Adorno, 1988; Miceli, 1979; Pinheiro, 1974; Martins, 1987). Ainda nessa tradição, aparecem os estudos sobre categorias profissionais específicas, como advogados, médicos e engenheiros (Barbosa, 1985; Kawamura, 1981, 1986), que também acabam por criar nova tradição de análise, diferente da análise de classe — a sociologia das profissões (Bonelli e Donatoni, 1996). Terceiro, e principalmente, as análises que se concentram no estudo do associativismo e do sindicalismo dessas camadas (Almeida, 1988; Boschi, 1984, 1987; Saes, 1985). Mais recentemente, boa parte dos autores passa a se dedicar ao estudo das condições de trabalho, das formas de organização sindical e de luta política de segmentos das classes médias, tais como bancários, professores e profissionais diversos (Blass, 1992; Segnini, 1998).

A parte mais inovadora, em termos teóricos, dos estudos sobre as classes médias ficou por conta da grande proximidade dos pesquisadores do IUPERJ com a produção contemporânea da sociologia e da ciência política americanas, principalmente no que concerne às teorias de ação coletiva, de movimentos sociais e de mobilização de recursos (Melucci, 1981; Offe e Wiesenthal, 1979; Olson Jr., 1965; Piven e Cloward, 1979; Oberschall, 1973; Pizzorno, 1976; Tilly, 1978). Esses autores (Boschi, 1984, 1986, 1987, 1990; Saes, 1984) trazem para os estudos de classe novas influências teóricas, através da análise do associativismo e do sindicalismo de classe média, em sua relação com o poder político. Ademais, o IUPERJ foi uma das poucas instituições brasileiras que preservou (através dos estudos de Nelson do Valle Silva e Carlos Hasenbalg) a tradição dos estudos de estratificação e mobilidade social iniciados, no Brasil, por Hutchinson (1960), o que ofereceu aos seus projetos de pesquisa, tanto sobre as classes médias quanto sobre o empresariado, sólida base de dados estatísticos sobre mobilidade ocupacional e mudanças na estrutura social.

OS ESTUDOS SOBRE O CAMPESINATO E O PROLETARIADO RURAL

O clima político que, nos anos 1960, informava o debate intelectual sobre a natureza das classes sociais no campo brasileiro foi muito bem sintetizado por Gnaccarini e Moura (1983: 12), do seguinte modo:

> "Polemizava-se se a noção de feudalismo não escondia um *bias* reformista de certa corrente que propugnaria, coerentemente, uma etapa burguesa necessária e dominante — aí incluída a agricultura — de organização da sociedade. Inversamente, a rotulação de capitalista, conferida ao conjunto das relações de produção no campo, parecia uma forma apressada de frisar a desnecessidade de uma reforma agrária".

De fato, o debate acerca da natureza da formação social brasileira, se feudal ou capitalista, assim como do caráter da revolução brasileira, se burguesa ou socialista (Wagley, 1951; Prado Jr., 1966; Frank, 1969; Fernandes, 1974), marcaram os rumos dos estudos sobre a estrutura e as classes agrárias (Palmeira, 1971; Oliveira, 1972; Sá Jr., 1973; Martins, 1973, 1979, 1980, 1981;

Gnaccarini e Moura, 1983; Sallum Jr., 1979; Santos, 1991). Do mesmo modo, para a esquerda brasileira, as lutas de classe no campo, principalmente as famosas Ligas Camponesas, foram historicamente um objeto privilegiado de reflexão.

A tradição de trabalhos empíricos sobre as classes sociais no campo remonta aos trabalhos pioneiros de Antonio Candido (1964), Maria Isaura de Queiroz (1967, 1973) e ao programa de pesquisa coordenado por Roberto Cardoso de Oliveira (1976) e David Lewis, no Museu Nacional, a partir de 1968 (Gnaccarini e Moura, 1983). O fato, entretanto, é que, independentemente da filiação, em termos teóricos, tais estudos permaneceram em diálogo constante com a teoria marxista sobre a renda da terra e com as teorias sociológicas sobre as classes sociais[19]. O seu objeto teórico próprio, o campesinato, foi construído nos anos 1960, de modo a traçar a especificidade da teoria que se fará no Brasil. No dizer de Gnaccarini e Moura (1983: 14-5), a pequena produção camponesa, no Brasil,

> "seria produto da ocupação de terras livres ou do fracionamento das fazendas que, num sistema colonial, primeiro e de expansão capitalista posterior, se mantém ou se recria na estrutura agrária como uma forma que luta pela sua permanência, ao mesmo tempo que dela se vale o sistema dominante para extração e captação de seu sobretrabalho [...] [e] seria também gerada na ocupação da fronteira agrícola".

A realidade dos anos 1970, principalmente o destroçamento das organizações camponesas, o recrudescimento da urbanização

---

[19] Exemplo disso é o sumário que Gnaccarini e Moura (1983: 17) fazem da persistente análise da relação entre campesinato e capitalismo: "[...] podem-se destacar dois tipos de trabalhos: os estudos onde a ênfase é posta nas formas de subordinação do trabalho camponês ao capital e os estudos das estruturas internas da produção familiar, interessados ambos nos diversos planos de dominação-resistência que vivenciam os atores sociais".

e das migrações rurais-urbanas, esvazia, por um brevíssimo tempo, a importância do mundo rural para a intelectualidade brasileira. Passa-se então por uma espécie de superação da divisão empiricista entre rural e urbano (Martins, 1981). Tal tendência já estava presente num conjunto de estudos sobre o mercado de trabalho rural, que insistiam na unificação dos mercados urbano e rural (Brant, 1977) e na expansão da classe operária para o campo (Ianni, 1976; Mello, 1971).

Entretanto, ainda que teoricamente superada a divisão rural-urbana, impor-se-ão, empiricamente, certos temas específicos ao meio rural: 1) Os camponeses sem-terra, ou bóias-frias, e o sindicalismo rural (D'Incao, 1984; Ferrante e Saffioti, 1986-87; Sigaud, 1986, 1989); 2) A modernização da agricultura e as políticas públicas voltadas para a agricultura (Heredia, 1988; Lewin, 1985); 3) Os efeitos sociais das barragens hidroelétricas e as lutas que desencadeiam (Sigaud, 1986a); 4) A expansão da fronteira agrícola (Martins, 1979, 1980); 5) As lutas pelo acesso à terra (Martins, 1973, 1981); 6) A violência no campo (Porto, 1992; Martins, 1994).

O *mainstream* dessa produção, sem deixar de introduzir novos temas e novos "olhares" sociológicos, i.e., sem deixar de se renovar teórica e metodologicamente, permanece firmemente filiado aos estudos de classe. Ainda que a análise, quando mal feita, possa resvalar para os vícios (a ortodoxia, a falta de criatividade, o empiricismo das descrições, a monótona repetição das falas dos entrevistados etc.) que fustigam atualmente todas as ciências sociais. Em seus melhores momentos, entretanto, essa produção é extremamente inovadora e refinada, como quando se dedica ao cotidiano familiar camponês (Martins, 1998; Garcia Jr., 1983, 1989). O fato é que a relação teórica entre campesinato e capitalismo continuou a ser problematizada em termos da luta de classes e da formação de sujeitos, quer na linha do neo-marxismo, quer na linhagem bourdieusiana, quer na nova tradição da história social.

NOVOS ESTUDOS DE CLASSE

As *análises de classe* não esgotam, como vimos, a problemática das classes sociais brasileiras. Por isso, certamente, muitos estudos que têm como objeto de reflexão as classes sociais não se vêem a si mesmos como estudos de classe, mas como estudos de "classes populares", "violência", "cidadania", "movimento negro" etc. etc.

O termo *estudos de classe*, portanto, é mais adequado para referir um universo mais amplo de estudos e ensaios que utiliza o conceito de "classe", às vezes de um modo mais descritivo, mas sempre com um sentido "nativo"[20], seja na própria análise, seja na referência ao seu objeto.

Retomemos o fio teórico.

A teoria das classes surgiu com Marx como teoria das lutas de classes e da mudança histórica. O sucesso científico da teoria deveu-se, em grande medida, à articulação que ela propunha entre as esferas sociais — a economia, a sociedade, a política e a cultura — de tal modo que uma certa ordem prevaleceria sempre entre elas; o segredo de tal ordenamento devendo ser buscado na produção da vida material (na economia, em última instância). Por muito tempo, a industrialização capitalista, na Europa, nos Estados Unidos e no resto do mundo, pareceu dar razão a Marx, no sentido de que a classe emergente dos trabalhadores industriais parecia ter interesses opostos (do ponto de vista de um observador racional) à classe capitalista, e vontade política de impor à

---

[20] "Classe" pode ser referida com o sentido de um carisma ou estigma, significando o prestígio social associado a uma pertença grupal. Nesse sentido, classe é muito próximo de *status*. Este é o modo como é usado vulgarmente em expressões como "fulano tem classe" ou "um desclassificado", popularizadas a partir do sentido do termo inglês *class*. Nas ciências sociais, tal sentido foi recuperado pelos estudos de comunidade feitos em Chicago, nos anos 1920 e 1930, para os quais a classe era, antes de tudo, um grupo de convivência e comensalidade possíveis.

sociedade um novo ordenamento econômico. A teoria de Marx, entretanto, não dava conta da complexidade da articulação entre economia, cultura e política.

O aprimoramento da teoria marxista foi, a princípio, feito por seus críticos, mormente os cientistas sociais alemães, que introduziram uma certa flexibilidade e contingência no modo como tais esferas poderiam se articular ou não. Conceitos como os de *associação*, *comunidade*, *classe*, *status* e *partido* procuravam, justamente, tornar a organização de interesses racionais analiticamente separável (e historicamente contingente) do sentimento de pertença comunitária. Tal revisão das idéias de Marx devia-se tanto à oposição ideológica aos marxistas, quanto às crescentes dificuldades empíricas de aplicação da sua teoria ao Ocidente (Kautsky, 1971), no que pese o seu sucesso político na Rússia.

Por dentro do marxismo acadêmico, só no começo dos 60 do século XX a teoria das classes veio a sofrer alterações significativas. Isso ocorreu através de E. P. Thompson, em sua bem sucedida tentativa de fazer da experiência coletiva e do sentimento comunitário os núcleos da formação das classes trabalhadoras; mas também de Althusser e Poulantzas, que reconstruíam a teoria marxista em seu feitio estruturalista (do ponto de vista conceitual) e funcionalista (do ponto de vista da lógica de explicação).[21]

No Brasil, a teoria das classes teve uma carreira interessante. Do final dos anos 1940 até o final dos 1960, a teoria gozou de invejável e uníssono prestígio. Foi introduzida na academia, como vimos, por Pinto e Florestan Fernandes, contra a resistência de sociólogos e antropólogos, como Emílio Willems ou Donald Pier-

---

[21] As tentativas de reconstrução da teoria das classes marxistas, feitas, primeiro, por Poulantzas e, depois, pelos marxistas analíticos (Wright, 1977, 1978, 1985), apesar de introduzirem flexibilidade e clareza à análise, mantêm ainda um organicismo pré-estabelecido entre as esferas sociais, que não parece viger na prática. Por conta disso, a corrente crítica liderada por E. P. Thompson, desde 1958, quando do aparecimento do seu *The Formation of the English Working Class*, tornou-se cada vez mais hegemônica na academia.

son. Sofreu seus primeiros sinais de esgotamento nos anos 1970, depois da derrota das esquerdas e das forças populares em 1964 e 1968; ficou combalida com a emergência, na última metade dos 1980, de movimentos sociais, inclusive operários, por fora do sistema político de representação de interesses. Os vícios que a teoria ganhou no Brasil, tornando-se uma simples análise abstrata de categorias reificadas, foram muito criticados em alguns trabalhos da época, entre os quais salienta-se o artigo de Cardoso (1975).

Do ponto de vista empírico, a crise da teoria de classes reflete o desenvolvimento capitalista recente. Hoje, em grande medida, a economia e sua gestão estão dissociadas da política e da representação de interesses, enquanto mantém-se o hiato entre ambas e as formas culturais. A sociabilidade inerente ao grande capital (o individualismo, o universalismo de valores e a formalidade das regras), longe de se impor ao conjunto da sociedade brasileira, ficou prisioneira de um círculo restrito de pessoas "esclarecidas", que circulam internacionalmente, não chegando sequer a atingir o conjunto das classes médias. Por outro lado, o sistema político, no que pesem os intervalos periódicos de anulação da ordem democrática, ficou mais vulnerável à representação dos interesses e dos valores dos diversos grupos sociais, incluindo aqueles que não mereceram a designação de "classe" nos estudos sociológicos.

De fato, a sociedade burguesa, muito bem apreendida por Marx em seus traços gerais, tende a internacionalizar-se, buscando esferas transnacionais de representação de interesses, inclusive instâncias reguladoras autônomas, como o FMI, o Banco Central americano, o Parlamento Europeu etc. Os Estados Nacionais, todavia, tornam-se mais permeáveis aos valores e aos interesses das camadas subalternas (ou, pelo menos, não hegemônicas economicamente) sem conseguir impor-lhes a forma de sociabilidade do grande capital. Isso faz com que os mais diversos grupos sociais — etnias, comunidades e associações diversas —, e não apenas as classes típicas do capitalismo, passem a ter importância crescente para a análise sociológica e política.

Para compreender essas mudanças recentes, temos que nos transportar para o universo de uma sociedade de classes que tem a tradição de se pensar a si mesma enquanto tal, ou seja, a França. Foi lá não apenas que Marx buscou inspiração para a sua teoria das classes, no século XIX, mas para onde intelectuais do mundo inteiro se voltaram em busca do segredo da sociabilidade e conflitos modernos.

CLASSE COMO "CONDIÇÃO" E "IDENTIDADE"

De fato, o modelo preferido dos nossos intelectuais para pensarem o modo como a sociedade brasileira lida com as diferenças e organiza suas hierarquias foi sempre a França. Lá estaria a sociedade típica de classes: a um só tempo, modelo explicativo e ideal de república. Para compreender esse imaginário, farei um rápido mergulho nas letras sociológicas francesas, ainda que me restringindo ao período mais recente.

Se seguirmos a terminologia de Castel (1999, 1999a), a sociedade de classes, na França, conhece seu apogeu nos anos 40 e 50 do século XX, para ceder lentamente lugar, nos anos 60, ao que ele chama de sociedade salarial.[22] A sociedade de classes seria o

---

[22] Diz Castel (1999: 583-5, tradução minha): "Esse é o sentido literal da expressão 'trabalho alienado': trabalhar para outrem e não para si mesmo, deixar o produto de seu trabalho para um terceiro que o vai consumir ou comercializar. Essa concepção secular de trabalho assalariado desaparece cerca dos anos 50 e 60, provocando o desaparecimento do papel histórico da classe operária. A lenta promoção de uma salariado burguês abriu tal via. Ela desemboca num modelo de sociedade que já não é cindida por um conflito central entre assalariados e não-assalariados, isto é, entre proletários e burgueses, trabalho e capital. A 'nova sociedade' é organizada, contrariamente, em torno da competição entre diferentes pólos de atividades salariais. Sociedade que não é nem homogênea, nem pacificada, mas cujos

reino dos conflitos modernos não domesticados, entre capital e trabalho, assim como da pujança da cultura operária. Ao contrário, os conflitos modernos que perpassam a sociedade salarial estariam, depois de 1968, totalmente regulados e a precariedade do trabalho inteiramente circunscrita por redes de proteção, sendo a condição salarial compartilhada pelo conjunto da sociedade.[23] O operariado, enquanto classe de pertença social, teria passado então a ser marginal. A sociedade salarial teria tido vigência plena nos anos 70 e 80 do século XX. Já os anos 1990, na França, seriam justamente a década em que tal sociedade salarial sofreu sucessivos ataques e tentativas de desmonte, legitimados pelo argumento da "globalização", justificando a precarização da condição salarial e a "desafiliação" de grandes camadas de trabalhadores.

Como se pode deduzir, nesse sentido restrito, francês, não poderia ter havido propriamente sociedade de classes no Brasil do pós-guerra. Os estudos já citados de Fernando Henrique Cardoso (1969 [1961]), Alain Touraine (1961), Juarez Brandão Lopes (1964, 1967), Luiz Pereira (1965) e Leôncio Martins Rodrigues (1970) reafirmam tal interpretação. O operariado nascente brasileiro teria suas origens no campesinato rural, imerso em laços de dependência e obrigações clientelistas. Não haveria uma "condição" operária, ao modo francês (Halbwachs, 1913; Weil, 1951; Schwartz, 1990; Verret, 1988), uma vez que, no Brasil, os operários industriais tenderiam ou a reproduzir no meio urbano tais laços de clientela ou a aspirar à condição das camadas médias urbanas. Aliás, essa aspiração e auto-identificação do operariado in-

---

antagonismos tomam a forma de luta por posições e classificações e não de luta de classes".

[23] Castel (1999: 581, tradução minha): "A transformação decisiva que amadureceu ao longo dos anos 50 e 60 não foi pois nem a homogeneização completa da sociedade, nem o deslocamento da alternativa revolucionária para um novo operador, a nova classe operária. Foi antes a dissolução dessa alternativa revolucionária e a redistribuição dos conflitos modernos sociais segundo um modelo diferente da sociedade de classes: a sociedade salarial".

dustrial com as classes médias também foram detectadas durante o processo de industrialização tardia de outras áreas brasileiras (Guimarães, Agier e Castro, 1995; Guimarães, 1998a).

Se no Brasil não tivemos operários em "condição" que lhes fosse peculiar, conhecemos, desde sempre, a "condição negra", a que esteve submetida a massa dos proletários. Bastide e Fernandes (1955), e depois Ianni (1962), chamaram tal condição negra de "as metamorfoses do escravo", isto é, a persistência na "sociedade de classes" de relações servis, preconceitos e ritos próprios à ordem escravocrata.

Tal ordem de metamorfoses poderá ser interrompida somente a partir do processo de construção democrática, nos anos 80 do século XX. Ou seja, quando a democracia, no Brasil, passa a ser praticada em seu sentido estrito, quando governo e sociedade civil obedecem as regras do sistema político, respeitando os direitos individuais e promovendo as garantias jurídicas de seu gozo. Se existe tal ordem, no Brasil, ela é pois tardia, sendo contemporânea da precarização das condições de vida das classes médias, da restrição dos direitos trabalhistas e sindicais, e da internacionalização da economia e da globalização dos fluxos financeiros e culturais.

Implícita nessa discussão está a noção de classe social enquanto grupo hierárquico, de distinção e de honra sociais, que se diferencia das ordens do Antigo Regime apenas pela sua maior abertura e por sua ideologia. As *classes*, nesse sentido, continuam a existir mesmo nos dias atuais, como se depreende do trecho seguinte de Castel:

> "Esse espaço social é cortado pelo conflito e pela busca de diferenciação. Um princípio de distinção opõe e reúne os grupos sociais. Opõe e reúne, pois a distinção funciona sobre a dialética sutil do mesmo e do outro, da proximidade e da distinção, da fascinação e da rejeição. Ela supõe uma dimensão transversal aos diferentes agrupamentos que reúne os que se opõem, permitindo os comparar e classificar" (Castel, 1999: 591, tradução minha).

Ora, esse gosto pela hierarquia social e pelo monopólio de pequenos saberes é algo ainda atual, mesmo na França, no sentido de que faz parte da ideologia republicana afirmar a igualdade de todos os cidadãos, mas reconhecer juridicamente a sua condição de classe, regulamentando em detalhe a distribuição de bens, serviços e honrarias. Observar e problematizar tal gosto é possível apenas se contrastarmos a sociedade francesa a outras.[24]

Assim, nos Estados Unidos, a sociedade se representaria a si mesma como um conjunto de indivíduos, não de classes. Essas últimas, mal vistas, seriam portadoras de privilégios e de limitações à liberdade individual. As desigualdades, assim, teriam seguido explicitamente uma linha de raça, pensada como desigualdade natural, sem afetar, portanto, a ideologia liberal.

Catherine Bidou (1997: 64) comunga com essa interpretação sobre a incongruência entre o conceito de classes e a sociedade americana (*insight* este, aliás, que já se encontra em Myrdal [1944]). Bidou explica o desenvolvimento da teoria social francesa como reflexo do desenvolvimento do sistema social real. Assim, para ela, a reação ao que Castel chama de sociedade salarial, seguiu dois caminhos: primeiro, o reconhecimento e elaboração de novas categorias sociais, as *categorias socioprofissionais*, pelo Estado francês teria ensejado dois movimentos teóricos: a teoriza-

[24] Uma anedota ilustra esse ponto muito bem. Certa feita, em Paris, ao hospedar-me numa instituição universitária que abriga pesquisadores em cooperação internacional, defrontei-me com dois problemas, ambos podendo ser resolvidos apenas por seu "especialista": gravar uma mensagem no *répondeur* do telefone do meu quarto, e programar os parâmetros (DNS e IP) de minha conta de correio eletrônico. Não havia instruções impressas, como seria de se esperar, e nenhum outro funcionário poderia ajudar-me, por não deter esse conhecimento. Imagino como, no Brasil, reagiríamos à pretensão de distinção de pessoas que detivessem conhecimento tão limitado. A tendência certamente seria a desqualificação social do detentor de tal conhecimento. Como aliás fazemos literariamente, chamando de "secretária" a caixa de mensagem.

ção sobre uma nova classe operária (Mallet, 1969; Bidou, 1984;) e reconceitualização das classes sociais (Poulantzas, 1968, 1974; Baudelot, Establet, Malemort, 1974). Segundo, Bidou chama a atenção para a tradição dos estudos sobre o modo de vida das classes trabalhadoras (Michel Verret, 1981, 1988, 1988a), que incorporaram definitivamente o operariado ao modo de ser e viver francês, algo aliás que atualmente foi posto em questão pelo surgimento de uma nova categoria social, os imigrantes, formada pela diferença de raça e cultura (Sayad, 1984, 1991, 1999; Beaud e Pialoux, 1999).

Mas, para nossos interesses, é preciso explorar ainda mais a diferença entre "classes" nativas (representação da estrutura e da hierarquia sociais) e as "classes" teóricas, conceito analítico para a representação sociológica de uma sociedade, de uma época ou de um modo de produção. As classes sociais francesas, por exemplo, não são depositárias de "privilégios" como as classes inglesas, mas de "direitos". Nesse sentido, os ideais revolucionários burgueses foram retraduzidos, na França, em termos menos individualistas que na Grã-Bretanha ou nos Estados Unidos, onde "classes" passaram a ser associadas às corporações do antigo regime. Ou seja, a concepção nativa francesa comunga com o marxismo e com o corporativismo, a crença de que todas as sociedades, ou ao menos a sociedade moderna, são divididas em classes, e que, portanto, cabe ao Estado regular a relação entre elas, em termos de direitos (Dirn, 1998; Rosanvallon, 1995; Parrot, 1974; Desrosières, 1987; Boltanski, 1982; Boltanski e Thévenot, 1983).

CONCLUSÕES

À guisa de conclusão, realinho abaixo os argumentos principais que desenvolvi nos últimos itens deste capítulo.

O termo "classe" começou a ser utilizado nos estudos da sociedade (pela filosofia moral, principalmente) associado aos privilégios e ao sentimento de honra social, próprios ao domínio aristocrático e ao *ancien régime*. Marx tem certamente razão quando reivindicou ter retirado do termo este sentido subjetivo e valorativo, para referi-lo a posições objetivas na estrutura social, às quais corresponderiam interesses e orientações de ação similares. Foi com este sentido propriamente sociológico que o termo foi incorporado às modernas ciências sociais.

Max Weber, ao separar analiticamente as dimensões econômica, política e social da distribuição do poder nas sociedades, foi mais longe: deu um sentido mais preciso ao termo "classe", distinguindo-o dos fenômenos ligados à distribuição da honra e do prestígio sociais. Tal separação analítica permitiu que se pudesse problematizar, desvinculada da distribuição econômica de riquezas, a continuidade, nas sociedades modernas, dos fenômenos de distribuição da honra e do prestígio sociais.

No entanto, prevaleceu, no pensamento sociológico, a associação das "classes sociais" a ordens competitivas, a relações sociais abertas, ao capitalismo e à modernidade. O sentido inglês, *ancien régime*, do termo permaneceu apenas no uso vulgar, principalmente nos Estados Unidos e Inglaterra.

No Brasil, onde as discriminações raciais (aquelas determinadas pelas noções de raça e cor) são amplamente consideradas, pelo senso comum, como discriminações de classe, o sentido pré-sociológico do termo nunca deixou de ter vigência. Este sentido *ancien* do termo "classe" pode ser compreendido como pertencendo à ordem das desigualdades de direitos, da distribuição da honra e do prestígio sociais, em sociedades capitalistas e modernas, onde permaneceu razoavelmente intacta uma ordem hierárquica de privilégios, e onde as classes médias não foram capazes de desfazer os privilégios sociais, e de estabelecer os ideários da igualdade e da cidadania.

Preencher o vazio teórico deixado pela referência vulgar à "classe" talvez seja a grande tarefa da sociologia a partir dos anos 1990. Boa parte da produção sociológica no Brasil, a partir dos 1980, a começar pelos ensaios seminais de Roberto DaMatta (1981, 1985), apontam nesta direção: a chamada sociedade de classes, no Brasil, não pressupõe uma ordem social igualitária e relações sociais abertas.

Em *Relativizando*, por exemplo, DaMatta (1981) inspira-se em interpretação clássica de Marvin Harris (1964), reelaborando-a a partir das idéias de Dumont (1966) sobre a relação entre *racismo* e *igualdade*, para colocar a hipótese de que teria sido a "quase rígida estrutura de classes" brasileira a responsável pela relativa ausência de discriminação racial no país. Ora, parece-me, que a confusão brasileira tradicional entre discriminação de classe e discriminação racial se deve, tanto a uma postura ideológica, quanto à confusão, e o constante deslizamento semântico, entre os três significados do termo "classe" — grupo identitário, associação de interesses e sujeito político e histórico.

Assim como o termo *cidadania* traz implícito o sentimento de nacionalidade comum, pressuposto não problematizado normalmente pelos teóricos, o termo *classe*, mesmo quando empregado em seu sentido sociológico, que explicitamente o relaciona a uma ordem de igualdade de direitos, pressupõe, de fato, os privilégios e, portanto, a desigualdade de direitos que o termo vulgar e pré-sociológico sugere. À guisa de exemplo, dizer que não é racial a discriminação que, no Brasil, sofrem os negros, equivale a silenciar o que deveria ser dito: que se encontra ativo, na nossa ordem de classes, o princípio de desigualdade de direitos individuais. No mesmo diapasão, José Murilo de Carvalho (1998) chamou a atenção para o fato de que a noção de cidadania, no Brasil, refere-se mais propriamente à igualdade de direitos políticos que à igualdade de direitos civis.

Se estou certo, pois, boa parte da literatura sociológica contemporânea, que toma como tema central a *exclusão* e a limitação de *cidadania* das classes populares, está realmente referida ao campo temático das classes sociais, no que tange à ordem estamental, à ação de grupos, à sua hierarquia e à formação de *comunidades, mesmo quando distante da problemática econômica das classes*.

O desafio teórico do presente é, justamente, fazer confluir os estudos sobre a desigualdade dos indivíduos e das *classes* (no sentido de produto de classificações identitárias). Isso significa fazer dialogar tradições que refletem sobre: a) as heranças patrimonialistas e autoritárias; b) a ideologia da desigualdade brasileira, sob a forma mitológica de *democracia racial*; c) a prática cotidiana da desigualdade, através da violência física e simbólica; d) a formação de atores coletivos e sua política; e) a inserção econômica destes atores e a sua dinâmica produtiva.

Nos próximos capítulos, desenvolverei melhor algumas dessas temáticas.

2.
RAÇA E POBREZA NO BRASIL

Uma das pistas abertas pela discussão do capítulo anterior é de que a invisibilidade da discriminação racial no Brasil se deve ao fato de que os brasileiros, em geral, atribuem, à discriminação de classe a destituição material a que são relegados os negros. O termo "classe", utilizado dessa maneira, passa a significar, ao mesmo tempo, condição social, grupo de *status* atribuído, grupo de interesses e forma de identidade social. Além disso, para muitos, falar em discriminação racial significaria, incorrer num equívoco teórico, já que não existem raças humanas.

Ficamos, portanto, presos em duas armadilhas sociológicas, quando pensamos o Brasil contemporâneo. Primeiro, o conceito de classes não é concebido como podendo referir-se a uma certa identidade social ou a um grupo relativamente estável, cujas fronteiras sejam marcadas por formas diversas de discriminação, baseada em atributos como a cor — afinal é esse o sentido do dito popular, de senso comum, de que a discriminação é de classe e não de cor. Segundo, o conceito de "raças" é descartado como imprestável, não podendo ser analiticamente recuperado para pensar as normas que orientam a ação social concreta, ainda que as discriminações a que estejam sujeitos os negros sejam, de fato, orientadas por crenças raciais.

Apesar disso, ou talvez por isso mesmo, três críticas têm sido formuladas à minha utilização do termo "raça" como conceito analítico. Costa e Werle (1997), Yvonne Maggie (1999) e Mônica Grin (2001) consideram "raça" uma noção estranha à realidade social brasileira; Peter Fry (2000) argumentou que minha posição se afastaria da nossa tradição intelectual, estando de certo modo contaminada, seja pelas posições ideológicas do movimento negro, seja pelas categorias nativas norte-americanas. Sérgio Costa (2001), embora reconheça que faça algum sentido referir-se à "raça" em estudos específicos sobre desigualdades ou discriminações raciais, considerou abusivo o uso do conceito em estudos sobre a identidade nacional ou sobre os regionalismos brasileiros. Essas críticas viram-se reforçadas pela posição de Paul Gilroy (1998, 2000), um intelectual negro de expressivo ativismo na luta anti-racista, que passou a defender insistentemente a tese de que a categoria "raça" já não tem nenhuma utilidade prática ou teórica no mundo globalizado.

Neste capítulo, tenho, portanto, dois alvos: re-examinar o estatuto do conceito de "raça" e explorar um pouco mais a insuficiência da categoria "classe" para dar conta da pobreza dos negros no Brasil.

REDISCUTINDO O CONCEITO DE RAÇA[25]

Paul Gilroy (1998), um dos mais brilhantes intelectuais negros do nosso tempo, e certamente um dos mais envolvidos politicamente no combate ao racismo, declarou-se recentemente inteiramente contrário à manutenção do termo "raça" em nosso vocabulário. Algumas de suas razões não diferem daquelas assumidas pelos que o precederam nesta posição. São elas: 1) no tocante à espécie humana, não existem "raças" biológicas, ou seja, não há no mundo físico e material nada que possa ser corretamente classificado como "raça"; 2) o conceito de "raça" é parte de um

[25] Esta parte do artigo foi originalmente preparada para a mesa-redonda "(Re)Discutindo o Conceito de Raça", Universidade Federal do Paraná, Curitiba, 9 de novembro de 1999.

discurso científico errôneo e de um discurso político racista, autoritário, antiigualitário e antidemocrático; 3) o uso do termo "raça" apenas reifica uma categoria política abusiva.

Paul Gilroy certamente reconhece os argumentos dos anti-racistas que defendem o uso da categoria "raça". O principal deles é, sem dúvida, o fato de que "raça" é a única categoria possível de auto-identificação para pessoas "cujos pleitos legais, oposicionistas e mesmo democráticos têm necessariamente de ser construídos sobre identidades e solidariedades forjadas a grande custo, a partir de categorias que lhes foram impostas pelos seus opressores" (Gilroy, 1998: 842, tradução minha). Tal reconhecimento levaria, como levou, a um compromisso liberal e democrático de empregar-se "raças" entre aspas, para denotar o seu caráter de construção social.

No entanto, para Gilroy, tal argumento já não é mais válido, e aí reside a sua novidade. Todo discurso que recria "raças" seria hoje anacrônico, já que, em suas palavras: "A negritude pode hoje significar prestígio vital, em vez de abjeção, para um telesetor de info-trenimento, em que os resíduos das sociedades escravistas e os vestígios paroquiais do conflito racial americano precisam ser substituídos por outros imperativos, derivados da planetarização do lucro e da abertura de novos mercados bastante afastados da memória da escravidão" (Gilroy, 1998: 842, tradução minha).

Gilroy argumenta também que o anti-racismo tem sido, desde sempre, uma política de negação do racismo existente, mas nunca uma política afirmativa. Por isso, ele pergunta: "Os anti-racistas são, afinal, a favor do quê? Estamos positivamente compromissados com o quê, e como isso se conecta com o momento necessário de superação que define nossas esperanças e escolhas políticas?" (Gilroy, 1998: 843, tradução minha).

A posição que Gilroy apenas insinua deve ficar muito clara: 1) os anti-racistas estão comprometidos com a superação das desigualdades e das diferenças construídas a partir da idéia de raça; 2) segundo ele, já não precisamos historicamente da identidade racial para avançar nossos pontos de vista; 3) como conseqüência, já não precisamos da idéia de raça, seja biológica, seja social.

Alguns dos pressupostos de Gilroy são também pressupostos meus. Se eles estão corretos, a pergunta decisiva é: quando os anti-racistas negros podem prescindir da idéia de "raça" que os unifica? Essa é uma pergunta política e, portanto, concreta, que não pode ser respondida em termos genéricos. Afinal, se a raça biológica não existe, também não há uma única e universal maneira de construir a categoria social de "raça", a qual deve diferir de sociedade para sociedade, ainda que obedeça a certa matriz universal, informada por um modo de produção, uma estrutura planetária de trocas e por tecnologias específicas.

Assim, ainda que Gilroy tenha razão quando se refira à Europa Ocidental, sua resposta talvez não tenha a mesma validade para o "paroquialismo" americano ou brasileiro. Se tivesse validade, certamente estaríamos submersos num "anacronismo" conceitual, que teríamos forçosamente de superar.

Repito aqui a posição que tenho adotado: "raça" é não apenas uma categoria política necessária para organizar a resistência ao racismo no Brasil, mas é também categoria analítica indispensável: a única que revela que as discriminações e desigualdades que a noção brasileira de "cor" enseja são efetivamente raciais e não apenas de "classe" (Guimarães, 1999).

Reconheço, todavia, que a minha argumentação repousa sobre dois pressupostos às vezes difíceis de serem percebidos. Primeiro, não há raças biológicas, ou seja, na espécie humana nada que possa ser classificado a partir de critérios científicos e corresponda ao que comumente chamamos de "raça" tem existência real; segundo, o que chamamos "raça" tem existência nominal, efetiva e eficaz apenas no mundo social e, portanto, somente no mundo social pode ter realidade plena.

O problema que se coloca é, pois, o seguinte: quando, no mundo social, podemos, também, dispensar o conceito de raça? A resposta teórica parece ser bastante clara: primeiro, quando já não houver identidades raciais, ou seja, quando já não existirem grupos sociais que se identifiquem a partir de marcadores direta ou indiretamente derivados da idéia de raça; segundo, quando as desigualdades, as discriminações e as hierarquias sociais efetivamente não corresponderem a esses marcadores; terceiro, quando tais identidades e discriminações forem prescindíveis em termos tecnológicos, sociais e políticos, para a afirmação social dos grupos oprimidos.

Pois bem, no caso brasileiro, parece ter acontecido justamente o contrário. As raças foram, pelo menos até recentemente, no período que vai dos anos 1930 aos anos 1970, abolidas do discurso erudito e popular (sancionadas, inclusive, por interdições rituais e etiqueta bastante sofisticada), mas, ao mesmo tempo, cresceram as desigualdades e as queixas de discriminação atribuídas à cor. Essas eram vozes abafadas. Para obterem reconhecimento, viram-se forçadas a recrudescer o discurso identitário, que resvalou para a reconstrução étnica e cultural. Tais identidades apenas hoje estão bem assentadas no terreno político. Mais ainda: a assunção da identidade negra significou, para os negros, atribuir à idéia de raça presente na população brasileira que se autodefine como branca a responsabilidade pelas discriminações e pelas desigualdades que eles efetivamente sofrem. Ou seja, correspondeu a uma acusação de racismo. E isso justamente porque tais discriminações e desigualdades não foram nunca reconhecidas como tendo motivação racial, quer pelas elites políticas e pelas classes médias, que se definem como brancas, quer pelas classes trabalhadores. Assim, a retomada da categoria de raça pelos negros correspondeu, na verdade, à retomada da luta anti-racista em termos práticos e objetivos.

Quais as formas possíveis que o movimento anti-racista pode tomar, hoje em dia, no Brasil?

Para o anti-racismo, há quatro possibilidades discerníveis. A primeira delas é aferrar-se a crenças racialistas (ou seja, crenças na determinação biológica de qualidades morais, psicológicas e intelectuais, ao longo da transmissão de caracteres fenotípicos que definem "raças"). Este anti-racismo, devo confessar, vive em bases bastante delicadas, uma vez que aceita diferenças de qualidades e de propriedades raciais sem que aceite a hierarquia entre elas. Mas, ainda que difícil, esta posição é, logicamente, possível. Não vou me alongar sobre este ponto. Direi apenas que boa parte dos negros brasileiros que estão longe da influência acadêmica e perto da influência da cultura de massa, principalmente o movimento *rap* (Gordon, 1999), assume tal posição.

A segunda possibilidade é, sem crer em raças biológicas, aceitar que as "raças sociais" (ou seja, a construção social das identidades e classificações raciais) são epifenômenos permanentes, que organizam a experiência social humana e que não têm chances de desaparecer. Trata-se de uma posição pragmática. Assim como aceitamos, há séculos, a teoria copernicana sem que deixemos de organizar as nossas experiências diárias em torno da crença de que o sol se põe e se levanta, assim também acontece com a crença em "raças". Continuamos a nos classificar em raças, independente do que nos diga a genética. Pragmaticamente, portanto, as pessoas que adotam tal postura anti-racista, também não acreditam em raças biológicas, mas aceitam que as raças sociais são construções sociais permanentes, sobre as quais deve-se organizar a luta anti-racista.

Na agenda de ambas as posturas delineadas acima não consta a superação da divisão da humanidade em "raças". Trata-se, tão somente, de civilizar as relações raciais, ou seja, de implantar e garantir o funcionamento de normas sociais que conduzam à igualdade de tratamento, de oportunidades e de direitos, independentemente da raça do indivíduo.

Pode-se, ainda, distinguir duas outras posturas anti-racistas que implicam na superação da idéia de raças. Uma delas, a terceira possibilidade, é de que tratemos raças como epifenômenos, do ponto de vista científico, e, do ponto de vista social, como construções que precisam ser superadas para que se possa erradicar o racismo. As pessoas que adotam tal postura não acreditam que se possa ser, a um só tempo, racialista e anti-racista. Para elas, a idéia de raça, por si só, mais cedo ou mais tarde, conduz ao racismo. No nível científico, portanto, a única referência possível a "raças" é o registro dessa idéia em termos *emic*[26], ou seja, como categoria nativa. Por isso, deve-se sempre grafar tal palavra entre aspas, denotando o seu caráter epifenomenal e nativo, não-analítico e não-fenomênico. Há, nessa postura, uma crença iluminista de que os indivíduos podem ser esclarecidos sobre a inexistência das raças e que, a partir deste esclarecimento, mudem o seu comportamento racista.

A quarta possibilidade, à qual me filio, apóia-se na crença de que a superação das classificações raciais passa necessariamente por dois passos: a) pelo reconhecimento da inexistência de raças biológicas; b) pela denúncia da constante transformação da idéia de raça sob diferentes formas e tropos. Ou seja, o não-racialismo não é garantia para o anti-racismo, podendo mesmo cultivá-lo se, para tanto, utilizar um bom tropo para "raça". Uma vez atingido o estágio do não-racialismo e não-racismo científicos, ou seja, uma vez estabelecidas pelas ciências a inexistência de raças humanas e a inexistência de hierarquias inatas entre os grupos humanos, durante um bom tempo, precisaremos ainda usar a palavra "raça" de um modo analítico, para compreender o significado de certas classificações sociais e de certas orientações de ação informadas pela idéia de raça. Para ser mais claro, utilizo um exemplo. Suponhamos o caso corriqueiro de alguém, no Brasil, que se queixa por ter sofrido preconceito de cor. "Cor", no caso, é uma categoria *emic*, nativa. Para o analista, porém, o que se passou foi um caso de preconceito racial porque a categoria "cor" é informada pela idéia de "raça" que, embora possa ter desaparecido do discurso dos envolvidos no referido incidente, continua

[26] Segundo Harris *et al.* (1993: 460), "termos *emic* se referem a sistemas lógico-empíricos nos quais distinções fenomênicas ou 'coisas' são elaboradas a partir de discriminações e contrastes que são significantes, reais, acurados, fazem sentido e são julgados apropriados pelos próprios atores". Ao contrário, as categorias *etic* "dependem de distinções fenomênicas julgadas pertinentes por uma comunidade de observadores científicos".

a orientar a ação dos agentes sociais. Analiticamente, portanto, o correto é falar em preconceito racial e não em preconceito de gênero ou de classe, ainda que, também analiticamente, seja também importante adicionar a categoria nativa através da qual o preconceito de raça se atualizou, no caso "cor".

Mas, minha postura, volto a repetir, é também delicada, pois pressupõe uma comunidade de leitores e ouvintes que partilhem a crença científica na inexistência de raças humanas e nas bases sociais do racismo. "Raça", neste contexto, é uma ferramenta analítica que permite ao sociólogo inferir a permanência da idéia de "raça" disfarçada em algum tropo.

No caso específico do debate brasileiro atual, ainda mais importante para se compreender a dificuldade de entendimento entre os aderentes a essas duas últimas posturas anti-racistas talvez seja uma diferença ontológica fundamental entre alguns antropólogos, como Yvonne Maggie e Peter Fry, por exemplo, e alguns sociólogos, como eu.

Isso ficou claro para mim depois de ler um texto de Maggie (1999) em que a autora reproduz boa parte da crítica de Louis Dumont (1966) aos sociólogos americanos que utilizavam o conceito de "casta" para referir-se às relações raciais do *Deep South*. A postura, que deve muito a Evans-Pritchard (1969), é a seguinte: não cabe ao cientista social criar categorias analíticas para sobrepor ao modo como os atores sociais constroem o seu mundo de significados; à antropologia caberia apenas entender o modo como esses mundos são construídos e são vividos pelos seus sujeitos-atores, ou seja, as pessoas particulares, em situações particulares, no interior de uma estrutura de significados. A crítica sociológica ficaria por conta da comparação entre sociedades humanas, cada uma delas podendo ser entendida da perspectiva da outra. "Castas" seriam um fenômeno indiano, jamais categoria analítica para referir-se aos grupos semifechados, hereditários e endogâmicos das sociedades ocidentais, por exemplo; assim como "raças" seriam o modo particular como os negros norte-americanos são classificados socialmente, ao contrário dos negros ou pretos brasileiros, que ilustram uma classificação política ou de cor, respectivamente.

Ora, para a tradição sociológica, cabe justamente ao analista buscar o que há de comum a diversas sociedades humanas para construir categorias analíticas gerais que possam ser utilizadas heuristicamente, não para subsumir as diferenças e as particularidades, mas, ao contrário, para permitir a compreensão das particularidades e das contingências históricas. Assim, a palavra espanhola "casta" pôde ser usada em relação à hierarquia social indiana, e não ficar circunscrita apenas à hierarquia social das colônias espanholas e portuguesas do período colonial, ainda que as duas hierarquias tenham mais diferenças que semelhanças entre si, quando pensadas em termos religiosos, por exemplo. Com mais razão ainda, a idéia de raça de que estamos tratando pertence, seja nos Estados Unidos, seja no Brasil ou em países da Europa Ocidental, a um mesmo universo de significado, que tem como referente histórico a modernidade européia, particularmente o desenvolvimento da ciência ao longo da colonização e da escravização dos povos africanos.

Autores como Maggie e Fry tendem a ver a "democracia racial" como parte constituinte da formação social brasileira, como uma matriz cultural periodicamente atualizada por políticas, discursos e crenças. Daí porque a recusa à democracia racial, pelo menos da maneira radical como o movimento negro a fez, foi interpretada como resultado da aplicação de um discurso externo a essa matriz nativa. Eu tendo, ao contrário, a analisar a "democracia racial" brasileira como uma ideologia historicamente datada, materializada em práticas sociais, em políticas estatais e em discursos literários e artísticos. Tal ideologia reinou sem grande contestação, grosso modo, dos 1930 aos 1970, e apenas a partir daí passou a ser crescentemente afrontada, submetendo-se a reformas que a descaracterizam.

O respaldo científico de que precisam os militantes anti-racistas brasileiros, portanto, não está em ressuscitar a idéia de "raça" biológica ou uma raciologia ultrapassada, invertendo os termos do racismo científico do século passado. O respaldo de que precisam resultará da reelaboração sociológica do conceito de raça. Conceito este que deverá, ao mesmo tempo: 1) reconhecer o peso real e efetivo que tem a idéia de raça na sociedade brasileira, em termos de legitimar desigualdades de tratamento e de oportunidades; 2) reafirmar o caráter fictício de tal construção em termos físicos e biológicos; e 3) identificar o conteúdo racial das "classes sociais" brasileiras.

O anti-racismo erudito e a ciência social politicamente engajada precisam mais que negar a existência de raças biológicas, referindo-se a tal idéia entre aspas. Precisam nomear as construções que tal idéia suscita, referindo-as pelo nome que devem ter, ainda que não sejam polidos ou estejam interditos por tabus: "raciais" e "raça", esses são os nomes que descrevem a sua verdadeira natureza social. Afinal, a linguagem da ciência deve justamente ser capaz de desvendar e revelar o que o senso comum escondeu.

No entanto, seria impostura ou demagogia não reconhecer os perigos reais para os quais Paul Gilroy e Peter Fry, entre outros, apontam.

O combate à discriminação e às desigualdades raciais tem encontrado resistências por parte da opinião pública brasileira. E isso, em parte, porque a luta contra o racismo, no Brasil, tomou um rumo contrário ao imaginário nacional e ao consenso científico, formado a partir dos anos 1930. Por um lado, o Movimento Negro Unificado, assim como as demais organizações negras, priorizaram em sua luta a desmistificação do credo da democracia racial, negando o caráter cordial das relações raciais e afirmando que, no Brasil, o racismo está entranhado nas relações sociais. O movimento aprofundou, por outro lado, sua política de construção de identidade racial, chamando de "negros" todos aqueles com alguma ascendência africana, e não apenas os "pretos".

Apenas essa mudança já explicaria grande parte da reação ao movimento negro. Por um lado, antropólogos como Roberto DaMatta e Peter Fry alertaram para o fato de que a democracia racial é, na verdade, um mito fundador da nacionalidade brasileira,[27] além de ser, enquanto ideal, inatacável. Fry (1995-96: 126) foi mais longe, argumentando que, enquanto ideologia, a democracia racial, longe de acobertar, ou ter se tornado, ela mesma, racista, se contrapõe à ideologia que permite a discriminação racial no Brasil.[28] Ao mesmo tempo, à medida que o movimento negro acusava Gilberto Freyre por ter passado uma imagem rósea das relações raciais no país, cresceu a reação de alguns intelectuais à tentativa de demonização de Freyre.

A tensão entre o movimento negro e a academia brasileira é também grande quando se trata de identidade racial. Definindo "negros" como todos os descendentes de africanos e identificando-os com a soma das categorias censitárias "preto" e "pardo", o movimento incorreu em duas heresias científicas: primeiro, adotou como critério de identidade, não a auto-identificação, como quer a moderna antropologia, mas a ascendência biológica; segundo, ignorou o fato de que, em grande parte do Brasil, a população que se autodefine "parda" pode ter origem indígena e não africana. A pretensão de identificar alguém como "negro" pela sua ascendência, ignorando o modo como as pessoas se classificam ou traçam suas origens, deu margem também a outras críticas: a de que o movimento negro tenta impor categorias raciais americanas ao Brasil, e a de que professa a crença em raças biológicas (racialismo).

Ora, à medida que o movimento negro ganhou maior proeminência política, principalmente quando passou a defender po-

---

[27] Mito, para os antropólogos, não se confunde com "falsa ideologia"; significa a expressão simbólica de um conjunto de ideais que organizam a vida social de uma certa comunidade.

[28] Sérgio Costa (2001) me atribui a intenção de querer reduzir a ideologia nacional brasileira a uma ideologia de cunho meramente racial, o que evidentemente seria uma bobagem. O que eu digo é que essa ideologia nacional tem pressupostos raciais (mestiçagem), o que obviamente não impede que ela seja declaradamente a-racialista.

líticas públicas voltadas para a população negra, ferindo interesses e privilégios consolidados, o mal-estar da academia tendeu a transformar-se facilmente em conservadorismo político. Reações intelectuais bem fundamentadas como as de Fry (1995-96) ou Harris *et al.* (1993) acabam cedendo lugar a parolagens e acusações gratuitas de "racismo às avessas", "intelectuais a serviço do imperialismo americano", "subordinação cultural" etc.[29]

Mesmo contando com aliados intelectuais de peso, a verdade é que, o movimento negro ainda precisa muito dos intelectuais "brancos"[30] para vencer a resistência do *establishment* acadêmico, o qual continua pouco permeável à ascensão de negros. O melhor exemplo disso está na reação bastante negativa das melhores universidades públicas do país a qualquer tentativa de acesso privilegiado de negros, e mesmo de pobres. Vendo-se a si mesma como uma elite formada através do mérito intelectual, a comunidade universitária brasileira não aceita, de modo algum, a pretensão de se utilizar qualquer outro critério de ingresso às faculdades que não seja o exame vestibular.[31]

Ainda, em relação ao *establishment*, vale lembrar que, nos últimos anos, o grande avanço da luta contra o racismo, no Brasil, está se dando no terreno jurídico-político e não apenas no terreno ideológico. A Carta de 1988, ao introduzir no país os "di-

---

[29] Um bom exemplo de má-informação e conservadorismo são as passagens de Bourdieu e Wacquant (1998) referentes ao Brasil. As críticas contundentes que lhes foram dirigidas por French (2000) me dispensam de maiores comentários.

[30] No caso dos intelectuais brasileiros, mestiços de pele clara em sua maioria, a situação é ainda mais complexa, já que o movimento negro, em contradição com seus próprios critérios, tende a tratá-los como "brancos".

[31] Essa restrição vem sendo dobrada lentamente. A nova Lei de Diretrizes e Bases da Educação flexibilizou o ingresso ao ensino superior, enquanto o Exame Nacional do Ensino Médio (ENEM), já em uso, possibilita um mecanismo eficaz de avaliação alternativa de mérito acadêmico, já parcialmente aceito por algumas universidades.

reitos coletivos" e os "direitos difusos", reconheceu, como sujeito de direito, o amplo setor da sociedade brasileira organizado em ONGs, além de instituir o Ministério Público como o guardião desses novos direitos. Assim, a criminalização do preconceito e da discriminação raciais, prevista na Constituição de 1988, ensejou, em São Paulo e no Rio de Janeiro, a formação de programas como o SOS Racismo e a criação de Delegacias Especializadas; enquanto, em outros lugares, como em Salvador, ofereceu ao Ministério Público a oportunidade de criar seções especializadas no combate aos crimes raciais. Do mesmo modo, a nova ordem constitucional abriu espaço para a elaboração de políticas compensatórias, que defendam os direitos sociais de populações marginalizadas, e que garantam o cumprimento de acordos internacionais dos quais o Brasil é signatário. Era, portanto, esperado, que uma boa parte da intelectualidade negra concentrasse suas energias na atuação jurídica, com o que cresceu bastante a importância, no movimento negro, dos advogados, procuradores e promotores negros, além dos ativistas do SOS Racismo.

Ora, ao tempo em que, para os negros, a atuação jurídica cresce de importância, surge também a necessidade de melhor preparação, técnica e ideológica, para o convencimento da opinião pública, em geral, e dos magistrados e dos ministros das Cortes superiores, em particular. Isso porque as decisões jurídicas ganham rapidamente repercussão jornalística, sejam prisões por racismo, sejam liminares a ações civis públicas que defendem direitos difusos. A reação que os advogados e promotores negros encontram no Judiciário e nas Cortes, por parte de juízes, desembargadores e ministros, assim como a que encontram por parte de jornalistas, é ainda, do ponto de vista intelectual, bastante primitiva.

De fato, como salientei em outro texto (Guimarães, 1999), há uma grande defasagem entre o pensamento sociológico, gerado e transmitido nas faculdades de filosofia e ciências sociais, e aquele transmitido nas escolas de direito ou jornalismo. Isso faz com que os magistrados e advogados brasileiros, tendo renegado tardiamente as idéias racistas de Lombroso e Nina Rodrigues, continuem agora apegados ao consenso intelectual, liderado por Freyre, dos anos 1930 e 1940. Ou seja, para uma parcela decisiva das elites brasileiras, a única alternativa ao racismo científico do final do século XIX continua a ser a ideologia da democracia racial. O movimento negro, portanto, precisa esclarecer as diferenças entre o seu racialismo e o racialismo anterior e, para isso, precisa também atentar para o que de verdade dizem os seus críticos.

Desse modo, são justas, tanto a defesa da identidade racial como direito à auto-identificação, quanto a rejeição das "raças" biológicas como construções sociais opressivas. Tão justas quanto a crítica à função mistificadora da democracia racial brasileira,[32] ou a crítica à sociedade hierárquica ainda vigente no Brasil (DaMatta, 1981, 1985; Adorno, 1995; Guimarães, 1998), ou ainda a demonstração de que as desigualdades sociais entre brancos e negros têm, no Brasil, um fundamento racial inegável (Hasenbalg e Silva, 1992; Lovell, 1989; Telles, 1992). Todos esses pontos precisam ser reintegrados de modo a evitar que as críticas justas e saudáveis ao racialismo não realimentem uma elite politicamente conservadora e racialmente cínica.

Mais: é bastante provável que já não seja possível, no Brasil, construir um consenso nacional sobre as desigualdades raciais. É provável que, como nos Estados Unidos, a questão racial passe a ser objeto de dois discursos competitivos, ambos em sintonia com o reconhecimento pleno da cidadania negra. Por um lado, um discurso cuja ênfase é posta no caráter *racial* das desigualdades, ou seja, na discriminação sistêmica alimentada pelos preconceitos e pelas hierarquias socialmente aceitas (classe, gênero, etnia, raça, região etc.); por outro lado, outro discurso, cuja ênfase é dada ao caráter *econômico* da desigualdade, ou seja à pobreza da população em geral. Qualquer política pública, no futuro, talvez tenha que ser negociada entre essas duas posições. O velho consenso sobre a democracia racial, ao qual aderiam, entre os anos 1930 e

[32] Ver Nascimento e Nascimento, 2001.

1960, negros e brancos, direita e esquerda, liberais e socialistas, parece ter sido definitivamente rompido.

OS LIMITES DO RACIALISMO NEGRO

O moderno movimento negro brasileiro foi criado nos 1930, e recriado nos 1970, como um programa de combate à discriminação racial e de integração do negro à sociedade de classes. O primeiro lutou para construir a democracia racial que, tempos mais tarde, adquiriu o teor de farsa, denunciado pelo segundo. O primeiro negou as raças e pregou a cor como "acidente", o segundo reivindicou a dignidade e o orgulho raciais, como modo de se opor à opressão. Como conseqüência de sua atuação, a política de identidade racial rendeu, também, frutos visíveis: em vários pontos do país floresceram grupos culturais de afirmação da identidade negra e afro-brasileira, tais como os bailes *black*, os blocos afro, os grupos *rap*, os bailes *funk* etc. A própria forma de identificação racial mudou, pelo menos em certas camadas sociais, sendo comum, hoje, personalidades midiáticas, que antes se definiriam como morenas ou mesmo brancas, se identificarem e serem aceitas como negras.

A luta contra a discriminação, ademais, começa agora a ser travada *pari passu* a uma outra, bem mais ampla: a luta contra as desigualdades raciais, através da busca de políticas públicas mais abrangentes, que reparem a exclusão política, social e econômica da população negra.

Mas, apesar do imenso progresso e do enorme esforço feito em termos de política de identidade, a verdade, no entanto, é que, dos negros em potencial (os "pardos" e "pretos" censitários, que alguns ativistas chamam de negros), e que formariam 40% da população brasileira, segundo dados de uma pesquisa amostral, apenas uma minoria atendeu ao apelo racial do movimento (ver Tabela 1). Ainda de acordo com esses dados (ver Tabela 2), apenas 7% da população brasileira se identifica como "negra" ou "preta", enquanto 43% prefere se identificar como "morena" e o restante como "branca" (38%), "parda" (6%) ou outra cor.

Tabela 1
BRASIL: RESPOSTA INDUZIDA À PERGUNTA
"QUAL É SUA COR?"

Cor	Freqüência	%
Branca	2.522	49,6
Preta	606	11,9
Parda	1454	28,6
Amarela	141	2,8
Indígena	326	6,4
Outras	32	0,6
Total	5.081	100,0

Fonte: Instituto de Pesquisa DataFolha, 1995.

Tabela 2
BRASIL: RESPOSTA ESPONTÂNEA À PERGUNTA
"QUAL É SUA COR?"

Cor	Freqüência	%
Branca	1.946	38,3
Moreno	1.769	34,8
Moreno claro	375	7,4
Parda	302	5,9
Preta	221	4,3
Negro	135	2,7
Clara	84	1,7
Mulato	39	0,8
Escuro	34	0,7
Amarela	28	0,6
Moreno escuro	29	0,6
Outras	72	1,4
Não sabe	47	0,9
Total	5.081	100,0

Fonte: Instituto de Pesquisa DataFolha, 1995.

Ora, enquanto a luta contra a discriminação forçou o reconhecimento explícito da categoria racial que motivava a discriminação, conduzindo, ademais, a uma definição ampla de negro, enquanto categoria objeto do preconceito, a luta a favor de ações afirmativas para os negros terá forçosamente que beneficiar aqueles 7% da população que se identifica como preto ou negro. Como reagirá no futuro o movimento a essa evidência? Como reagirá a sociedade branca?

Em termos políticos, são grandes os desafios: se o movimento negro abandonar o racialismo de atribuição racial (feita a partir de caracteres fisionômicos ou ascendência biológica), em troca de um racialismo de identidades eleitas, poderá se ver tentado, com o tempo, a abandonar uma política de maioria em favor de uma política de minoria.[33] O racialismo negro brasileiro tem duas virtudes inigualáveis: a conjunção entre negros, definidos amplamente, e pobreza é tão grande que dizer que os pobres são pobres porque são negros, e não porque o país é pobre, é uma excelente estratégia de responsabilização das elites do país que, até hoje, escondem seus interesses mais mesquinhos atrás de teorias como a da democracia racial ou a do subdesenvolvimento econômico. Tal estratégia negra casa-se muito bem com a aspiração das esquerdas e com a nova mobilização em defesa dos direitos humanos e do respeito à cidadania. Ao contrário, uma política de minoria, em uma sociedade em que a maioria sofre a pobreza e a exclusão social e política, corre o risco de perder legitimidade.

Esse dilema explica, talvez, por que as lideranças negras têm, aliás sabiamente, se conformado a acomodar suas reivindicações de políticas afirmativas a fórmulas mais abrangentes, como "negros e carentes". Isso porque se sabe muito bem que, tanto através de critérios de auto-identificação racial, quanto de atribuição

---

[33] O mesmo é válido para uma atribuição muito restrita que, por exemplo, inclua apenas os "pretos".

por terceiros,[34] a população negra é bem menor que a de descendentes de africanos.

AS CAUSAS DA POBREZA NEGRA NO BRASIL: ALGUMAS REFLEXÕES[35]

Estatisticamente, está bem estabelecido e demonstrado o fato de que a pobreza atinge mais os negros que os brancos, no Brasil. Mais que isto: está também demonstrado na literatura sociológica, desde os 1950, que, no imaginário, na ideologia e no discurso brasileiros, há uma equivalência entre preto e pobre, por um lado, e branco e rico, por outro. Thales de Azevedo (1966), por exemplo, em texto datado de 1955, estuda a hierarquia social na Bahia para concluir que a principal clivagem dá-se entre brancos e negros, clivagem esta que é igualmente referida na linguagem cotidiana como sendo entre ricos e pobres. Comparando as estruturas sociais da Bahia e do sul dos Estados Unidos, Thales utiliza o diagrama sugerido por Lloyd Warner (Figura 1) para visualizar a relação entre o sistema de castas raciais e o de classes[36].

Há, portanto, no Brasil, seja na mentalidade popular, seja no pensamento erudito, seja na demografia ou na sociologia, na economia ou na antropologia, seja entre governantes e governados, um consenso de que os pobres são pretos e que os ricos são brancos.

Quais são as causas da pobreza negra? A explicação normalmente aceita, tanto pelos governos, quanto pelo povo, é de que a

---

[34] Até mesmo o movimento negro recusa-se a chamar de "negro" os afrodescendentes de classe média, que se definem como "brancos".

[35] Este item foi escrito originalmente para ser apresentado ao Seminário "Race and Poverty: Inter-Agency Consultations on Afro-Latin Americans", Inter-American Dialog/Inter-American Development Bank, World Bank, Washington DC, 19 de junho de 2000.

[36] Tal argumento encontra-se detalhado em Guimarães (1999).

discrepância entre brancos e negros deve-se ao passado escravista. Seria, portanto, uma herança do passado, que desapareceria com o tempo. Tal explicação, embora tenha um cerne de verdade, esconde alguns problemas graves.

Figura 1
A LINHA DE COR E DE POBREZA NO BRASIL,
SEGUNDO THALES DE AZEVEDO

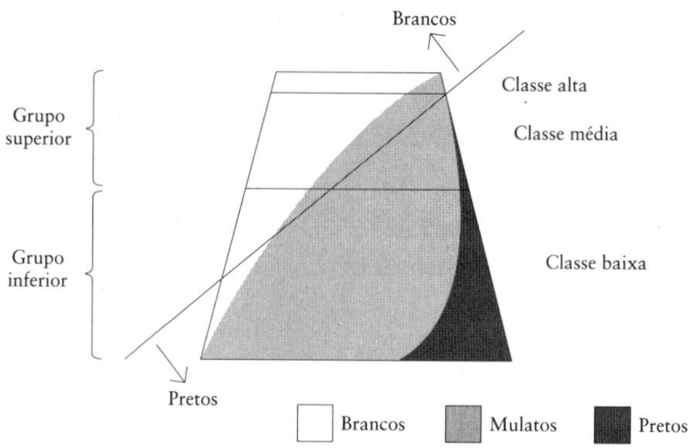

Fonte: Azevedo, 1966, p. 39.

Primeiro, isenta as gerações presentes de responsabilidade pela desigualdade atual; segundo, oferece uma desculpa fácil para a permanência das desigualdades ("como reverter em cinco anos o que é produto de cinco séculos?", esta tem sido a frase mais repetida pelos diversos governos republicanos, inclusive o atual); terceiro, deixa sugerido que os diversos governos têm buscado corrigir, gradualmente, tais disparidades (as vezes, mais que sugerido, o argumento é explícito entre os economistas: é preciso que a economia cresça para que os problemas sociais resolvam-se naturalmente).

Contra tal explicação conservadora têm se insurgido, ao longo dos anos (pelo menos desde 1930 de forma organizada), as lideranças negras, para as quais as causas da pobreza negra são a falta de oportunidades, o preconceito e a discriminação raciais. Até bem pouco tempo (a mudança pode ser datada de 1988), quando se escreveu a atual Carta constitucional, os argumentos das lideranças negras eram peremptoriamente rejeitados: não haveria nem discriminação, nem preconceitos raciais, sendo a pobreza negra puramente pobreza. Atualmente, nota-se uma mudança importante: tanto o governo, quanto a opinião pública reconhecem a discriminação racial.[37] Mas ainda se considera legítima a discriminação de classe, o que, ao fim e ao cabo, para os negros, dá no mesmo.

É importante chamar a atenção para a legitimidade que adquiriram no Brasil o preconceito e a discriminação contra os pobres. Essa legitimidade se expressa na justificativa dada para os casos inegáveis e reconhecidos de discriminação contra pessoas negras. Nesses casos, costuma-se explicar tal discriminação como sendo uma discriminação de classe e não de cor. Tal argumentação foi, nos anos 1940, aceita e refinada pelas ciências sociais brasileiras por autores tão importantes quanto Donald Pierson (1942), Marvin Harris (1966) ou Thales de Azevedo (1953). Como esses autores faziam profissão de fé anti-racista, isso significou tratar como natural e legítima tal discriminação de classe, esquecendo-se de que a possibilidade de uma pessoa pobre não ser portadora dos direitos plenos da cidadania é inaceitável numa ordem democrática. O fato de que os pobres, no Brasil, não sejam reais sujeitos de direitos passou a ser um problema apenas recentemente, quando as ciências sociais brasileiras passaram a pautar-se norma-

---

[37] A administração Fernando Henrique Cardoso reconheceu publicamente, em diversas oportunidades, que existe racismo no Brasil. No plano da opinião pública, a referida pesquisa do DataFolha, realizada em 1995, mostrou que 89% dos brasileiros também acreditam que os brancos têm preconceito contra os negros e 58% acham que o fato de a população negra viver em condições piores que a branca se deve ao preconceito e à discriminação dos brancos contra os negros (DataFolha, 1995).

tivamente pelo ideário da cidadania moderna.[38] Só a partir de então, estudos sobre a violência, a criminalidade e de construção da cidadania passaram a explicitar as discriminações diárias perpetradas contra todos aqueles que, pelo seu aspecto físico — principalmente a cor —, não parecem, para os poderes públicos, portadores de direitos subjetivos.

De fato, o que torna legítimo o reconhecimento da falta de oportunidades dos pobres e o preconceito e a discriminação de que são vítimas? Em grande parte, dizem os militantes negros, tal legitimidade decorre justamente do fato de que os pobres são negros. Acho que esses militantes têm razão. Senão vejamos.

Primeiro, há aquilo que Hasenbalg e Silva (1992) chamam de "ciclo cumulativo de desvantagens" dos negros. As estatísticas demonstram que não apenas o ponto de partida dos negros é desvantajoso (a herança do passado), mas que, em cada estágio da competição social, na educação e no mercado de trabalho, somam-se novas discriminações que aumentam tal desvantagem. Ou seja, as estatísticas demonstram que a desvantagem dos negros não é apenas decorrente do passado, mas é ampliada no tempo presente, através de discriminações.

Segundo, e talvez mais importante, é o caráter dessas discriminações. Dificilmente se poderia afirmar, para o Brasil, como se fez, no passado, para os Estados Unidos ou para a África do Sul, que o fator racial seja um motivo de discriminação explícito ou diretamente detectável. Ao contrário, no Brasil, o fator racial está, geralmente, diluído numa série de características pessoais, todas de ordem atribuída (*ascribed*). Tome-se, como exemplo, o acesso ao trabalho, que 45% dos negros brasileiros, segundo o DataFolha (1955), consideram ser o principal problema que a população negra enfrenta, no Brasil.

---

[38] Habermas talvez seja o autor contemporâneo que mais tenha dado ênfase aos fundamentos normativos das ciências sociais.

Ora, no mercado de trabalho, valores estéticos e comportamentais, que se traduzem na noção de "boa aparência", são os grandes responsáveis pela discriminação dos negros e dos pobres.[39] Além da "boa aparência", para jovens universitários que buscam emprego, outro fator decisivo é o renome da sua universidade, sendo que as universidades públicas e gratuitas, de ingresso mais concorrido, são muito melhor aceitas pelo mercado que as universidades privadas.[40] O problema consiste no fato de que a qualidade do ensino público e gratuito deteriorou-se a tal ponto que apenas aqueles que podem pagar colégios privados têm condições de ingressar na universidade pública e gratuita. Não apenas os jovens mais pobres não têm acesso à universidade, como grande parte dos jovens negros melhor aquinhoados pela fortuna, mas que não freqüentam colégios de elite, têm que pagar pelos seus estudos universitários. Assim, o mercado e o governo discriminam duplamente o negro: primeiro, oferecem mais chances de qualificação para os estudantes oriundos de colégios privados; segundo, qualificam melhor os universitários da rede pública.

Ademais, o mercado de trabalho para as ocupações menos qualificadas, justamente aquelas onde negros e pobres com escolaridade média teriam mais chances de concorrer, encontra-se, nas grandes cidades brasileiras, como São Paulo, totalmente fragmentado por áreas de residência: a primeira pergunta feita a uma entrevistado em busca de emprego é o local de sua residência e quantas conduções ela tomaria para chegar ao trabalho (Guimarães e Guimarães, 2000). Isso circunscreve a chance dos pobres e negros

---

[39] A noção de "boa aparência" é comentada do seguinte modo por uma consultora de RH: "Boa aparência significa sucesso, atenção, aceitação social. Embora tenhamos consciência de que as pessoas não devem ser julgadas pela aparência, na prática as bem cuidadas são mais favorecidas" (Guimarães e Guimarães, 2000).

[40] Apenas três ou quatro universidades privadas, todas concentradas no Rio de Janeiro e em São Paulo, fogem dessa regra.

arranjarem empregos. De um lado, os bairros pobres são estigmatizados pela violência, pela sujeira, pela desonestidade,[41] de outro lado, os bairros mais afluentes oferecem mais oportunidades de emprego.

Mas, há ainda um fator mais perverso, o fator "gênero", que não pode ser desconsiderado. A pobreza, a falta de oportunidades, a desigualdade de rendimentos e a discriminação atingem muito mais fortemente as mulheres que os homens. Nos últimos anos, a luta pela emancipação das mulheres e pela efetiva igualdade entre os sexos melhorou em muito a posição das mulheres na sociedade brasileira. No entanto, olhando algumas estatísticas desagregadas por cor, fica-se com a idéia de que esse benefício restringiu-se, até agora, quase que totalmente às mulheres brancas. Ou seja, a emancipação das mulheres parece ter ficado restrita às classes médias e altas, não atingindo as mulheres pobres, geralmente negras. Os dados mostram, por exemplo, que embora as mulheres brancas tenham expandido sua participação na PEA e no emprego, inclusive com ganhos salariais, as mulheres negras continuam presas ao desemprego e discriminadas em termos de salário (Guimarães e Consoni, 2000; Lavinas, 2001).

O que sobressai das estatísticas e dos diagnósticos disponíveis é que houve um desleixo histórico dos governos brasileiros com relação à pobreza, que atingiu sobretudo a população negra. Políticas na área de educação, voltadas especialmente para os negros e carentes, políticas de saúde pública e saneamento, políticas habitacionais para as classes pobres, políticas de transporte urbano etc. são políticas que podem realmente reverter a situação de pobreza da população negra brasileira. Mas, para que essas políticas pudessem reverter a situação de carência dos negros brasileiros, elas teriam que preencher duas condições: primeiro,

---

[41] O termo "favelado", por exemplo, é um dos insultos raciais mais freqüentes no Brasil (ver último capítulo).

visar dois alvos — a população negra e os pobres; segundo, teriam que ter duração maior que uma ou duas administrações.

AS CRÍTICAS ÀS AÇÕES AFIRMATIVAS

No entanto, apesar das evidências estatísticas, as políticas de ação afirmativa (as únicas que visam reparar erros do passado), atualmente propostas pelas lideranças negras, têm sido rejeitadas com base tanto em argumentos de classe (tais políticas beneficiariam apenas os negros de classe média), quanto de raça (não haveria propriamente uma comunidade negra no Brasil, ou seja, uma identidade negra precisamente definida). E por quê? Ora, a justificativa moral para o seu repúdio parece assentar-se sobre a ausência, entre nós, de sentimento de responsabilidade ou de culpa pelo passado, o que inviabiliza qualquer argumento de "reparação" (Skidmore, 1997).

Ademais, a cena política brasileira mostra também uma ausência de sentimento de responsabilidade com o presente e com a pobreza: políticas afirmativas que visem beneficiar a população carente são igualmente combatidas em nome da competição por mérito ou da excelência acadêmica[42]; enquanto as políticas de guerra à pobreza apenas lentamente saem do papel. É por isso que tem alguma plausibilidade a afirmativa dos militantes negros de que tal indiferença em relação à pobreza e a legitimidade da discriminação contra os pobres têm uma motivação racial.

As elites brasileiras não aceitam medidas eficazes de combate à pobreza. Há, inegavelmente, um agarramento aos privilégios

---

[42] Foi o que aconteceu com o projeto de lei 298/99, já aprovado no Senado, mas amplamente repudiado por educadores, reitores e intelectuais e, inclusive, pela imprensa mais progressista. Tal projeto de lei, em tramitação na Câmara dos Deputados, assegura 50% das vagas nas universidades públicas brasileiras a alunos oriundos de escolas públicas de segundo grau, as únicas que os mais carentes podem freqüentar.

seculares, protegidos por interesses corporativos. Esses interesses impedem que políticas antipobreza sejam tomadas ou implementadas pelos governos brasileiros. Em artigo recente, Elisa Reis (2000: 187) expressou essa dificuldade da seguinte maneira:

> "Um outro traço relevante da cultura política da elite é a forte preferência por políticas sociais universalistas para combater a pobreza e a desigualdade. Os dados da pesquisa mostram também um forte consenso na elite contra ações afirmativas ou impostos sobre a riqueza. Ainda que reconhecendo que existe discriminação contra os negros e contra as mulheres, a elite não está preparada para compensá-la através de medidas de discriminação positiva. De fato, a educação é vista como o meio mais efetivo de combate à pobreza e à desigualdade justamente porque se trata de uma solução universalista, aberta a todos" (tradução minha).

A discussão de políticas afirmativas para a população negra, por exemplo, conta, entre seus adversários, com os melhores e mais renomados cientistas sociais do país. Esses argumentam que tais políticas contrariam os valores liberais (Reis, 1997) e ferem a inteligência nacional (DaMatta, 1997; Fry, 2000). Para eles, a idéia de adotar tais políticas é equivocada e simplista. Equivocada porque reforça identidades étnicas e raciais, que reificam o racismo; simplista porque contraria a nossa tradição cultural. Os intelectuais que defendem políticas antipobreza mais radicais, que levem em conta a discriminação racial e de gênero, seriam, portanto, ou pouco refinados para entender a complexidade da cultura brasileira, ou estariam contaminados ideologicamente pelo seu envolvimento com o movimento negro.

O que esses autores ignoram ou omitem é que o povo brasileiro não rejeita políticas afirmativas, inclusive em sua forma extrema de cotas, tal como sugerem. Quem as rejeita são as classes médias e as elites, inclusive intelectuais. Em 1995, a já citada pesquisa do DataFolha sobre racismo detectou que os mais pobres e os menos escolarizados seriam favoráveis a tais políticas, posição que se inverte à medida que se perscrutam as camadas mais educadas e mais favorecidas (Telles e Bailey, 2001). Seria isso refinamento intelectual e cultural ou pura defesa de privilégios de classe? (ver Tabela 3).

Tabela 3
OPINIÃO DOS BRASILEIROS SOBRE COTAS, SEGUNDO CLASSES DE RENDA E GRUPOS DE COR

Concordância ou não com cotas[43]	Por cor	Por classes de renda até 10 SM	11 ou + SM	Total
Brancos				
Concordam	46,7%	69,5%	30,5%	100,0%
Discordam	53,3%	51,5%	48,5%	100,0%
Negros (pretos e pardos)				
Concordam	51,5%	80,3%	19,7%	100,0%
Discordam	48,5%	65,1%	34,9%	100,0%

Fonte: DataFolha, 1995.

Que não se trata de simples interesse racial sabemos através dos mesmos dados, já que, entre os negros mais favorecidos, também diminui a adesão a tais políticas. Ou seja, estamos inegavelmente diante de uma sociedade em que os privilégios estão bem estruturados e sedimentados entre grupos raciais e de gênero. Isso significa que tais privilégios orientam a sua reprodução e ampliação através de discriminações (e não que não há discrimina-

[43] A pergunta feita foi a seguinte: "Diante da discriminação passada e presente contra os negros, têm pessoas que defendem a idéia de que a única maneira de garantir a igualdade racial é reservar uma parte das vagas nas universidades e dos empregos nas empresas para a população negra, você concorda ou discorda com esta reserva de vagas de estudo e trabalho para os negros?".

ção racial e de gênero); significa que a paz racial é, no Brasil, um pacto de privilegiados, negros e brancos (e não que os que não aceitam tal pacto queiram a guerra racial ou sejam intelectual e culturalmente grosseiros).

A defesa que fiz (Guimarães, 1999) do emprego de ações afirmativas para reverter as desigualdades raciais no Brasil me rendeu críticas que vale a pena comentar.

Alguns autores me atribuíram uma tendência a "traduzir", ou importar, para o Brasil modelos de engenharia social norte-americanos (Grin, 2001: 174); outros a adotar princípios comunitaristas (Costa e Werle, 1997: 175-6). Grin (2001: 182-6), em especial, fala de dogmatismo, de imposição de modelos e categorias de pensamento à realidade social, enfim de desejo de "pontificar". Ou seja, atribui-me vícios e defeitos intelectuais dos quais deveriam estar imunes as pessoas bem formadas e refinadas.

É significativo, entretanto, que tais críticas se dirijam a posições políticas tomadas por mim nas duas oportunidades em que discuti programas de ação afirmativa (Guimarães, 1999, parte 3). Antes de tudo, é preciso lembrar que, nos dois momentos em que analiso a adequação de políticas afirmativas para o Brasil, o faço num tom de polêmica, primeiro, e, segundo, assumindo explicitamente um estilo lógico-normativo, em que meus valores são abertamente declarados. Em ambos, meu conhecimento da questão racial brasileira aparece, portanto, num contexto claramente político e partidário (e não expresso em termos de análise sociológica), o que, por si só, indica que a crítica deveria pôr-se mais propriamente nesse terreno político. Meu objetivo nos referidos textos (Guimarães, 1999, parte 3) é claro: contrapor-me aos argumentos daqueles que repudiaram, na primeira hora, a adoção de políticas afirmativas no Brasil. Que argumentos foram estes? Cito os três principais. Primeiro, que tais políticas contrariariam os ideais de uma sociedade liberal, democrática e igualitária. Segundo, que tais políticas seriam contrárias aos nossos valores nacionais, principalmente ao nosso anti-racialismo. Terceiro, que tais políticas não poderiam ser aplicadas aqui porque não existiriam sujeitos instituídos que reclamassem tais medidas (tudo seria obra de uma minoria vanguardista distanciada da massa).

Com relação ao primeiro desses argumentos, alinhavo idéias que vão no sentido de afirmar que, longe de contradizerem a lógica da democracia liberal, tais ações afirmativas radicalizam-na e só podem ser compreendidas em contextos em que o indivíduo e o mérito são tomados rigorosamente a sério. Em alguns âmbitos, como na defesa do mercado de trabalho para brasileiros natos, nos anos 1940, ou no combate a desigualdades regionais, nos anos 1960, foi o apego aos nossos princípios igualitários e a vontade de preservar a unidade nacional o que nos levou a desenhar políticas afirmativas, respectivamente a chamada lei de 2/3 e o dispositivo de incentivo fiscal conhecido como 34/18.[44]

Com relação ao segundo argumento, desenvolvo a tese de que nosso anti-racialismo não deve ser entendido como anti-racismo. Pelo contrário, sob os ideais progressistas de negação de raças humanas e de afirmação de um convívio democrático entre as "raças" vicejam preconceitos e discriminações que não se apresentam como tais, o que termina por fazer com que esses ideais e concepções continuem a alimentar as desigualdades sociais entre brancos e negros. Dada a nossa tradição anti-racialista recente, todavia, é mais provável que o reconhecimento das diferenças e das identidades raciais, implícitas em políticas de ação afirmativa, levasse à tolerância e não ao conflito racial.

Com relação ao terceiro argumento, digo basicamente o seguinte: a divisão entre brancos e negros está presente no nosso cotidiano, ainda que outras formas de classificação pareçam sobre-

---

[44] É certo que a lei de 2/3 veio revestida, na época, de um inegável rancor xenófobo e antiliberal, alimentado pelo clima de intolerância racial dos anos 1940. No entanto, é também inegável que havia, no mercado de trabalho, uma preferência racial pelos imigrantes europeus, o que acabava por alimentar a xenofobia dos negros brasileiros. Os valores igualitários a que me refiro foram aqueles que sedimentaram a incorporação dos negros e mestiços ao mercado de trabalho industrial e de serviços das regiões Sul e Sudeste.

pujá-la. Dizer que ninguém sabe quem é preto no Brasil, significa dizer que políticas que levem em conta a autoclassificação racial serão burladas por pessoas que gostam de levar vantagem em tudo. Parece-me claro que a estratégia de se definir como "preto" ou "negro", como qualquer estratégia, implicará sempre em vantagens e desvantagens desde que o Estado garanta a coerência da autoclassificação, o que não seria muito difícil de fazer.

Ora, engajar-se num debate político não significa "pontificar". Para mim, o mais importante desse debate de primeira hora sobre ações afirmativas foi enfrentar os fantasmas que nossos intelectuais alimentam e que a polêmica trouxe à luz. Cito alguns: a convicção na fragilidade de nossos valores democráticos; o constante medo de sermos vítimas do imperialismo cultural, que nos levaria a importar idéias e pô-las fora do lugar; a crença na excepcionalidade e excelência de nossa convivência interracial (que não seria racial); o persistente medo de que esse país se transforme num outro Haiti (revivendo tardiamente 1791); e, finalmente, o suposto arraigado vício do nosso povo de pegar carona sem dividir custos.

CONCLUSÕES

As críticas ao uso de "raça" enquanto conceito analítico têm, como vimos, diversos fundamentos. Os que me parecem mais sólidos são os que chamam a atenção para o caráter histórico e transitório da idéia de raça. Tal historicidade fica evidente no emprego que faço desse conceito, sempre o referindo a uma situação concreta que pode ser verificada empiricamente. Ademais, enquanto conceito analítico, uso-o sempre com o propósito de revelar o racialismo real que o não-racialismo formal e discursivo esconde. Isto, é claro, limita o entendimento do conceito àqueles que comungam comigo o repúdio à idéia de raça. Daí decorre, me parece, a sua fragilidade; isto é, de sua contextualidade e transitoriedade; qualidades, entretanto, que decorrem do conceito e não do meu uso. Assim, por exemplo, ao contrário do que parece pensar Sérgio Costa (2001), quando analiso a possibilidade de que a identidade brasileira esteja se movendo do paradigma freyreano de "nação mestiça" para o paradigma internacionalista de "nação multirracial"; e quando digo que "baiano", no sul do Brasil, é muitas vezes (mas nem sempre) um tropo para "negro", "mestiço" ou "mulato", estou na verdade, buscando investigar até que ponto o elemento racial está mudando, até que ponto está ganhando proeminência ou desaparecendo. Estou, de fato, levantando uma hipótese de trabalho, que poderá ou não ser verificada. Em sociologia, qualquer conceito que queira substituir o trabalho empírico é equivocado, não apenas "raça". Ademais, reduzir a análise de qualquer realidade a um único conceito é sempre simplório. Certamente esta não foi, nem poderia ser, uma intenção interpretativa minha; ao contrário, parece ser o risco que sempre corre a leitura não-analítica, ao não perceber o *ceteris paribus* envolvido na análise de qualquer aspecto da realidade social.

Já outros argumentos me parecem completamente equivocados. O principal desses equívocos é considerar a "democracia racial" uma matriz cultural, produto de um *ethos* (ou essência) qualquer (a colonização portuguesa etc.) que se sobrepõe à história. Ainda que a idéia de matriz de longa duração possa ser proveitosa quando aplicada à história, ela deve obedecer à regra simples de não impedir que se construa o entendimento da mudança. A idéia de um imperialismo cultural americano a impor ao mundo o seu particularismo sofre desta doença: acreditar que o que é hoje "brasileiro" ou "francês" está constituído desde sempre e foi construído em isolamento das influências mais variadas e mais aparentemente estrangeiras. O que parece estrangeiro, é sempre, na verdade, alimentado do interior e em contradição com as tradições que se impuseram.

Outro equívoco me parece ser o relativismo cultural, que denuncia a construção de classificações gerais. A verdade é que o conceito jamais se efetiva em realidades sociais, permanecendo sempre como um "tipo ideal", ao modo weberiano, exatamente como acontece com os conceitos nativos. Entre a "cor" brasileira e a "raça" norte-americana está a construção típica ideal de raça, que apenas pode dar conta do afastamento entre a categoria nativa e as práticas sociais que o conceito quer representar.

Quando os conceitos de "raça" e "gênero" são aplicados aos estudos sobre desigualdades socioeconômicas ou pobreza eles têm o efeito virtuoso de revelar aspectos que o conceito de "classe" não poderia explicitar. Eles desvelam certas particularidades na construção social da pobreza que eram antes ignoradas. Em vez de continuarmos a pensar que a relação entre "cor" e pobreza é de coincidência, passamos a investigar o papel constituinte da "cor" sobre a pobreza. Passamos também a buscar os fundamentos raciais da classificação por cor no Brasil. Em nenhum momento, querem esses estudos ou estudiosos negar a construção da pobreza pela situação de classe (ou pela luta de classes, pela exploração capitalista etc.). Tudo o que fazemos é mostrar outras determinações que não são subsumíveis ao conceito de classe social. Do mesmo modo, nos estudos de identidade nacional há aspectos que só podem ser revelados quando investigamos a imagem racial e de gênero do nacional. Sem imperialismos ou reducionismos.

3.
POLÍTICA DE INTEGRAÇÃO E POLÍTICA DE IDENTIDADE[45]

Como se coloca a questão racial na política brasileira? Esta é uma pergunta que pode ser entendida de diversas maneiras. A primeira delas refere-se ao modo como assuntos relativos às diferenças raciais da população brasileira são tratados ou abordados pelos políticos e pelas políticas públicas. Podemos, também, reportá-la à maneira como algumas minorias raciais se organizam politicamente, seja em termos da construção de um sentimento étnico particular, seja em termos institucionais e partidários; ou, ainda, circunscrevê-la à forma particular como diferentes contingentes raciais foram absorvidos numa única identidade nacional brasileira.

A ciência política brasileira construiu, todavia, no decorrer dos anos, um certo modo de abordar a questão. Bolívar Lamounier (1968) e Amaury de Souza (1971) arrolaram, há trinta anos, três questões substantivas que ainda desafiam o estudo da relação entre raça e política no Brasil. A primeira é se negros e brancos têm comportamentos políticos diferenciais, presumidamente baseados na experiência das desigualdades sociais; a segunda, se há um

[45] Versão anterior deste capítulo foi publicada com o título de "A questão racial na política brasileira: os últimos quinze anos", na *Tempo Social*, vol. XIII, nº 2, novembro de 2001, pp. 121-42. Essas idéias foram expostas originalmente na Conferência "Fifteen Years of Democracy in Brazil", University of London, Institute of Latin American Studies, Londres, em 15 e 16 de fevereiro de 2001. Agradeço comentários feitos a versões anteriores por Brasilio Sallum Jr., Lilia Schwarcz, Nadya Guimarães e Peter Fry.

comportamento político coletivo por parte dos negros, que expresse solidariedade racial; e finalmente, "como opera o sistema político para desmobilizar o potencial de comportamento político coletivo" dos negros?

Souza e a maioria dos que escreveram sobre a relação entre raça e política no Brasil (Silva e Soares, 1985; Castro, 1993; Berquó e Alencastro, 1992; Prandi, 1996) restringiram seus estudos à primeira dessas questões, enquanto Lamounier ateve-se a examinar a terceira. Neste capítulo, abordarei as duas primeiras, deixando para o capítulo seguinte a discussão sobre a incorporação simbólica dos negros na comunidade nacional. Começarei por resenhar, brevemente, os estudos sobre o comportamento eleitoral dos negros brasileiros para, depois, tratar da emergência de movimentos sociais negros e de sua incorporação ao sistema político.

O VOTO NEGRO E A CIÊNCIA POLÍTICA

Focalizando especificamente São Paulo, entre 1888 e 1988, George Andrews (1991) apresenta uma interpretação síntese de quais têm sido as tendências políticas dos negros brasileiros. Seu argumento é que, no passado, a simpatia política do povo negro sempre esteve com a monarquia, pois era sabido que o Imperador sempre fora muito mais propenso à abolição da escravidão que os fazendeiros. Do mesmo modo, a Primeira República, que se segue à abolição, por ser uma república de fazendeiros, no plano do poder, e por ter adotado uma política cultural de europeização dos costumes, nunca fora bem vista ou bem-quista pelos negros. Apenas o Estado Novo de Getúlio Vargas, com sua política de proteção ao trabalhador brasileiro e de tutela de seus sindicatos, (e, posteriormente, o trabalhismo de Getúlio, Jango e Brizola) reganhou as simpatias das massas negras na mesma escala conseguida pela casa imperial.

Andrews reproduz, em sua síntese, o consenso de boa parte da literatura disponível sobre o tema.

A primeira tentativa de explicar o comportamento político diferenciado dos negros no Brasil moderno foi de Gilberto Freyre. As duas frases reproduzidas abaixo sintetizam muito bem a sua opinião sobre a preferência dos negros pelos políticos populistas, principalmente pelo trabalhismo.

> "O lado irônico do desaparecimento simultâneo das duas instituições — escravidão e monarquia — foi que antigos escravos se encontraram na posição de homens e mulheres que não tinham o imperador nem o autocrata da casa-grande para protegê-los, tornando-se, em conseqüência, vítimas de profundo sentimento de insegurança. [...] Foram necessários anos para que os líderes políticos entendessem a situação psicológica e sociológica real destes antigos escravos, disfarçados em trabalhadores livres e privados de assistência social patriarcal que lhes era dada na velhice ou na doença pela casa-grande ou, quando esta deixava de fazer-lhes justiça, pelo Imperador, pela Imperatriz ou Princesa imperial. [...] Isto explica — chegando ao Brasil moderno — a grande popularidade de Getúlio Vargas quando, como presidente, por algum tempo com poder ditatorial, decidiu-se a implantar a legislação social que deu a grande parte da população obreira do Brasil proteção contra a velhice, doença e exploração por empresas comerciais ou industriais. Isto também explica porque Vargas se tornou conhecido como o 'Pai dos Pobres' e conquistou entre o povo popularidade que superou a obtida por D. Pedro II em 48 anos de governo bom, honesto e paternalista" (Freyre, 1956: 46).

Foi Bolívar Lamounier (1968) quem inaugurou uma nova tradição científica no estudo das relações entre raça e política no Brasil. Para ele, a situação brasileira oferecia um aparente paradoxo: grandes e crescentes desigualdades sociais entre brancos e negros conviveriam, lado a lado, com a relativa ausência de conflitos violentos e com a quase inexistência de assuntos raciais na esfera política. Aceitando a observação de Freyre de que os negros, mais que os brancos, apóiam os lideres trabalhistas e populistas, Lamounier concentra-se no estudo das formas de integração dos negros ao sistema político, oferecendo uma explicação para o paradoxo por ele apontado. Para ele, primeiro, o Estado brasileiro tem sido capaz de gerar símbolos de integração e incorporação dos negros que são suficientes para contrabalançar as tensões oriundas do preconceito e da discriminação raciais; segundo, o Estado tem sabido antecipar-se ou abortar no nascedouro as tensões raciais; terceiro, as instituições sociais brasileiras têm tido sucesso em cooptar as lideranças negras emergentes e agressivas.

Mas, foi Amaury de Souza (1971) quem demonstrou pela primeira vez, que os negros apresentavam realmente comportamento político diferente dos brancos. Utilizando técnicas de análise multivariada, a partir de dados eleitorais dos anos 1960, e controlando os efeitos de outros possíveis determinantes, como a classe social, a educação e outras variáveis de posição social, comprovou a sigularidade eleitoral que já tinha sido avançada por Freyre em termos impressionísticos.

Depois que Souza demonstrou que os negros, nas eleições de 1960, votaram mais consistentemente em Jango que os brancos, independentemente de sua situação socioeconômica, firmase na ciência política brasileira a idéia de um certo padrão de voto negro, que iria sistematicamente em direção aos populistas e trabalhistas. Uma década depois, Gláucio Soares e Nelson do Valle Silva (1985), analisando a vitória de Brizola nas eleições para governador do Rio de Janeiro, demonstram fartamente a existência de uma preferência eleitoral dos "pardos", ou seja, dos mulatos, pela candidatura do herdeiro getulista, ainda que controlando outras variáveis explicativas, como a situação socioeconômica, o grau de urbanização etc.

Também Mônica de Castro (1992), a partir de dados de intenção de votos em quatro municípios brasileiros de porte médio, para as eleições de 1989, comprova a existência de especificidade do voto negro. Um voto que opera complexamente acoplado à situação socioeconômica: entre os mais pobres, os negros tendem à apatia política (não comparecimento às urnas, voto nulo), enquanto que, entre os mais bem situados economicamente, os negros tenderiam a votar na esquerda. Castro não encontra, todavia, diferenças significativas de comportamento entre pardos e pretos.

Se, como vimos, a preferência dos negros pelo imperador e pelo populismo getulista é interpretada por Gilberto Freyre (1956) como produto do sentimento de insegurança, que os leva a buscar proteção social em figuras fortes e dominadoras, Souza (1971) e Andrews (1991), entretanto, sugerem que tal preferência tenha sólidas bases e contrapartidas materiais. No caso do populismo, Souza (1971) argúi, por exemplo, que as leis trabalhistas de Vargas deram ao negro brasileiro as garantias para a sua inclusão na sociedade de classes. Seus dados mostram, ademais, que, entre os jovens eleitores de 1960, havia maior mobilidade ascendente entre os negros que entre os brancos; essa maior mobilidade, todavia, era insuficiente para erodir a identificação dos negros com a classe trabalhadora e os pobres. No plano ideológico, "pelo menos durante os primeiros anos do período de democracia liberal, de 1945 a 1964, as categorias políticas de negro e povo eram quase que intercambiáveis" (Souza, 1971: 64).

Também Reginaldo Prandi (1996: 63-4) interpretando esse período, diz:

> "Mas é a feição populista do trabalhismo de Vargas que explicaria a adesão do negro a essa corrente partidária e seus candidatos. O populismo nega a luta de classes e dilui as raças numa unidade homogênea, o povo, que é ideologicamente a fonte de toda a legitimidade. Diferenças raciais não fazem sentido, como não faz sentido qualquer movimento de afirmação racial; o populismo, assim, é uma ideologia de integração do negro como igual".

Depois da Constituição de 1988, que permite o voto de analfabetos, incorporando assim milhões de negros ao eleitorado brasileiro, e diante do avanço do Movimento Negro no país pregando o voto em candidatos negros, a relação entre raça e política voltou a preocupar os cientistas políticos. O lançamento da candidatura de Benedita da Silva ao governo do Estado do Rio de Janeiro, em 1989, com a polarização racial e de classe que se seguiu, assustou as elites políticas, econômicas e intelectuais do país. Estaríamos em vias de assistir à racialização da política brasileira? Estariam os negros no Brasil desenvolvendo sentimentos e comportamentos políticos comunitários?[46]

Berquó e Alencastro (1992), analisando dados de pesquisas amostrais realizadas em São Paulo e em Vitória do Espírito Santo, vêem a possibilidade, com o fim da proibição de voto aos analfabetos, de surgir no país o voto étnico negro, ou seja uma preferência dos afrodescendentes em votar em candidatos que representem a comunidade negra brasileira, ainda que apenas 14% dos que se autoclassificam de negros manifestem tal intenção. O voto étnico, até então, estivera restrito a comunidades "imigrantes" de São Paulo (italianos, sírio-libaneses, portugueses, japoneses etc.) e Rio de Janeiro (portugueses).

Analisando dados de intenção de voto para as eleições de 1994, Prandi (1996) também constata a preferência eleitoral dos negros por alguns candidatos (Lula, Brizola, Quércia) em detrimento de outros (FHC, Amin, Enéas), ainda que controlando variáveis como área geográfica, idade, sexo, renda, escolaridade.

---

[46] De fato, políticos negros, tais como Albuíno Azeredo, no Espírito Santo, e Alceu Colares, no Rio Grande do Sul, já haviam sido eleitos anteriormente governadores de seus Estados. A diferença desses políticos, em relação a Benedita, é que se tratava de políticos "conformistas": eram ambos de partidos políticos não radicais e pessoas "bem educadas", no sentido de se expressarem em "bom" português de classe média e acreditarem nos valores da "democracia racial", sem apelarem diretamente para o voto negro. Mais adiante, ficará claro no que consiste o "conformismo" destes políticos.

Mais ainda, a cor, para Prandi, foi o fator principal para a predição da intenção de voto, superando a escolaridade ou a idade. Prandi rejeita, contudo, as interpretações de Souza, Castro, Berquó e Alencastro, Soares e Silva, segundo as quais tratar-se-ia de um voto motivado ideológica ou etnicamente, preferindo retornar a uma explicação mais próxima da de Freyre: tratar-se-ia de um sentimento profundo de desamparo e de impotência, que levaria os negros a identificar-se com os programas de alguns candidatos carismáticos.

O CONFORMISMO NEGRO

Assim como Prandi, muitos autores argumentam que, no Brasil, o homem do povo, que se classifica como "preto" ou "pardo" nos censos, ou como moreno no dia-a-dia, não tem "ideologia" ou "consciência de raça", isto é, pauta o seu discurso de identidade em conformidade com o mito da democracia racial.

Assim compreendida, a "democracia racial" seria um sistema de orientação de ação (práticas, expectativas, sentidos e valores arraigados no senso comum) que informaria a conduta real do dia-a-dia e o comportamento político. Dessa perspectiva, os negros e mulatos agiriam, no Brasil, de tal maneira que sua cor não seria um fator relevante da organização de sua conduta ou do nosso entendimento desta. Não que essas pessoas fossem "alienadas" e não percebessem qualquer discriminação social, mas esta, quando existente, não seria atribuída à raça e, caso fosse, seria vista como episódica e marginal. Um negro poderia, assim, comportar-se normalmente e seguir, também normalmente, uma determinada trajetória social, sem que sua cor fosse responsabilizada por esta trajetória. Tal "normalidade" seria garantida, obviamente, por um padrão universal de comportamento. Ou seja, um padrão "brasileiro", mais que "branco". A crença na existência e na efetividade desse comportamento seria responsável pela generalização de trajetórias bem-sucedidas de negros e mulatos na sociedade brasileira, ainda quando estas pessoas pudessem reconhecer que efetivamente sofreram constrangimentos e humilhações por conta de sua cor. O que faria este comportamento efetivo não seria a ausência de discriminação, mas o fato de esta não ser realçada ou considerada um obstáculo insuperável.

A crença, pelas ciências sociais, de que tal comportamento de negros e mulatos seja efetivo e generalizado não se dá, entretanto, sem contradições. Roger Bastide, por exemplo, se referiu a tal comportamento como "embranquecimento", realçando justamente o seu caráter aculturado, que distanciava o negro de sua cultura e de seus valores. Ou seja, evocando uma certa inautenticidade naquilo que esses negros consideravam "brasileiro" e que ele, Bastide, implicitamente, considerava "branco". Do mesmo modo, era considerado "embranquecimento" a absorção pelos negros de certos padrões de comportamento das classes médias e altas, o que significava, também subrepticiamente, que não haveria lugar para negro nessas classes.

Pode-se dizer, baseado nessa literatura dos anos 1950 e 1960, que havia dois tipos de "negro": o que acreditava na "democracia racial", ou seja o "embranquecido" ou racialmente "alienado", e o negro consciente de sua cor e de sua discriminação, que Bastide e Fernandes chamaram de "o novo negro".

Estudos recentes (Figueiredo, 1999) têm demonstrado, que no período atual, além destes dois tipos, existe um outro: o negro que, mesmo sabendo que sua cor faz parte do jogo permanente das representações sociais, definindo oportunidades desiguais, faz, ainda assim, uma trajetória de ascensão social sem a necessidade de mobilizar politicamente a cor. Assim seria o novo conformismo negro, o qual grassaria tanto no espaço delimitado pelos valores da democracia racial (mas, sem se confundir com "embranquecimento"), quanto no espaço cultural construído pela militância negra, (mas sem se confundir politicamente com esta).

OS MOVIMENTOS NEGROS

Se, do ponto de vista da política eleitoral, não parece ter havido, nos últimos 15 anos, uma movimentação dos negros em uma direção única, isso não impediu a formação de um movimento social relativamente forte. Como muitos outros autores apontam, os negros, no Brasil, sempre ostentaram comportamentos radicais, quebrando as regras do conformismo social. Debrucemo-nos, por um momento, sobre esses que se definem como "negros", que organizam movimentos sociais e dizem representar o conjunto do "povo negro".

As tensões raciais no Brasil moderno, isto é, de 1930 para cá, tem crescido nos momentos de menor coesão nacional. Nos anos 30, em São Paulo, por exemplo, as diversas formações étnicas — principalmente os italianos, os sírios-libaneses, os portugueses — estavam tão bem organizadas que o regionalismo paulista assumia contornos separatistas. Os brasileiros de variada mestiçagem sentiam-se ameaçados "de exclusão em seu próprio país".

É nessa época que surge a Frente Negra Brasileira (FNB), uma organização étnica, no sentido de que cultivava valores comunitários específicos, mas cuja forma de recrutamento e identificação era baseada na "cor" ou "raça" e não na "cultura" ou nas "tradições". De fato, a FNB buscava justamente afirmar o negro como "brasileiro" — renegando as tradições culturais afro-brasileiras, responsabilizadas pelos estereótipos que marcavam os negros — e denunciando o preconceito de cor que os alijava do mercado de trabalho em favor dos estrangeiros (Bastide, 1955, 1983; Fernandes, 1955, 1965). Mas a FNB foi, também, uma organização política que chegou a se transformar em partido, antes de ser extinta pelo Estado Novo. Politicamente, apesar de conter algumas dissidências socialistas, a FNB era majoritariamente de direita, de corte fascista, incluindo mesmo um grupamento paramilitar. Assim, em 1932, os negros relutam em formar com a revolução constitucionalista paulista, de cunho regionalista e separatista e, em 1937, apóiam o golpe de Vargas que, de certo modo, implementa algumas políticas ao encontro das suas reivindicações. Tratava-se, portanto, do protesto negro contra uma organização social (a da Primeira República), que tinha material e culturalmente acuado as populações negras e mestiças em espaços secundários e marginais.

Mas a ditadura de Vargas prescindia de organizações políticas livres, ainda que sua política tivesse o respaldo das massas. O protesto negro só poderá emergir com a restauração das liberdades civis, oito anos depois.

A redemocratização em 1945 será marcada, como vimos, por um forte projeto nacionalista, tanto em termos econômicos quanto culturais. Isso representou, por um lado, a recusa do liberalismo econômico e do imperialismo cultural europeu e americano e, por outro lado, a edificação de um capitalismo regulado pelo Estado e uma cultura nacional autóctone de bases populares. Esse projeto de nação ofereceu aos negros uma melhor inserção econômica e transformou em nacionais ou regionais as diversas tradições culturais de origem africana ou luso-afro-brasileira: o barroco colonial de Pernambuco, Bahia e Minas, as procissões católicas, as festas de largo, o samba, o carnaval, a capoeira, o candomblé, as congadas, as diversas culinárias regionais etc. etc. Ou seja, o federalismo político foi, de certo modo, fortalecido pela nacionalização dos diversos regionalismos culturais, todos de cunho racial, e temperados agora pela grande mobilidade espacial da população e pela "integração dos negros na sociedade de classes", ou seja, como *trabalhadores* e *brasileiros negros*. O Brasil, se não era de fato, deveria ser, no devir, uma democracia racial, coisa que, aliás, para o imaginário nacional bastava.

O protesto negro, entretanto, não desapareceu, muito pelo contrário, ampliou-se e amadureceu intelectualmente nesse período. Primeiro, porque a discriminação racial, à medida que se ampliavam os mercados e a competição, também se tornava mais problemática; segundo, porque os preconceitos e os estereótipos continuavam a perseguir os negros; terceiro, porque grande parte da população "de cor" continuava marginalizada em favelas, mucambos, alagados e na agricultura de subsistência. Serão justamente os negros em ascensão social, aqueles recentemente incorporados à sociedade de classes, que verbalizarão com maior contundência os problemas da discriminação, do preconceito e das desigualdades.

O Teatro Experimental do Negro (TEN) do Rio de Janeiro foi, nesse período, a principal organização negra do país. Embora tivesse, de início, o objetivo, eminentemente cultural, de abrir o campo das artes cênicas brasileiras aos atores negros, acabou, com o tempo, por se transformar em agência de formação profissional, clínica pública de psicodrama para a população negra e movimento de recuperação da imagem e da auto-estima dos negros brasileiros. Seus principais intelectuais, Abdias do Nascimento (1950, 1968) e Alberto Guerreiro Ramos (1957), principalmente este último, radicalizaram a crítica ao imperialismo cultural europeu e norte-americano, pregando uma ciência social que se engajasse num projeto de construção nacional. Para Guerreiro Ramos, negro era o povo brasileiro, não fazendo sentido falar de uma "questão negra" ou cultivar como exóticas formas de expressão cultural próprias da situação de miséria e de ignorância em que se encontrava boa parte da população pobre do país (como se referia principalmente às religiões afro-brasileiras). Os intelectuais do TEN e a sua ideologia estiveram, portanto, em sintonia com a política nacionalista e populista da época, cuja expressão maior foi o trabalhismo de Vargas. Do ponto de vista ideológico, radicalizando o mulatismo de Gilberto Freyre, segundo o qual todo brasileiro traria na alma a marca da mestiçagem, Guerreiro Ramos transforma a negritude em assunção de uma identidade nacional brasileira liberta dos complexos de inferioridade deixados pela colonização portuguesa.[47]

Depois de novo período autoritário, entre 1964 e 1978, que calou a sociedade civil, o protesto negro recuperou toda a sua veemência recentemente, com o Movimento Negro Unificado (MNU).

---

[47] Ver, sobre esse assunto, Bastide (1961).

Fundado em 1979, o MNU tem um perfil radicalmente diferente de seus antecessores (Gonzalez, 1982; Santos, 1985). Politicamente, alinha-se à esquerda revolucionária; ideologicamente, assume, pela primeira vez no país, um racialismo radical. Suas influências mais evidentes e reconhecidas são: primeiro, a crítica de Florestan Fernandes à ordem racial de origem escravocrata, que a burguesia brasileira mantivera intacta e que transformara a democracia racial em mito; segundo, o movimento dos negros americanos pelos direitos civis e o desenvolvimento de um nacionalismo negro nos Estados Unidos; terceiro, a luta de libertação dos povos da África meridional (Moçambique, Angola, Rodésia, África do Sul). Mas, a esses se deve juntar pelo menos mais três: o movimento das mulheres, no plano internacional, que possibilita a militância de mulheres negras; o novo sindicalismo brasileiro que, apoiado nos chãos-de-fábrica, retira as lideranças sindicais da órbita dos partidos políticos tradicionais; e os novos movimentos sociais urbanos, que mantêm a sociedade civil mobilizada, durante toda a década de 1980.

A DINÂMICA DO MOVIMENTO NEGRO

Retomemos alguns elementos, com o intuito de esquematizar o desenvolvimento do movimento político dos negros no século XX.

Como vimos, a primeira organização negra no Brasil a atuar no campo político surgiu nos anos 30 desse século e tomou o nome de *Frente Negra Brasileira*. Surgiu em São Paulo, Estado onde era forte a formação de comunidades étnicas, alimentadas pela migração quase centenária de europeus — principalmente italianos, portugueses, espanhóis e sírio-libaneses. A Frente Negra foi, até certo ponto, segundo autores como Fernandes (1965), uma reação à permeabilidade da estrutura social brasileira a estas etnias e a sua rápida integração na nacionalidade, através do domínio da cultura luso-brasileira. O fato é que, um pouco mais de quarenta anos depois da abolição e quase cem anos depois da Independência, os afrodescendentes continuavam, em sua maioria, nas camadas subalternas e marginais da sociedade paulista, onde estavam também, de início, os imigrantes europeus.[48] Estes, entretanto, já tinham rompido, a essa altura, a barreira de classe. A impermeabilidade da estrutura social brasileira à mobilidade dos afrodescendentes de traços negróides (mas não dos mais claros, que podiam se classificar como "brancos") foi, certamente, se não o estímulo maior, ao menos a grande justificativa para que se formasse um movimento social negro com o objetivo de educar e integrar socialmente os negros (Fernandes, 1965).

Bastide (1983), ao estudar a imprensa negra em São Paulo, fala de três períodos, entre 1910 e os anos 1950. O primeiro, de 1910 a 1930, reflete um movimento de associação e formação de lideranças negras. Os objetivos dessas associações e de sua imprensa parecem articular-se em torno de três eixos. Primeiro, promover a vida social negra, através da atribuição e do reconhecimento da honra e do prestígio sociais distribuídos em diversos espaços de sociabilidade e consagração, principalmente os clubes e os bailes; segundo, liderar um processo de reeducação da massa negra, no sentido de sua completa aculturação e distanciamento de suas origens africanas, a começar pela educação formal; terceiro, liderar a luta contra o preconceito de cor e o seu correlato, o sentimento de inferioridade.

É sintomático que, nessa campanha de reeducação, seja dada ênfase aos defeitos e vícios da massa negra: a relação promíscua entre os sexos, o alcoolismo, o modo de vestir, a licenciosidade de linguagem, de gestos e modos. Fossem esses vícios pensados como produtos da escravidão, à maneira de Nabuco, fossem eles

---

[48] Nogueira (1998 [1955]) descreve negros, mulatos e imigrantes dividindo, no começo do século XX, as posições proletárias da sociedade de Itapetininga — principalmente os ofícios artesanais — enquanto, nos 1940, a maioria dos imigrantes já estava estabelecida em posições de classe média e alta, ao contrário de negros e mulatos.

costumes de uma raça atrasada, à maneira do evolucionismo da época, a verdade é que essas lideranças negras não apenas acreditavam em tais explicações, como aceitavam também que tais estereótipos tivessem fundamento. Reeducar a massa negra significava, portanto, ao mesmo tempo, diferenciar-se dela. Combater o preconceito equivalia também a subtrair-lhe os fundamentos inscritos no comportamento da massa negra. O sentimento de inferioridade, pois, estava presente tanto nas elites quanto nas massas.

O segundo período de que nos fala Bastide, de vigência da Frente Negra Brasileira, vai dos anos 1930 até 1937 e é marcado pela politização do discurso. Substancialmente nada muda, o que muda é o tom. O discurso torna-se cada vez mais nacionalista, às vezes xenófobo, as acusações de preconceito transformam-se em explicação para a pobreza negra, oriunda do desemprego dos artesãos e artistas negros e sua substituição por imigrantes estrangeiros. Tal discurso, entretanto, é pouco convincente *qua* discurso negro pois sustenta-se, por um lado, na aceitação do caráter mestiço da nacionalidade brasileira, produto das três raças fundadoras, e, por outro lado, na recusa dos vestígios de tudo que seja africano ou lembre a África. Não é convincente tampouco pelo que tem de "puritanismo negro" (Bastide, 1955). De fato, a busca de aparência de moralidade atinge seu ápice justamente nessa fase, com tudo que representa de inculpação sub-reptícia das vítimas do preconceito. Segundo Bastide, o símbolo desse período é a Mãe-Preta, e a palavra de ordem, a segunda abolição.

O mais consistente no nacionalismo negro dos anos 1950, o terceiro período de que fala Bastide, vicejou nos escritos de Guerreiro Ramos. Este inverteu completamente a idéia matricial de branqueamento, inscrita no pensamento social brasileiro (Bastide, 1961). Em vez de um elogio da mestiçagem, à maneira de Freyre e dos modernistas, que marginalizava o negro, Guerreiro Ramos atribuirá a negritude ao povo brasileiro ("o negro é o povo brasileiro") e falará do mestiço como um branco patológico. No entanto, por mais forte que tenha sido tal inversão, a verdade é que o discurso de Guerreiro manteve-se distante da massa negra, a qual ele não reconhecia como culturalmente distinta, negando, por exemplo, a pujança das tradições religiosas afro-brasileiras. Mas, contraditoriamente, esse período deixou como legado um conjunto de práticas de reconstrução da auto-estima popular, como o teatro negro e os concursos de beleza (boneca de piche).

De fato, os propósitos de integração do negro na sociedade nacional e de resgate da sua auto-estima foram marcas registradas do Teatro Experimental do Negro. Através do teatro, do psicodrama e de concursos de beleza, o TEN procurou não apenas denunciar o preconceito e o estigma de que os negros eram vítimas, mas, acima de tudo, oferecer uma via racional e politicamente construída de integração e mobilidade social dos pretos, pardos e mulatos.

A orientação política desse movimento ficou expressa no modo extenso de definir os "negros", para neles incluir mulatos e pardos, tal como já acontecia em São Paulo e no Sul, fazendo com que, longe de ser uma minoria, o negro fosse *o povo* brasileiro. *Povo* significa também aqueles excluídos do pleno gozo dos direitos civis e sociais — como acesso à educação, ao emprego e à assistência médica — constitucionalmente garantidos pela ordem jurídico-política. *Povo* sempre foi o oposto de *elite* ou de *doutores*, na dicotomia hierárquica da sociedade brasileira. Longe, portanto, de expressar os interesses de uma minoria, o TEN, e de modo mais amplo o movimento negro desses anos, procurava solucionar um problema nacional de integração social, econômica e política da grande massa da população brasileira. Daí, a reação negativa de Guerreiro Ramos (1957) e de muitos intelectuais negros ao cultivo, por parte dos antropólogos, da herança cultural africana presente no Brasil. Pinto (1998 [1953]), o primeiro sociólogo a interpretar as relações raciais brasileiras de uma perspectiva marxista, pensava, ao contrário, que o TEN era um movimento de negros de classe média, alienados da massa proletária.

Fica, portanto, claro, seja na postura da Frente Negra, seja na postura do TEN, o reconhecimento tácito da superposição entre ordem econômica (de classe) e ordem racial, a barrar o caminho da integração dos homens de cor à modernidade luso-brasileira. O discurso intelectual prevalecente até então, era de que a ordem racial já tinha sido desfeita, pertencia ao passado escravista, e de que as diferenças então existentes entre brancos e negros poderiam ser atribuídas quase que exclusivamente à seletividade de classe, barreira esta encontrada por todas as minorias étnicas que emigraram para o Novo Mundo.[49] Na academia, serão os intelectuais paulistas, principalmente Oracy Nogueira e Florestan Fernandes, que romperão tal consenso, ainda nos anos 1950, afirmando a confluência de barreiras de classe e de cor à mobilidade social e à integração dos negros.[50]

A postura do TEN colidia frontalmente com o *mainstream* da intelectualidade brasileira, tanto na interpretação sociológica, quanto no plano ideológico. No plano sociológico, o pensamento negro pressupunha a existência de formação racial e não apenas de classe; no plano ideológico, reivindicava a identidade negra e não apenas mestiça, que constituiria o âmago da identidade nacional brasileira. Era desse modo que os líderes dos anos 1950 procuravam equacionar o nacionalismo e a negritude.[51] Isso os afastava do modo como os demais intelectuais, principalmente os nordestinos, entendiam a democracia racial então vigente, que se sustentava sobre a negação dos negros, *qua* raça ou grupo social, e na afirmação de um ideal — que na verdade era tido como uma realidade concreta — de mestiçagem racial e sincretismo cultural.

---

[49] Essa idéia é primeiramente aplicada ao Brasil por Donald Pierson (1942), que segue à risca o modelo explicativo de Robert E. Park (1950), seu orientador, acrescentando, todavia, para o caso brasileiro, algumas condições biológicas e culturais, como a mestiçagem, apontadas por Gilberto Freyre (1933). Charles Wagley (1952) apenas reitera tal ponto de vista.

[50] Um intelectual como Thales de Azevedo, ainda que as documentando fartamente, atribuiu as barreiras de cor à persistência da ordem social de *Ständ*, típica de sociedades tradicionais. Ver Guimarães (1996).

[51] Tal interpretação pode ser encontrada em Bastide (1961).

Ao contrário, os intelectuais negros acusavam os intelectuais nordestinos e estrangeiros (principalmente Bastide) de incentivarem a permanência de traços culturais afro-brasileiros retrógrados, o que era considerado por eles como culto ao exotismo e como transformação do negro em objeto.

Contudo, a postura agressiva de anti-racialismo e de afirmação de um Brasil mestiço por parte de Gilberto Freyre, José Lins do Rego, Jorge Amado, Rachel de Queiroz e outros escritores encontrava também alguma simpatia do movimento negro quando, e apenas quando, tal visão de Brasil contradizia a visão, nutrida por parte de outros escritores e intelectuais, em São Paulo e no Sul do país, do Brasil como um país branco e da democracia racial como fruto de um *ethos* cordial, não necessariamente miscigenado.[52]

Para se entender a postura de intelectuais como Guerreiro Ramos, Correia Leite, Abdias Nascimento e outros tem que se ter presente o que estava em jogo nas diferentes dimensões do espaço simbólico.

No plano da identidade nacional, tratava-se de definir o negro não como uma minoria estrangeira — tal como fazia o *mainstream* da intelectualidade paulista —, mas como maioria, como *o povo*. Mas, tal postura, por outro lado, pressupunha o *negro* como categoria no plano político, o que não era reconhecido pelo *mainstream* da intelectualidade nordestina, que via o *negro* como categoria apenas no plano da cultura, enquanto objeto de estudo. Mas, apesar dessas diferenças marcantes, na disputa entre aqueles que pensavam o Brasil como mestiço e aqueles que o viam como branco, a simpatia dos negros tendia para os primeiros.

É também dos anos 1950 que data o progressivo desaparecimento de estigmas raciais tais como o *mulato pernóstico* ou *mulato pachola*, o *preto doutor*, o *negro boçal*, o *negro de alma bran-*

---

[52] Ver, por exemplo, a polêmica envolvendo Paulo Duarte, Sérgio Milliet, José Lins do Rêgo e Rachel de Queiroz, em Bastos (1988) e Maio (1997).

ca etc., coalescidos no Império e na Primeira República,[53] quando eram ainda vivos o escravismo e a subalternidade dos africanos e de seus descendentes. No lugar desses estigmas estabelecem-se progressivamente outros novos — como *baiano* ou *nordestino*, no Sudeste, ou *brasileiro*, no interior do Sul do Brasil — para referir-se não apenas àqueles tipos raciais afro-brasileiros, mas, de modo mais abrangente, a todos os provenientes de regiões brasileiras de povo mestiço. Isso se deve principalmente ao incremento da migração inter-regional no sentido norte-sul, que desloca massas significativas da população pobre negro-mestiça (negros, mulatos, caboclos e cabras) do Nordeste para o Sudeste e o Sul do país. As tensões sociais que tal deslocamento provoca — seja pela concorrência no mercado de trabalho, seja pelo aumento da pobreza urbana — acabarão por fazer com que esses tipos étnico-regionais sofram também com os estigmas antes concentrados nos tipos raciais. Ou, melhor dito, acabarão por dar uma *rationale* regionalista ao preconceito de fundo racial: não importa que o negro seja paulistano ou gaúcho de quatro costados, ele será visto preferencialmente como um descendente baiano, carioca ou nordestino, como um migrante, em sociedades paradoxalmente orgulhosas de sua recente procedência européia.

Ainda nos anos 1950, Florestan Fernandes encontra, finalmente, uma razão sociológica para o preconceito racial no Brasil, o "preconceito de cor". Nos Estados Unidos, sociedade igualitária, o preconceito era explicado como uma forma dos brancos evitarem a concorrência no mercado de trabalho ou de manterem o monopólio sobre as melhores posições sociais (Pierson, 1971 [1942]; Harris, 1967). Como justificar o preconceito no Brasil, sociedade de privilégios sociais reconhecidos de fato, quando não de direito, onde os negros eram mantidos em posição subalterna na hierarquia do prestígio social?

---

[53] Freyre (1936), Pierson (1971 [1942]) e Azevedo (1996 [1955]), entre outros, documentam tais estigmas.

Desafiado teoricamente, a resposta de Florestan será decisiva: o preconceito no Brasil seria uma reação das elites brancas (e não do povo) às novas relações sociais próprias à ordem social competitiva. A potencialidade revolucionária dos negros estaria justamente em livrar a sociedade burguesa emergente das amarras dos privilégios e das desigualdades da ordem patrimonial. Assim, o preconceito brasileiro, em vez de provir dos iguais em direito — competidores numa ordem igualitária —, como nos Estados Unidos, provinha das elites temerosas de perder privilégios patrimoniais. Daí, entre nós, o preconceito racial tomar este aspecto de preconceito não-revelado, pois o branco em posição social superior não reconhece no negro que ele discrimina um competidor, mas um subalterno deslocado de lugar. O problema, portanto, para quem discrimina, não estaria na raça, mas na ausência de subalternidade do discriminado, deslocado de sua classe.

Florestan fará, portanto, do "negro revoltado"[54] o revolucionário em potencial que poderá completar o serviço da revolução burguesa, deixado inacabado. Florestan possibilita, assim, a renovação da linha política dos movimentos negros, que deixarão, no futuro, de lutar apenas pela integração na vida nacional, preferindo a construção de uma sociedade mais justa e igualitária. O ideal socialista contaminará, durante a década de 1960 e seguintes, muitos militantes negros.

O socialismo marxista, que muitos militantes negros abraçaram nos 1960, tinha, entretanto, a grande desvantagem de acentuar demasiadamente a luta de classes como motor da história em detrimento da consciência racial, tida como particularismo ou alienação. Ainda que os marxistas reconhecessem a discriminação racial existente na sociedade brasileira, tal racismo era atribuído a determinantes socioeconômicos que desapareceriam com a suplantação da sociedade burguesa. Na verdade, o movimento ne-

---

[54] Este é o título dado pelo TEN à coletânea de teses apresentada no I Congresso do Negro Brasileiro. Ver Nascimento (1968).

gro, como todos os outros movimentos sociais, inclusive o movimento operário, foram postos pelos marxistas a reboque da luta de classes (Hanchard, 1994).

Nos anos 1970, a coincidência entre a descolonização da África e a luta pelos direitos civis dos negros americanos, deságua numa conseqüente onda de pan-africanismo e afrocentrismo que mudará substancialmente o panorama brasileiro. Mas isso lentamente.

De início, a descolonização da África, nos anos 1960, período marcado pelo nacionalismo e por projetos de desenvolvimento auto-sustentado, levará o governo brasileiro a reconhecer e patrocinar as origens africanas da civilização brasileira, aquilo que se expressa na cunhagem do termo "afro-brasileiro" para significar brasileiro de origem africana, tal como o candomblé, a capoeira, o samba etc. No entanto, a busca de raízes, que havia começado tempos antes, dissociada do discurso político, pela rejeição do sincretismo religioso e pela conseqüente procura da pureza nagô, essa busca das origens será doravante a propulsora do discurso político negro.

A década seguinte, os anos 1970, presenciou o arrefecimento do "reducionismo de classe" entre a militância negra, ainda que o marxismo passe a predominar daí em diante (Hanchard, 1994). De um modo geral, os avanços da luta pelos direitos civis dos negros americanos foram decisivos para chamar a atenção dos brasileiros para a importância da mobilização em linhas raciais. Ademais, a ditadura militar desorganizou os grupos políticos marxistas e nacionalistas de oposição ao governo, condenando ao exílio líderes e intelectuais importantes como Abdias do Nascimento, Guerreiro Ramos, Florestan Fernandes e muitos outros. Desprovidos de tais lideranças e defrontando-se agora com a democracia racial transformada em dogma de governo, a influência do movimento negro internacional foi muito maior e direta do que o que seria de se esperar. Isso aconteceu tanto pela influência que o mundo cultural europeu e norte-americano exerceu diretamente sobre os exilados, expostos agora ao dia-a-dia da política racial, feminista e terceiro-mundista, quanto pela maior influência que a indústria cultural norte-americana e européia passou a exercer no Brasil.

O discurso político negro será guiado por duas balizas principais — o nacionalismo e a esquerda — e a busca de africanidade se desenvolverá entre os campos acadêmico[55] e artístico. Pois bem, a grande virada acontecerá apenas nos anos 1980 justamente na confluência de uma política de esquerda com a busca de africanidade. A passagem foi marcada pela transformação de Zumbi, e do 20 de novembro, em símbolo da luta pela emancipação, deslocando a Mãe-Preta e o 13 de maio, símbolo maior da respeitabilidade da mulher e da família negras.

O QUILOMBISMO OU A INFLUÊNCIA DE ABDIAS DO NASCIMENTO NOS ANOS 1980

O Movimento Negro Unificado dos anos 1980 foi um movimento cindido. De um lado, lideranças de esquerda, geralmente jovens universitários, algumas deles sintonizados com a luta democrática que se organizava a partir das organizações socialistas, abrigados no PMDB; e, de outro lado, lideranças sintonizadas com a resistência cultural que espontaneamente se espraiava nos meios negros mais pobres, influenciados pela cultura de consumo de massa. Mas a presença de um dirigente histórico, como Abdias do Nascimento, com trânsito internacional, ligado

[55] No plano acadêmico, a mudança foi também radical. No final da década de 1970, já aparecem no Brasil as primeiras análises sociológicas que demonstram a importância da "raça" na construção das desigualdades sociais no Brasil (Hasenbalg, 1979; Silva, 1978) e as primeiras críticas à interpretação da discriminação e do preconceito como reação à ordem competitiva. A discriminação passaria a ser vista doravante como parte integrante da modernização capitalista.

ao trabalhismo de Brizola, foi também decisiva na formação ideológica do movimento. Passo a examinar agora o "quilombismo", doutrina forjada por Abdias, uma das principais matrizes ideológicas que permeava o movimento negro nos anos 1980, aliando radicalismo cultural a radicalismo político.

Duas influências maiores marcaram a doutrina de "quilombismo" em Abdias do Nascimento. A mais óbvia é certamente o Afrocentrismo que foi, desde os anos 1950, uma doutrina muito influente entre os intelectuais africanos e afrodescendentes, radicados na Europa e nos Estados Unidos (Diop, 1979 [1954]; Asante e Asante, 1982; Asante, 1987). Do Afrocentrismo vem o projeto de filiar os negros brasileiros a uma "nação" negra transnacional, de cuja matriz teria evoluído a civilização ocidental, cujas raízes mais profundas se encontram no Antigo Império egípcio e na presença africana na América pré-colombiana. Trata-se, evidentemente, de um movimento de invenção de tradições e reivindicação de um processo civilizatório negro. A outra influência foi, sem dúvida, o marxismo, principalmente através da vertente mais próxima ao nacionalismo brasileiro dos anos 1960. Deste, Abdias retira não apenas analogias formais e palavras de ordem, mas a idéia fundamental de que a emancipação do negro brasileiro significa a emancipação da exploração capitalista de todo o povo brasileiro. Ora, o caráter universalista da emancipação dos negros no Brasil está intimamente ligado à idéia de uma luta de maioria explorada, e não de uma minoria oprimida, como nos Estados Unidos. Para esta luta, a definição ampla de negro como descendentes de africanos (e não apenas pessoas de cor ou fenótipo negro) é imprescindível. Aliás, tal definição ampliada de negro já fora feita por Guerreiro Ramos e pelo próprio Abdias[56] quando, nos anos

---

[56] Ainda que haja alguma continuidade entre o pensamento de Abdias dos anos 1950 e o dos anos 1980, é preciso ter bem claro que o seu pensamento, entre 1960 e 1980, se desloca do eixo da "negritude" para o do "afrocentrismo".

1950, se apropriaram das idéias de *négritude*, vindas do mundo francófono. Naquela oportunidade, como bem argumentou Roger Bastide (1961), os negros brasileiros deram um sentido bastante original ao movimento da negritude, recusando seus aspectos culturais (vistos então, no caso do Brasil, como anacronismo bárbaro) e enfatizando seu caráter libertário e nacionalista. A novidade, nos anos 1980, foi a adoção de uma postura, a um só tempo, nacionalista e culturalista.

A adoção de uma classificação racial bipolar (brancos e negros, abolindo as categorias intermediárias de "pardo" ou "moreno"), parece, portanto, ter uma motivação claramente política. Longe de ser produto de mentes "colonizadas" pelo imperialismo cultural americano ou presas a um racialismo arcaico[57], foi a escolha de um movimento que optou por uma luta em que o negro pudesse ser assimilado à classe trabalhadora explorada e não a uma minoria apenas oprimida.

Como todo o movimento político, o movimento negro se nutre de tradições e de elos com movimentos contemporâneos, internos e externos ao país, retirando daí a sua atualidade e eficácia ideológica. Foi o que fizeram as suas principais lideranças intelectuais e políticas, como Abdias do Nascimento e Lélia Gonzalez.

Em sua referência interna, Abdias buscou integrar o programa do quilombismo ao movimento pela redemocratização do país, através de uma luta de emancipação radical, de inspiração marxista (Quadro 1, item A).

Do mesmo modo, Abdias definiu o negro brasileiro não apenas como a parcela mais explorada do povo brasileiro, mas sua maioria, mobilizando velhas tradições sobre o mulatismo dos ca-

---

[57] Aliás, a distância que o movimento negro guarda da noção biológica de "raça" é reiterada inúmeras vezes. Ver, por exemplo, Nascimento (1980: 163): "Aviso aos caluniadores, intrigantes, maliciosos e os apressados em julgar: a palavra 'raça', no sentido em que a emprego, é definida em termos de história e cultura, não de pureza biológica".

pitães-do-mato, perseguidores dos quilombolas (Quadro 1, item B). Mais. Abdias forçava a analogia entre a luta dos negros brasileiros e a luta contra o *apartheid* na África do Sul, definindo o negro como o trabalhador por excelência, o mais brasileiro dos brasileiros, a maioria oprimida por uma minoria racista, em grande parte estrangeira (Quadro 1, item C).

Forçando os aspectos de segregação residencial, exclusão do mercado formal de trabalho e terrorismo policial, Abdias aproxima, por analogia, o racismo brasileiro do sul-africano (Quadro 1, item D). Mas, ao mesmo tempo, a referência à brutalidade policial está também indissoluvelmente ligada ao movimento pelos direitos humanos que, nessa época, já mobilizava as forças políticas que lutavam pela redemocratização do país. Mais claramente, Abdias argúi que, para os negros, o autoritarismo e ausência de diretos têm sido permanentes (Quadro 1, item E). A saída, para Abdias, seria a luta antiimperialista e nacionalista, articulada com movimentos de libertação nacionais e de luta de classes, mas guardando as particularidades culturais e especificidades dos negros brasileiros, *vis-à-vis* seja outros negros na diáspora, seja à classe operária brasileira (Quadro 1, item F).

Uma análise do texto clássico de Lélia Gonzalez (1982) e dos documentos do MNU encontraria os mesmos elementos, ainda que de modo não tão explícito: o movimento negro brasileiro se nutre ideologicamente das lutas de emancipação que naquele momento estão travando alguns povos negros (nos Estados Unidos, na África do Sul e na África portuguesa) e da tradição das lutas de resistência popular no Brasil, do abolicionismo ao Teatro Experimental do Negro.

Quadro 1
ALGUNS ELEMENTOS IDEOLÓGICOS
DO QUILOMBISMO

Anti-capitalismo (A)	"O povo negro tem um projeto coletivo: a edificação de uma sociedade fundada sobre a justiça, a igualdade e o respeito por todos os seres humanos; uma sociedade cuja natureza intrínseca torne impossível a exploração econômica ou racial. Uma democracia autêntica, fundada pelos destituídos e deserdados da terra. Não temos interesse na simples restauração de tipos e formas obsoletas de instituições econômicas, políticas e sociais; isto serviria apenas para procrastinar o advento de nossa emancipação total e definitiva, a qual virá apenas com a transformação radical das estruturas socioeconômicas e políticas existentes. Não temos interesse em propor uma adaptação ou reforma dos modelos da sociedade capitalista" (Nascimento, 1980: 160).
Bi-racialismo (B)	"A citação dos capitães-do-mato é importante. De um modo geral, eles eram mulatos, isto é, negros de pele clara assimilados pela classe dominante branca e instigados contra seus irmãos e irmãs africanos. Não devemos hoje nos permitir sermos divididos entre 'pretos' e 'mulatos', enfraquecendo nossa identidade fundamental de afro-brasileiros, afro-americanos de todo o continente, isto é, africanos na diáspora" (Nascimento, 1980: 156).
Maioria oprimida (C)	"Junto com os índios, escravizados por um período e depois exterminados, os africanos foram o primeiro e único trabalhador durante três séculos e meio, construindo as estruturas desse país chamado Brasil. É desnecessário lembrar mais uma vez os vastos campos que os africanos irrigaram com seu suor, ou evocar os canaviais, os campos de algodão, as minas de ouro, diamante e prata, e as muitas outras fases da formação do Brasil alimentadas com o sangue martirizado dos escravos. O negro, longe de ser um invasor ou um estrangeiro, é a verdadeira alma e corpo deste país. Entretanto, apesar desse fato histórico irrefutável, os africanos e seus descendentes nunca foram tratados como iguais pela minoria branca que complementa o quadro demográfico do país, mesmo nos dias de hoje. Esta minoria manteve um monopólio exclusivo de todo o poder, bem estar, saúde, educação e renda nacionais" (Nascimento, 1980: 149).

Exclusão e terror (D)	"A condição do povo negro não mudou desde então, senão que piorou. Posto à margem do emprego, largado em situação de semi-emprego ou subemprego, o povo negro continua largamente excluído da economia. A segregação residencial é imposta à comunidade negra pelo duplo fator da raça e da pobreza, marcando como áreas residenciais negras guetos de diversas denominações: favelas, alagados, porões, mocambos, invasões, conjuntos populares ou 'residenciais.' A brutalidade policial permanente e as prisões arbitrárias motivadas racialmente contribuem para o reino de terror sob o qual vivem cotidianamente os negros. Nessas condições, compreende-se por que nenhum negro consciente tem esperança que mudanças progressivas possam ocorrer espontaneamente e beneficiar a comunidade afro-brasileira" (Nascimento, 1980: 149-50).
Direitos civis (E)	"Quase 500 anos de autoritarismo é bastante. Não podemos, não devemos e não toleraremos mais. Uma das práticas básicas deste autoritarismo é o desprezo brutal da polícia pela família negra. Todo tipo de arbitrariedade é fixada indelevelmente nas batidas policiais rotineiras que mantêm a comunidade negra aterrorizada e desmoralizada. Com estas batidas, espancamentos, assassinatos e tortura, a impotência e 'inferioridade' do povo negro é atualizada diariamente, posto que incapazes de defenderem-se a si mesmos ou de proteger a sua família e os membros de sua comunidade. Isto constitui uma situação de humilhação perpétua" (Nascimento, 1980: 162).
Anti-imperialismo (F)	"Nessa passagem, os autores [do manifesto] tocam num ponto importante a tradição quilombista — a definição do caráter nacionalista do movimento. Nacionalismo aqui não deve ser confundido com xenofobia. O quilombismo é uma luta anti-imperialista, que se articula com o pan-africanismo e sustenta uma solidariedade radical com todos os povos do mundo que lutam contra a exploração, a opressão e a pobreza, tanto quanto contra as desigualdades motivadas por raça, cor, religião ou ideologia. O nacionalismo negro é universalista e internacionalista porque apóia a libertação nacional dos povos e vê no respeito à sua singularidade cultural e à sua integridade política um imperativo para a libertação mundial. A uniformidade sem face em nome da 'unidade' ou da 'solidariedade', em conformidade com os ditames do modelo social ocidental não é do interesse dos povos oprimidos não-ocidentais. O qui-

lombismo, enquanto movimento nacionalista, ensina que a luta de cada povo por sua libertação deve estar enraizada na sua própria identidade cultural e experiência histórica" (Nascimento, 1980: 155).

OS LIMITES DA COOPTAÇÃO

Vimos que, tanto nos dias de hoje quanto nos dois períodos anteriores (1930-37, 1945-1964), o protesto negro forma-se num ambiente de efervescência intelectual e de mobilização política intensa da sociedade brasileira. Mas, ao contrário da FNB e do TEN, que encontraram rapidamente uma resposta às suas reivindicações no quadro da política tradicional, seja através do golpe do Estado Novo, seja através do trabalhismo de Vargas e do nacionalismo, o maior radicalismo do MNU faz com que o protesto negro atual tenha uma sobrevida maior. Ademais, o MNU é apenas uma entre as muitas organizações negras que foram fundadas nos últimos 15 anos. Logo emergiram outras, de diferentes matizes ideológicos e políticos, e com diferentes finalidades, entre as quais se destacam entidades culturais, políticas e jurídicas, que têm em comum a luta contra o racismo.

Em sua pluralidade, o movimento negro recente trouxe para a cena brasileira uma agenda que alia política de reconhecimento (de diferenças raciais e culturais), política de identidade (racialismo e voto étnico), política de cidadania (combate à discriminação racial e afirmação dos direitos civis dos negros) e política redistributiva (ações afirmativas ou compensatórias).[58]

[58] Uma pequena lista das reivindicações do movimento negro, nos últimos 15 anos, dá uma idéia de sua abrangência e radicalismo. Em primeiro lugar, o movimento recusou a data oficial de celebração da incorporação dos negros à nação brasileira, o 13 de maio, data da abolição da escravidão,

Algumas de suas reivindicações encontraram respostas rápidas por parte do Estado brasileiro, tais como as que poderiam mais facilmente caber na atual matriz de nacionalidade, cujo teor é o do sincretismo das três raças fundadoras. Aliás, foi a partir da compreensão muito peculiar da multirracialidade e do multiculturalismo como síntese (à maneira freyreana), e não como convivência entre iguais (à maneira norte-americana), que os brasileiros passaram a aceitar algumas teses do movimento negro, tais como o respeito às tradições e às expressões culturais de origem africana e à estética negra. O fato é que também o Estado brasileiro foi ágil em responder nesse diapasão, seja através da criação de fundações culturais e de conselhos estaduais da comunidade negra, seja através da incorporação de símbolos negros ao imaginário nacional; seja através do desenvolvimento de legislação mais apropriada de combate ao racismo (a Constituição de 1988 e as leis 7.716 e 9.459, que regulamentam o crime de racismo); seja através da modificação do currículo escolar, em alguns municípios onde a pressão e a presença negra são mais fortes, para permitir a multiculturalidade.

---

passando a festejar o 20 de novembro, dia da morte de Zumbi, que chefiou a resistência do Quilombo dos Palmares em 1695. Em segundo lugar, passou a reivindicar uma mudança completa na educação escolar, de modo a extirpar dos livros didáticos, dos currículos e das práticas de ensino os estereótipos e os preconceitos contra os negros, instilando, ao contrário, a autoestima e o orgulho negros. Em terceiro lugar, exigiu uma campanha especial do governo brasileiro que esclarecesse a população negra (pretos e pardos) de modo a se declarar "preta" nos censos demográficos de 1991 e 2000. Em quarto lugar, reclamou e obteve a modificação da Constituição para transformar o racismo em crime inafiançável e imprescritível, tendo, posteriormente, conseguido passar legislação ordinária regulamentando o dispositivo constitucional. Em quinto lugar, articulou uma campanha nacional de denúncias contra a discriminação racial no país, pregando e alcançando, em alguns lugares, a criação de delegacias especiais de combate ao racismo. Finalmente, concentra-se, hoje em dia, em reclamar do governo federal a adoção de políticas de ação afirmativa para o combate das desigualdades raciais.

Outras demandas, entretanto, como aquelas que dizem respeito ao combate das desigualdades raciais na distribuição de renda e no acesso aos serviços públicos, que exigem políticas afirmativas e inovadoras, encontram, ainda hoje, grande resistência. É verdade que, aos poucos, novas instituições estão sendo criadas para atender a tais demandas, tais como: os cursinhos pré-vestibulares para negros e carentes; isenção de taxas de inscrição no vestibular para alunos provenientes de tais cursos; projetos de lei que reservam vagas nas universidades públicas para estudantes egressos do sistema público de educação; introdução de quesitos sobre cor nos formulários e registros de instituições de ensino superior etc.

De qualquer modo, é fato que a amplitude das demandas tem alimentado continuamente o ativismo político negro, arrefecendo as tentações de cooptação. Do mesmo modo, há reivindicações que não são feitas para serem atendidas, tais como o voto étnico (negro deve votar em negro) e o cultivo da consciência negra (de corte racialista). O que tem acontecido, em contrapartida, é que o perfil ideológico e partidário dos ativistas tem se diversificado, em resposta à procura dos diversos partidos pelo voto negro. Em certos momentos, entretanto, líderes negros de grande carisma, como foi o caso de Benedita da Silva, no Rio de Janeiro, em 1989, surgiram, e podem voltar a surgir, no cenário político, disputando cargos eletivos por partidos de esquerda, como foi o caso do PT ou do PDT, e, através da conjunção de propostas radicais de modificação das desigualdades raciais, ameaçarem desestabilizar o sistema.

De fato, partidos e instituições governamentais incorporam apenas parte dos ativistas negros, ou seja, aqueles afiliados ou simpatizantes dos partidos no poder, deixando de fora tanto as lideranças de oposição, quanto os militantes partidariamente independentes. Estes últimos, geralmente agrupados em organizações não-governamentais, cooperam entre si em fóruns nacionais e internacionais, ao mesmo tempo em que competem pela representação étnica. Tanto o escopo dessas organizações — que têm o ativismo como profissão — quanto a sua fonte de financiamento

— independente do governo brasileiro — garantem-lhes maior autonomia e radicalidade de ações e propostas.

Além da crise da identidade nacional, do radicalismo e da abrangência das reivindicações negras, vale, finalmente, mencionar um último motivo do porquê o protesto negro atual tem sido mais duradouro e mais difícil de ser absorvido pelo Estado. Refiro-me à nova conjuntura internacional, da qual o Estado brasileiro já não pode mais se isolar, nem mesmo parcialmente, seja em termos econômicos, seja em termos culturais e políticos. A sociedade de consumo e a internacionalização da indústria cultural possibilitaram o surgimento de movimentos culturais negros, influenciados não apenas pela cultura popular brasileira de origem africana, mas também pela cultura do chamado *Black Atlantic*. Movimentos como os que congregam principalmente a juventude urbana — o *funk* carioca (Vianna, 1988), o bloco afro baiano (Risério, 1981), o *reggae* maranhense (Silva, 1995), o *rap* paulista (Félix, 2000) — são iniciativas independentes de qualquer organização política ou étnica, alguns deles bastante radicais em seu protesto, o que acaba por forçar as lideranças políticas negras a manterem-se coerentes com o seu próprio passado de mobilização.

4.
DIREITOS E AVESSOS DA NACIONALIDADE[59]

Nos capítulos anteriores, vimos pelo menos três sentidos do termo "democracia racial". Entendida como uma ideologia de dominação por Fernandes (1965), a democracia racial seria apenas um modo cínico e cruel de manutenção das desigualdades socioeconômicas entre brancos e negros, acobertando e silenciando a permanência do preconceito de cor e das discriminações raciais. É desse modo que a maioria dos intelectuais negros brasileiros a entende e faz da denúncia de sua crueldade (tal ideologia anestesia e aliena suas vítimas) o principal instrumento de mobilização política e de formação de uma identidade racial combativa.

Contra tal interpretação têm se manifestado alguns antropólogos (Fry, 1995-96), que argúem que a "democracia racial" é propriamente um mito fundador da nação brasileira, ou seja, parte fundamental de sua matriz civilizatória, a qual, ainda que não exclua completamente preconceitos e discriminações, permite maior intimidade e interpenetração entre negros e brancos, fornecendo bases mais sólidas para a superação do racismo. Nesse sentido, a "democracia racial" é também um sistema de orientação da ação social, ativo e onipresente tanto nos pequenos atos do dia-a-dia, quanto na racionalização da experiência cotidiana.

---

[59] Parte deste texto foi originalmente escrito como relatório de viagem ao exterior para a FAPESP. Uma outra versão foi publicada em Jessé Souza (org.), *Democracia hoje: novos desafios para a teoria democrática contemporânea*, Brasília, Editora da UNB, 2001, pp. 387-414.

Meu entendimento, no capítulo anterior, é que devemos ver na "democracia racial", também, um compromisso político e social do moderno Estado republicano brasileiro, que vigeu, alternando força e convencimento, do Estado Novo de Vargas até a ditadura militar. Tal compromisso consistiu na incorporação da população negra brasileira ao mercado de trabalho, na ampliação da educação formal, enfim na criação das condições infra-estruturais de uma sociedade de classes que desfizesse os estigmas criados pela escravidão. A imagem do negro enquanto povo e o banimento, no pensamento social brasileiro, do conceito de "raça", substituído pelos de "cultura" e "classe social", são suas expressões.

Neste capítulo, exponho a constelação simbólica que faz da "democracia racial" e do "descobrimento" mitos nacionais. Meu argumento principal é de que tal construção ideológica, sempre tensa, encontra-se agora em crise. Exemplo disso é o crescimento do preconceito étnico-regionalista em São Paulo. Para entendê-lo melhor, exploro, no final do capítulo, esse avesso da nacionalidade.

A MATRIZ FRANCESA: MEMÓRIA E NÃO RAÇAS

O processo de construção da identidade nacional brasileira, no século XX, guarda muitas semelhanças com o processo que se passou na América Latina em geral, tal como sistematizado por Julie Skurski (1996). A primeira dessas semelhanças é uma recusa coletiva do passado colonial, uma vez que tal passado, português ou espanhol, não podia ser seu. A romantização dos índios como guerreiros selvagens e livres, que preferiram a morte à servidão constituiu desde sempre um traço forte dessa representação nacional.[60]

---

[60] Apenas nos dias que correm foi também possível acrescentar-se a tal representação romântica a figura guerreira dos quilombolas (Zumbi) e do seu espírito de liberdade (o Quilombo dos Palmares).

O fato é que, premido pela necessidade de recusar o passado, foi necessário institucionalizar a desmemória das origens étnico-raciais: os brancos afastando-se do Portugal "decrépito" e "subordinado", responsabilizado pelos males herdados; os negros afastando-se, pelo embranquecimento, do passado servil; os caboclos fugindo da "selvageria" e do "primitivismo" que lhes eram atribuídos. Brancas para dentro e mestiças para fora, as elites viram-se encurraladas, como diz Skurski (1996: 376), parafraseando Bhabha (1994), "entre a necessidade de negar e de afirmar sua diferença em relação ao poder metropolitano", permanecendo "incapazes de estabelecer sua autoridade através da autenticidade de suas origens".

A ambigüidade das elites latino-americanas encontrou, porém, um elemento renovador na crise política e ideológica que afetou os povos europeus depois da guerra franco-prussiana de 1870. A necessidade francesa de contrapor-se ao nacionalismo alemão de base étnico-racial, acabou servindo de base para a construção da nacionalidade brasileira. Examinemos brevemente tal matriz.

Os iluministas franceses foram os primeiros, no século XVII, a debater o que forma um povo: as origens ou o contrato? Contra as pretensões de sangue da nobreza, Rousseau definiu um povo pelo contrato, ou seja, pela associação livre e interessada, inaugurando uma definição puramente política de *nação*. No século do nacionalismo, entretanto, foi a definição pelas *origens* que prevaleceu. Os franceses discutiram, então, diversas outras formas de traçar as origens, premidos sempre, como bem salientou Hanna Arendt (1951), pela luta entre a nobreza e o resto da nação francesa. O sangue e a raça, a geografia e o clima, a mestiçagem foram formas usadas para definir o povo francês. Michel Foucault (1997) explora, em suas aulas no Collège de France, o modo como a luta entre nobres e plebeus, na França, se transforma numa luta de raças, para transformar-se depois, de novo, em lutas de classes (entre burgueses e operários).

No ideário da revolução francesa, fundadora da moderna nacionalidade republicana francesa, prevalece a inspiração rousseauniana. A formação nacional por assimilação de povos se dá contra a pretensão de distinção racial da aristocracia através de sua origem germânica.

Segundo Noiriel (1992: 21), apenas a partir do advento do Estado nação, no século XIX, se pode falar em definição francesa da nação (vontade coletiva), contra uma definição alemã (raça e língua). Tal bifurcação, todavia, pode ser enganosa. Como sublinha o mesmo Noiriel (1992: 23), a definição de nação, que acabou por se impor em Renan (1997 [1882]), supõe uma *raça histórica*, construída a partir de memórias coletivas, de experiências históricas e do culto dos ancestrais. Nela, a noção de "origens" é ambígua, podendo ser interpretada como genealogia e hereditariedade ou como pertença simbólica (por intermédio da literatura, das instituições) etc. Originam-se daí duas formas de distinção nacional: uma atribuída (a *lignée* e a *souche*) e outra adquirida (o domínio da língua, das letras e da história francesas). Dificilmente, esses dois princípios de identificação andam separados. Ao contrário, geralmente, eles são utilizados de acordo com a situação e o momento.

Como se vê, o que se chama de definição francesa da nação não é necessariamente uma definição universalista, democrática e assimilacionista. Tal definição é, para ser exato, mais iluminista que francesa. A definição propriamente francesa, particularista, de nação supõe tanto a idéia de "raça", quanto de "língua", com a diferença essencial de que se trata de uma definição *histórica* e não biológica de raça; e o critério da língua é medido pelo desempenho individual e não pela filiação a um tronco lingüístico comunitário. No caso da raça, o particularismo francês privilegia a pertença a uma memória coletiva e a um tronco de antepassados e de memórias comuns; no caso da língua, o domínio do vernáculo e da história francesas.

A rigor, tal forma de particularismo é *francesa* apenas no sentido de que é discursivamente legítimo, não no sentido de que a França seja a única nação a pensar-se desse modo; assim como, para o nacionalismo alemão, é legítimo pensar-se como uma comunidade lingüística e racial, ainda que tal maneira trinja à Alemanha.

Do mesmo modo, discutem-se, na literatura in (Anderson, 1991), as influências mútuas entre a forma mestiça, latino-americana (Vasconcelos, 1948 [1925]; Freyre, 1969 [1933]; Shumway, 1991; Schutte, 1993; Stutzman, 1981), de definir a nação (e o nacionalismo) e a forma mestiça de pensar a nação francesa.

A MATRIZ AMERICANA: O ENCONTRO DO PARAÍSO

Entre os mitos nacionais brasileiros, o Descobrimento do Brasil é fundador em mais de um sentido, pois narra a chegada dos portugueses ao Novo Mundo e a sua resolução de criarem aqui uma nação a partir de elementos não apenas europeus, mas também nativos. Os elementos principais do mito são: o descobrimento da nova terra; a sua posse simbólica, através do soerguimento de uma cruz, seguido do ofício de uma missa católica, na qual participam portugueses e indígenas, igualmente. A representação pictórica é conhecida: europeus bem vestidos, guerreiros e civilizados, comungam e absorvem indígenas (mulheres belas e guerreiros bravos) ingênuos, puros e nus, à sua fé. As narrativas do descobrimento, na verdade, formam não apenas um mito, mas vários: o descobrimento, a assimilação dos povos primitivos, o paraíso na terra.

O Descobrimento, diz-nos José Murilo de Carvalho (2000), estabelece como fato o que não é verdade histórica: a existência de uma nova terra, virgem de nacionalidades, sem religião ou Estado prévios. A idéia de um paraíso terrestre é parte essencial do mito do descobrimento, ainda que depois se desdobre em narrativa mitológica autônoma. A meu ver, o caráter edênico, no Descobrimento, se deve justamente à virgindade pressuposta. Explico-me: já que os povos que os portugueses aqui encontram formarão uma das bases da futura nação, não é possível tratá-los como ímpios ou perversos, mas apenas como habitantes de um paraíso original. Os índios não formam uma civilização oposta ou inimiga, mas se encontram, ao contrário, em estado original, pré-civilizado.

Pois bem, o que cimenta o mito do Descobrimento é a fé católica. Os portugueses que aqui chegam irão, de certo modo, conspurcar o paraíso que encontraram — a natureza virgem e a igualdade social primitiva —, mas, ao mesmo tempo, trazem a redenção possível para os pecados que introduzem. A inspiração do mito do descobrimento é claramente o mito bíblico da expulsão do paraíso. O catolicismo representa a redenção dos pecados introduzidos pela civilização, mas representa também a igualdade de todos perante Deus e a absorção dos índios (ou os não-brancos) à civilização.

A representação do Descobrimento tem um componente central: a integração e comunhão social de todos na fé católica. Não por acaso, no Carnaval dos 500 anos do Descobrimento, foram os símbolos católicos da cruz, da Virgem e do Cristo os mais buscados pelas escolas de samba. A Igreja Católica procurou impedir a utilização de seus símbolos sagrados na procissão profana. Mas é sintomático que, para os sambistas, fosse impossível pensar o Brasil sem os símbolos católicos; e, por isso mesmo, agiram em conformidade: como se tais símbolos não fossem realmente católicos ou religiosos, mas apenas brasileiros. É também sintomático que a representação do Brasil não tenha sido feita a partir de elementos culturais novos elaborados nos 200 anos de nacionalidade, mas por uma atualização do mito do descobrimento: mulatos, morenos e mestiços reconhecendo o papel redentor e civilizador de Portugal, a superioridade de sua civilização, ainda que precisassem reafirmar sentimentalmente a superioridade da pureza indígena.

Apenas a fé católica, mesmo no sincretismo, parece garantir tal equilíbrio entre duas superioridades reivindicadas: o estado virginal anterior, pré-civilizado e propriamente americano, e o estado civilizado posterior, desigual e hierárquico, mas europeu.

Os índios transformam-se afinal em símbolo dos que não são totalmente brancos nem totalmente cidadãos, mas inteiramente brasileiros (Agier e Carvalho, 1994). Mais que raça, trata-se da representação da parcela subordinada da nação: impuramente européia, mestiçamente branca.

Repare-se que faltam ao nosso mito dois elementos importantes, encontrados em outras partes da América: aqui não se fala em conquista (como na América espanhola) nem em vitória (como na América inglesa), mas em dócil incorporação. Os índios não foram nem conquistados e incorporados, como na primeira, nem tampouco vencidos, exterminados ou postos em reservas, como na segunda. Por primitivos e originais, eles são apenas transmutados em novas pessoas, agora civilizadas e incorporadas ao universo católico. Aí reside o segundo elemento do mito: a idéia de uma totalidade hierárquica, não exatamente igualdade entre cidadãos, mas igualdade entre criaturas de Deus, incorporadas numa mesma ordem hierárquica, como apontou Roberto DaMatta (1981). Esse aspecto do mito desdobra-se em outro mito particular: o da democracia racial, desenvolvido bem mais tarde, nos anos 1920 e 1930, quando se tenta superar o trauma da escravidão negra, incorporando, de modo positivo, os afro-descendentes ao imaginário nacional.

A relação edênica entre homem e natureza é comum aos mitos fundadores de todas as nações americanas. No Brasil, porém, essa relação é de continuidade. A Descoberta aparece como desígnio de Deus, não como missão de construir na terra uma nação segundo a Sua lei, como aconteceu nos Estados Unidos (Carvalho, 2000). Desígnio divino tanto mais evidente porque obra do acaso: Cabral teria sido trazido ao paraíso pelas correntes marítimas e pelas calmarias do Atlântico sul, e sua missão civilizadora seria incorporar os índios à fé cristã e ao trabalho. "A terra é boa, em se plantando tudo dá".

A idéia de um paraíso terrestre, como vimos, é o terceiro elemento mítico. Mas ele também não pode ser desvencilhado da fé católica. E nem tanto pela inspiração, como pela própria estrutura do mito. Pois o Descobrimento representa, mais que tudo, a instituição e a superação da desigualdade entre natureza e cultura, de um lado, entre "índios" e "portugueses", de outro. Os índios representam a vida, os pequenos e os humildes (dóceis, pacatos e sábios, por natureza); só os portugueses representam a cultura e a civilização (com toda a carga de violência e de racionalidade que envolve a acumulação de riqueza). Para que tal antinomia viva em equilíbrio é preciso um redentor — o Cristo, representado pela fé católica e pela hierarquia de sua igreja —, que desfaça as diferenças e re-estabeleça a igualdade de todos perante Deus. O plano da cidadania e do estado de direito, do ordenamento social e do contrato entre indivíduos, não existe, portanto, no mito fundador da nacionalidade. A ordem social e política continua a ser revivida como o encontro primeiro entre a natureza e a cultura. José Murilo (Carvalho, 1987) já apontava para a ausência de verdadeiros heróis nacionais e de um panteão cívico. Em outro texto, ele observa (Carvalho, 1995), corretamente, que quando a República necessitou estabelecer um imaginário nacional laico, o herói nacional chamado a desempenhar tal papel, Tiradentes, foi reconstruído, à maneira de Cristo, como um mártir redentor da nacionalidade, a garantir, com o seu sacrifício, a pátria independente que nasceria adiante, em continuidade com a ordem estabelecida pelos portugueses.

Mas, ao mesmo tempo, justamente por ser o catolicismo o cimento de uma ordem social desigual (a igualdade em Deus é pré-social), a Igreja Católica não aceita a todos os "índios", indistintamente. Ela pede fidelidade às crenças católicas e aos costumes europeus, ela exige o embranquecimento da alma e da fé. A Igreja procura desesperadamente restabelecer, nos períodos de festas populares e festivais de inversão,[61] a separação entre fé e crendices, entre religião e festa pagã, entre índios e portugueses. Distinção esta que o povo desfaz em todos os seus carnavais.

[61] Ver, a respeito, DaMatta (1990a).

O BRASIL MODERNO: UMA DEMOCRACIA RACIAL

A modernidade brasileira é, sem dúvida, produto dos últimos setenta anos. Os sociólogos e cientistas políticos demarcam, geralmente, tal modernidade com a Revolução de 1930, que pôs fim à Primeira República (1889-1929). Se em relação ao Império (1823-1889), a Primeira República procurou modernizar o Brasil através da adoção de novas instituições, da europeização dos costumes (Freyre, 1936) e do incentivo à imigração européia (Seyferth, 1990; Schwarcz, 1993), em continuidade com aquele, manteve uma nacionalidade ostensivamente polarizada, marcada pela enorme distância entre brancos e pretos, civilizados e matutos. Foi apenas a partir de 1930, principalmente com o Estado Novo (1937-1945) e a Segunda República (1945-1964) que o Brasil ganhou definitivamente um "povo", ou seja, inventou para si uma tradição e uma origem.[62]

A idéia fundamental da nova nação é a de que não existem raças humanas, com diferentes qualidades civilizatórias inatas, mas sim diferentes culturas. O Brasil passa a se pensar a si mesmo como uma civilização híbrida, miscigenada, não apenas européia, mas produto do cruzamento entre brancos, negros e índios.[63] O "caldeirão étnico" brasileiro seria capaz de absorver e abrasileirar as tradições e manifestações culturais de diferentes povos que para aqui imigraram em diferentes épocas; rejeitando apenas aquelas

---

[62] Sigo, grosso modo, a interpretação de Freyre. É bem verdade, como nos diz Schwarcz (1999), que a europeização dos costumes inicia-se no Império. Mas, esta foi contrabalançada pelo romantismo brasileiro, em busca de nativismo; que, por sua vez, nunca foi amplo o suficiente para incorporar as massas negras e mulatas. O povo brasileiro, tal como hoje o concebemos, é uma construção modernista.

[63] Esta é, entretanto, uma tradição intelectual que remonta ao final do século XIX, e que tem, entre seus expoentes, intelectuais do porte de Silvio Romero (1949 [1888]) e Joaquim Nabuco (1883).

que fossem incompatíveis com a modernidade (supertições, animismos, crendices etc.). Tal idéia permite o cultivo de uma "alta cultura", propriamente brasileira, em sintonia com a "cultura popular", algo que eclode na Semana de Arte Moderna de 1922.[64] Mas, de certo modo, foram as ciências sociais, e não apenas as artes plásticas e a literatura ficcional, as inventoras desse Brasil moderno, através de obras seminais como as de Gilberto Freyre (1969 [1933], 1936), Sérgio Buarque de Holanda (1936) e Caio Prado Jr. (1965 [1937]).

As bases materiais e econômicas dessa modernidade foram plantadas pela Revolução de 1930. Essas consistem, basicamente, no incentivo à industria e à substituição da mão-de-obra estrangeira por mão-de-obra brasileira, que passa a constituir propriamente um proletariado, com estatuto político reconhecido e regulado.

A base demográfica, entretanto, já estava consolidada. De fato, entre 1560 e 1850, o governo colonial brasileiro importou entre quatro milhões e meio e seis milhões de africanos para trabalhar como escravos nas plantações de cana, café, algodão, tabaco, nas minas de ouro e diamante, nas fazendas de gado e no trabalho doméstico e artesão.[65] Nesse período, a população branca, quase toda de origem portuguesa, mal rivalizava a população escrava, ficando espremida entre a população negra, mulata e cabocla.[66] Depois de findo o tráfico de escravos, o país foi buscar mão-de-obra na Europa, mas estima-se que, entre 1850 e 1932, apenas quatro dos 55 milhões de emigrantes europeus tenham se dirigido ao Brasil, concentrado-se principalmente nos estados do Rio de Janeiro, São Paulo, Paraná, Santa Catarina e Rio Grande do Sul.

---

[64] Esta interpretação deve, de novo, ser matizada com a compreensão de que o romantismo brasileiro revelou-se bastante artificial, ao excluir negros e mulatos do imaginário nacional.

[65] Sobre essas cifras, ver Florentino (1997: 23).

[66] Em 1660, por exemplo, Simonsen (1978: 271) estima a população brasileira em 74 mil brancos e índios livres e 110 mil escravos.

Conquanto a pequena presença demográfica européia, ante a população de origem indígena e africana, tenha acabado por fazer predominar no país uma população biologicamente mestiça, ela nunca pôs em cheque o caráter europeu da civilização brasileira, nem de suas classes dominantes, nem mesmo a cor branca da maioria da sua população.[67]

Essa mão-de-obra estrangeira, concentrada quase totalmente em São Paulo, nos estados do Sul e no Rio de Janeiro, dominou a oferta de mão-de-obra industrial e artesanal, alijando do mercado a população negra e mestiça. Apenas com o fim da imigração estrangeira, nos anos 1930, e a constituição de uma reserva de mercado para o trabalhador brasileiro, tornou-se possível a incorporação de uma enorme massa racialmente miscigenada ou negra, que migrou para São Paulo e para os estados do Sul e do Sudeste brasileiro, oriunda de várias partes do país, principalmente de Minas Gerais, do interior de São Paulo, do Rio de Janeiro e dos estados do Nordeste, as regiões mais populosas.

Até então, ou seja, até os anos 1930, o Brasil tinha reconhecidamente uma questão racial, cujos fundamentos eram biológicos e demográficos. Assim, enquanto perdurou a importação de escravos africanos ou enquanto o volume de migração européia foi diminuto, éramos vistos por nossas elites como uma nação sem povo e sem cultura (Skidmore, 1976).

Quando começa a imigração européia, é a ameaça de divisão cultural do país que passa a ser percebida, tal como colocada de modo exemplar por Nina Rodrigues (1933: 19), ainda no final do século XIX:

> "Ao brasileiro mais descuidado e imprevidente não pode deixar de impressionar a possibilidade da oposição futura, que já se deixa entrever, entre uma nação branca, forte e poderosa, provavelmente de ori-

[67] A proporção que se declara branca nos recenseamentos varia de 63,4%, em 1940, a 54,2%, em 1991. Ver Wood e Carvalho (1994: 159).

> gem teutônica, que se está constituindo nos estados do Sul, donde o clima e a civilização eliminarão a Raça negra, ou a submeterão, de um lado; e, de outro lado, os estados do Norte, mestiços, vegetando na turbulência estéril de uma inteligência viva e pronta, mas associada à mais decidida inércia e indolência, ao desânimo e por vezes à subserviência, e assim ameaçados de converterem-se em pasto submisso de todas as explorações de régulos e pequenos ditadores".

Ou seja, temia-se pela qualidade do estoque populacional brasileiro, pela ausência de uniformidade cultural e pela unidade nacional. Todos os temores alimentados por crenças raciais.

Vargas, na política; Freyre, nas ciências sociais; os artistas e literatos modernistas e regionalistas, nas artes; esses serão os principais responsáveis pela "solução" da questão racial, diluída na matriz luso-brasileira e mestiça de base popular, formada por séculos de colonização e de mestiçagem biológica e cultural, em que o predomínio demográfico e civilizatório dos europeus nunca fora completo a ponto de impor a segregação dos negros e mestiços. Ao contrário, a estratégia dominante sempre fora de "transformismo" e de "embranquecimento", ou seja, de incorporação dos mestiços socialmente bem-sucedidos ao grupo dominante "branco".

Se a Primeira República fora responsável pela europeização dos costumes brasileiros e pela introdução de milhões de europeus no Sul e no Sudeste do Brasil, em detrimento da população mestiça, oriunda do caldeirão colonial, a Revolução de 1930 e a Segunda República tiveram o bom senso de desarmar a bomba étnica que se formava em conformidade com os temores de Nina Rodrigues.

Como vimos anteriormente, a lógica da política republicana com relação à população negra (de origem africana) foi balizada por três construções simbólicas: 1) o reconhecimento da escravidão como um sistema inumano e aviltante (ao contrário da justificativa monarquista, escravista, da escravidão como tempo da colonização cultural dos negros e índios, ou seja, da sua "domesticação" ou "civilização"); 2) o reconhecimento da dívida cultural que a nação brasileira tem em relação aos negros (tratar o negro como um colonizador, foi uma das maiores inspirações de Gilberto Freyre em *Casa-grande & senzala*); 3) a idéia de que, enquanto povo, os brasileiros "ultrapassaram" os elementos formadores da nação (os brancos, os negros, os índios — em termos raciais — ou os portugueses, italianos, nagôs, bantos, tupinambás, guaranis etc. — em termos nacionais) para se constituir numa meta-raça, num povo, o povo brasileiro.[68] Segundo tal representação, largamente freyreana, nós não temos propriamente uma "raça" — não somos brancos, negros ou índios —, mas uma nação: somos um povo mestiço. Qualquer dos três pólos, se reivindicado sem mestiçagem, é estrangeiro à nação. Assim, diz Freyre em *Casa-grande & senzala* (1969 [1933]: 395), "todo brasileiro, mesmo o alvo, de cabelo louro, traz na alma e no corpo a sombra, ou pelo menos a pinta, do indígena ou do negro".

Permita-me insistir. Os negros e índios, na política republicana, são apropriados como objetos culturais, símbolos e marcos fundadores de uma civilização brasileira, mas têm negado o direito a uma existência singular plena como membros de grupos étnicos. Estes são marcos da fronteira da civilização brasileira, remanescentes dos antepassados que criaram a nação, restos e vestígios das origens (Guimarães, 1999; Wade, 1993). Tal constelação simbólica se manifesta, no campo político, por concessões igualmente simbólicas. Lembre-se que a existência mesma do movimento negro contradiz o ideal de mistura, reificando um dos elementos de formação, que não deveria ter encarnação política, mas apenas cultural. Pois bem, quando essas concessões são feitas, elas correm o risco de permanecerem no papel. Isso é válido tanto para a absorção de símbolos da identidade afro-brasileira à cultura na-

[68] Essa idéia se encontra muito bem equacionada e apresentada criticamente, por Roberto DaMatta (1981).

cional, como até para a incorporação à ordem jurídico-normativa das reivindicações políticas do movimento negro, tais como os princípios constitucionais da não-discriminação e da integração socioeconômica dos negros (Guimarães, 1998).

Se as migrações internas e a criação de uma sólida cultura nacional, de bases mestiças e populares, de origens principalmente nordestinas, baianas, cariocas e mineiras, foram capazes de desarmar a bomba étnica que se formava em São Paulo antes dos anos 1930, elas não evitaram, porém, a emergência ou continuidade de novos problemas, tais como o preconceito racial e regional e as crescentes desigualdades raciais. Do mesmo modo, a crença na democracia racial fora tecida por sobre a lenda da excepcionalidade brasileira, que deixava de ser plausível à medida que outras sociedades pós-coloniais, como Estados Unidos e Canadá, superavam a segregação racial através de soluções como o convívio multirracial e multicultural, numa situação de convivência democrática mais igualitária em termos de oportunidades de vida.

UMA NOVA IDENTIDADE NACIONAL BRASILEIRA?

A configuração descrita acima foi forte o suficiente para sedimentar o sentimento de pertença à nação brasileira, no período pós-abolicionista. Apenas, duas grandes tensões pesaram sobre tal sentimento, no período que vai dos anos 1940 aos anos 1970 do século XX. Primeiro, o fato de o Brasil ter cerrado fileira com os Aliados, durante a Segunda Guerra Mundial, se contrapondo ao eixo (Alemanha, Itália e Japão), exigiu uma assimilação muito rápida das comunidades e colônias italianas, alemãs e japonesas, surgidas da grande imigração internacional da virada do século, exacerbando os sentimentos nacionalistas (Seyferth, 1990). Segundo, a nova ordem econômica surgida no pós-guerra (o desenvolvimento sustentado), significou um aumento do desequilíbrio regional (o Nordeste agrário cedendo terreno ao Sudeste e ao Sul industrializados). A decisão de Vargas de reservar o mercado de trabalho urbano aos brasileiros (lei de 2/3) reforçou as migrações internas, fazendo com que grandes levas de nordestinos se dirigissem aos centros urbanos do Sudeste ou às áreas de agricultura moderna e de fronteira do Sul e do Sudeste. A competição que então se instalou no mercado de trabalho, tanto quanto o estranhamento cultural, são responsáveis pelo surgimento de estereótipos regionais negativos ("baianos", "paraíbas" e "nordestinos"), assim como nacionais ("português"), visto que os portugueses gozavam dos mesmos privilégios dos nacionais. Tais fenômenos, ainda que importantes, apesar de pouco estudados, não foram suficientes para levar à crise o sentimento nacionalista. A "regionalização" dos preconceitos e estereótipos foi quase sempre a regra, reforçada por uma socialização regionalizada, com seus heróis, seus santos, suas datas cívicas, suas festas, comidas típicas etc... Na verdade, mas apenas nesse sentido, o sentimento de pertença nacional brasileira continuou fraco.[69]

A crise real sobreveio nos anos 1980, com a estagnação econômica, a crise financeira e a falta de direção política clara. A dificuldade de reconversão e de reinserção brasileira na nova ordem mundial, galvanizada pela crise de governabilidade, levou a identidade nacional aos limites da tensão. São índices da crise do modelo assimilacionista e heterofóbico de nação alguns elementos que passo a enumerar. Primeiro, o ressurgimento, ainda que por breve período, de movimentos separatistas, principalmente no Sul do país. Segundo, o surgimento de movimentos racistas voltados contra nordestinos e negros, principalmente no Sudeste, tais como os *Carecas do ABC* etc. Terceiro, o fato de que, pela primeira vez em sua história, o Brasil passa a ser uma origem importante na emigração internacional. Quarto, o fato de uma grande leva de brasileiros de segunda, terceira e quarta geração buscarem uma

[69] A fragilidade do sentimento nacional na América Latina em geral é comentada por Skurski (1996).

dupla nacionalidade, aproveitando-se da mudança da legislação brasileira. Quinto, o movimento de "reafricanização" dos costumes negros no Brasil, gerenciado politicamente pela construção da identidade negra. Sexto, o movimento de reetnização de povos indígenas brasileiros, dados como desaparecidos, no Nordeste, Sudeste e Sul do país.

Cada um desses elementos tem uma história própria que é preciso retomar para que se possa verificar a hipótese de crise. Deixem-me, entretanto, desenvolver melhor a própria hipótese geral.

Se DaMatta tem razão, como eu acho que tem, em dizer que a nacionalidade brasileira, enquanto definição de identidade racial, se construiu no último século no espaço de representação demarcado por três pólos raciais — o branco, o negro e o índio —, se distanciando cuidadosamente de cada um deles, ainda que tomando-os por referência, para a definição de uma mestiçagem singular; pois bem, se esse é o modo de definir-se racialmente, esse modo está mudando rapidamente. Sua crise é visível na busca de identificação a partir da recriação de cada um desses pólos. O branco de classe média busca sua segunda nacionalidade na Europa, nos Estados Unidos ou no Japão — ou cria uma xenofobia regional racializada; o negro constrói uma África imaginária para traçar a sua ascendência ou busca os Estados Unidos como Meca afro-americana; os índios recriam a sua tribo de origem. Ainda que tais movimentos centrípetos (de reagrupar-se em torno de um dos pólos) não sejam movimentos de massa, ou seja, movimentos populares, eles são, entretanto, movimentos muito bem vestidos de ideologia e expressos, com crescente aceitação, pela intelectualidade brasileira e internacional, que tendem a ver o país como uma nação multirracial, em vez de nação mestiça.

Vejamos, a seguir, sobre que bases o preconceito ético-regionalista em São Paulo cresceu.

OS AVESSOS DO MITO: O PRECONCEITO CONTRA OS BAIANOS[70]

O preconceito contra os *baianos*, *paraíbas* e *nordestinos* é dos mais fortes e persistentes no Brasil contemporâneo, só rivalizado pelo preconceito racial. O estereótipo do *baiano* como o imigrante pobre, ignorante, servil, preguiçoso, beócio, sem espírito empreendedor, sem chances de se tornar alguém, pode nos levar a considerar que tal estereótipo se deve à sua condição de imigrante no Sudeste do Brasil, sendo portanto produto do pós-guerra, quando as migrações internas no Brasil substituíram as migrações internacionais em termos de prover de mão-de-obra a nascente indústria do Sudeste, principalmente São Paulo. Só em parte isso é verdade. E é tão mais verdade para os termos *paraíba*, no Rio de Janeiro, e *nordestino*, em São Paulo, que para *baiano*.

A verdade inteira começa ainda no Brasil Colônia, quando a Bahia era a capital brasileira e os baianos, seus habitantes, se arrogavam a ser os únicos habitantes civilizados da Terra de Santa Cruz. Nos conta Gilberto Freyre que, em reação a tal pretensão, *baiano* passou a denotar no Sul, principalmente no Rio Grande, um janota palavroso, maneiroso e efeminado, típico dos homens urbanos, especialmente do Norte. Leiamos o mestre:

> "E o baiano da cidade, isto é, de Salvador, acabou por sua vez fazendo de sua condição de homem da capital do Brasil — por muitos anos a cidade por excelência do palanquim e de negros que gritavam para todo homem de sapato que descesse do navio ou nau: 'Qué cadeira, sinhô?' — motivo de supervalorização de ori-

[70] Comunicação ao Congresso Internacional da Latin American Studies Association (LASA), Sessão "Lo afro en America Latina: debates sobre cultura, política y poder", Miami, março de 2000.

> gem ou de situação regional. Era como se fosse Salvador a única região civilizada, urbana, polida, do Brasil; e o mais, mato rústico. A essa supervalorização de origem ou situação urbana ou metropolitana, o gaúcho reagiu a seu modo, desdenhando de quanto brasileiro do Norte se mostrasse incapaz de montar a cavalo com a destreza dos homens do extremo Sul; e associando essa incapacidade à condição de *baiano*. Ser baiano era ignorar a arte máscula da cavalaria. Era ser excessivamente civilizado: quase efeminado. Quase mulher. Quase sinhá. Era só saber viajar de palanquim, de rede, de cadeira, aos ombros dos escravos negros. De modo que *baiano* tornou-se, no Brasil, termo ao mesmo tempo de valorização e de desvalorização do indivíduo por circunstâncias regionais de origem e de formação social. E o mesmo se verificou com *gaúcho*" (Freyre, 1936: 369).

Baiano, portanto, enquanto metonímia de gente do Norte, ou Nordeste, como passou a ser conhecida a região a partir dos 60 do século XX, era já uma criação do século XVIII, ao menos para os gaúchos. Mas não tinha, certamente, o caráter incontroversamente pejorativo que ganhou nesse século. Era, como nos diz Freyre, um termo de valorização e desvalorização, ao mesmo tempo, provavelmente mais de valorização que seu contrário, pois todos sabemos como, na sociedade de corte, eram malvistos os homens do interior.

O termo *baiano* parece ter perdido toda a áurea de civilidade apenas na República. É conhecido o afã com que a República procurou separar-se da herança colonial e da herança portuguesa. Pois bem: nada mais colonial e português que a Bahia, tomada pela óptica de suas classes dominantes. *Português* não em termos de seus habitantes, ou mesmo em referência a Portugal, mas em termos de sua civilização, em termos dos costumes luso-brasileiros que aqui se estabeleceram e fincaram raízes na Colônia e no Império, mesmo depois da Independência.[71] Que costumes são esses?

Primeiramente, na Bahia, mais que em qualquer outro lugar, era ainda pujante o catolicismo barroco, de que nos fala João Reis (1991), com suas muitas procissões e festejos, incorporando não apenas a parte organizada da sociedade, inclusive negros e escravos afiliados a Irmandades, mas também a patuléia e o zé-povinho, que seguia atrás.[72] Verdadeiros carnavais, nos diz Pierre Verger (1984), ele próprio comentando as observações de Roger Bastide (1945: 32), feitas nos anos 40 do século XX, quando o costume dos baianos de transformar em festa carnavalesca todas as efemérides santas continuava incólume.

Os republicanos e progressistas, nos ensinam Freyre e José Murilo de Carvalho (1995), odiavam esse legado colonial e gostariam de vê-lo enterrado e não vivíssimo, como na Bahia. Ademais, as festas religiosas, na Bahia, continuavam a ser a única representação pública da autoridade política. Mesmo a festa da Independência, na Bahia, era a Festa do 2 de Julho, ou melhor, a "festa dos caboclos", tão carnavalesca, religiosa e processional quanto as festas coloniais (Santos, 1995; Albuquerque, 1999).

[71] Nesse sentido, tem razão Thales de Azevedo (1996 [1955]) quando diz que a Bahia era a mais portuguesa das cidades brasileiras, pela arquitetura e pelos costumes. Thales apenas fazia um exercício de reversão diacrítica do sentido pejorativo com que a República tratou seja a Colônia, seja os portugueses. Para uma outra interpretação da mesma passagem de Thales, ver Guimarães (1999).

[72] O conceito é assim definido por Reis (1991: 61): "Nessa visão barroca do catolicismo, o santo não se contenta com a prece individual. Sua intercessão será tão mais eficaz quanto maior for a capacidade dos indivíduos de se unirem para homenageá-lo de maneira espetacular. Para receber a força do santo, deve o devoto fortalecê-lo com as festas em seu louvor, festas que representam exatamente um ritual de intercâmbio de energias entre homens e divindades".

Aliás a indisposição da Bahia com a República era não apenas cultural, mas política, uma vez que a antiga capital, tinha reconvertido todo o seu capital social para uso na corte imperial, principalmente sua oratória e a beleza vernacular do seu idioma, para a representação política dos interesses, seus e de outros. A República, privilegiando as ciências às artes, a substância à forma, os anglicismos e galicismos ao castiço; renegando o legado luso-brasileiro, para imitar os franceses e ingleses, destituía a Bahia do seu capital cultural e social, ela que já perdera, nesse trabalho de representação, boa parte do seu capital material.[73]

A indisposição da República para com a Bahia e para com os baianos será impiedosa, como impiedosa será com os portugueses: através da galhofa, do riso e da estereotipia, tratando o seu povo como um povinho atrasado, ignorante, *démodé* e ridículo em suas pretensões de civilidade. Trabalho de desmoralização esse, é bom que se diga, feito por baianos e não-baianos igualmente, desde que progressistas, como aliás documenta muito bem Gilberto Freyre, citando mais de um baiano ilustre para tipificar o encastelamento da Bahia no passado. É de Freyre a mais completa afirmação do caráter retrógrado da Bahia novecentista, tão completa que parece haver realmente, na Bahia, se não no sangue baiano, algo incompatível com a modernidade. Escreve o mestre de Apipucos:

> "É certo que dessa mística [da Ordem, contrária ao Progresso] se desgarraram baianos ilustres do século XIX: Teixeira de Freitas, Nabuco de Araújo, o primeiro Rio Branco, Luis Gama, Castro Alves, Ruy Barbosa. Mas sob o estímulo de outros meios; em correspondência com outros ambientes brasileiros; pelo acréscimo à sua condição de baianos de outras situações, parti-

---

[73] Diz o médico baiano Durval Vieira de Aguiar, citado por Freyre (1959: 209): "[...] o baiano esquecia-se da Província pelo Império", isto é, pela corte, "para onde convergem, em curso forçado, todos os nossos recursos materiais e intelectuais [...]".

cularmente dinâmicas, dentro das quais suas aptidões ou suas formas ou maneiras baianas de ser se exaltaram sob a influência de outras substâncias, daí resultando combinações magníficas de baianidade com paulistanidade, por exemplo" (Freyre, 1959: 210).

Mas há outro componente nesse preconceito que se nutriu contra a Bahia, que tem a ver precisamente com o modo de ser negro na Bahia, ou com o fato de as elites baianas "não saberem lidar com os seus negros", ou com o fato de a Bahia ser ela mesma, uma mulata velha[74].

Voltemos ao catolicismo barroco. A participação dos negros nos festejos religiosos, na Bahia, e no Brasil colonial em geral, foi mais além do que mandaria a hierarquia do desfile processional português, para adquirir o ar de mistura e de convivência íntima, comum aos carnavais, que os visitantes estrangeiros registraram. Aliás, os portugueses e brasileiros brancos chegavam mesmo a disputar entre si a inclusão de músicos africanos e crioulos para melhor louvar os seus santos (Reis, 1991: 66). É esse sentido de mistura, de falta de respeito e de reversão da ordem que os republicanos e progressistas repudiam e que, na Bahia, não tiveram força para reverter.

Na Bahia, "a negrada", com tantas festas e procissões, acabou por tomar conta das ruas.[75] Símbolo maior dessa "incivilidade" era a falta de higiene resultante do crescimento demográfico de uma cidade que mantinha o arruamento, transporte e escoamento sanitário do século XVIII, sem passar pelos grandes investimentos de reurbanização da capital imperial. Exemplo maior da falta de higiene, aos olhos dos brancos, eram as comidas vendi-

---

[74] A representação da Bahia como a "mulata velha" é registrada por Ruth Landes (1947), por exemplo. Ver Guimarães (1999).

[75] Sobre as tentativas, em alguns casos bem-sucedidas, em outros não, de disciplinar a gente do povo e o espaço público em Salvador, ver, entre outros, Ferreira Filho (1999) e Morales (1988).

das na rua por negras do acarajé que, no Rio de Janeiro e fora da Bahia, passaram a ser chamadas de *baianas*[76]. As autoridades da capital da República perseguiram tenazmente as baianas, tanto quanto os candomblés (Velloso, 1990) e saíram vitoriosos. Perseguição, diga-se de passagem, não apenas policial. Em seu humor ferino, os cariocas e aqueles que, vindo de todo o Brasil, se transformam em cariocas, esses novos citadinos civilizados, representarão a Bahia, em suas caricaturas sociais, "por uma baiana gorda, de turbante e fazedora de angu". (Freyre, 1959: cxxxviii)

O Rio de Janeiro cuidava dos seus negros e dos negros que a Bahia lhe mandava, como os que formaram a Pequena África da Saúde (Carvalho, 1987; Moura, 1995; Fry, 1988). Já nos anos 1940, o samba do Rio ganhava "Escola" e "modernizava" o modelo da procissão barroca, que arrastava os devotos pela rua, o que deu margem à observação irônica de Verger (1984: 13): "se no Brasil de antigamente as procissões tinham um alegre ar carnavalesco, ao contrário, o carnaval de rua das escolas de samba de hoje tornou-se uma sorte pomposa de procissão". Como se sabe, ainda hoje as classes altas da Bahia lutam para disciplinar a procissão pagã dos trios elétricos, organizados em blocos, não mais em irmandades, que arrastam a multidão pelas ruas, atraída pela fanfarra elétrica e, agora, pelo espetáculo erótico de dançarinas e dançarinos...

Houve ainda, a endurecer os estereótipos, mais que os negros, a raça. Todo o racismo doutrinário brasileiro concentrou-se nos 40 anos da Primeira República, em que fomos beber no discurso

[76] O papel central das mulheres negras, vendedoras de rua, nesse processo de desmoralização é acentuado por Ferreira Filho (1999): "Freqüentemente, a crítica às formas de mercância ou mesmo comidas vendidas na rua trazia implícita a associação com a escravidão ou com costumes tipicamente negros. A 'mulher do saião' fora expressão pejorativa largamente difundida na imprensa republicana para dirigir-se à trabalhadora de rua. A crítica à roupa tradicional das mulheres pobres e trabalhadoras geralmente as associava à África, à escravidão que, por sua vez, eram relacionadas à barbárie, atraso e falta de higiene" (Ferreira Filho, 1999: 246).

ideológico europeu, não apenas a ciência, que estancou epidemias e saneou nossas ruas, mas a pseudociência, as ideologias políticas que franceses manipulavam entre si e contra os alemães, para justificar seja a restauração monárquica, seja a integridade da nação francesa (Arendt, 1951; Foucault, 1997; Noiriel, 1992). Idéias de raça, teorias sobre a degenerescência dos mulatos, o modo como os europeus nos viam, a nós que queríamos ser mais europeus que os portugueses, doíam. A Bahia era a mulatice. Sem imigrantes europeus novos e sem esperança de novos imigrantes europeus. Era o velho caldeirão racial parado no tempo, a receber o influxo demográfico dos negros. Na capital da República, os cientistas nacionais armaram a estratégia política e a solução teórica: o novo caldeamento se daria pelo afluxo de sangue novo europeu, de preferência não-ibérico. Interessante que foi um baiano adotivo, da Academia de Medicina, quem levou mais a sério o racismo científico da época, sem transmutá-lo, como fizeram os seus ilustres colegas da Academia carioca, em teorias do embranquecimento. Talvez não pudesse.

Estavam plantadas, na virada para o século XX, as raízes da subcultura baiana, de cujo estigma nutriu-se o primeiro preconceito contra os baianos. O barroco, a decadência, a mulatice. Antonio Risério (1988: 146) disse que "foi em meio ao mormaço econômico e ao crescente desprestígio político que práticas culturais se articularam no sentido da individuação da Bahia no conjunto brasileiro de civilização". Tem razão.[77]

---

[77] A estagnação econômica (Guimarães, 1982), tanto quanto a permeabilidade das elites a formas culturais afro-baianas serão usadas, também, para explicar a pujança e permanência da presença africana na Bahia. Ver, por exemplo, (Ferreira Filho, 1999: 255-6): "Se, no plano micro-político, laços pessoais serviram para a preservação de espaços consideráveis da cultura negra em Salvador, no mundo do trabalho e do comércio informal, as restrições do mercado formal de ocupações, a pobreza urbana resultante das exclusões e restrições econômicas da falida economia agro-exportadora do Estado, aliadas ao caráter artificial do projeto de reformas urbanas, garanti-

Mas, esse primeiro preconceito encontrou logo vários freios. Depois dos exageros da Primeira República, ou ainda nos anos 1930, começam as reações contra o antilusitanismo e antibarroquismo dos progressistas. Uma verdadeira restauração dos valores luso-brasileiros, em alguns, como Gilberto Freyre; ou a recriação de uma cultura propriamente brasileira, como queriam os modernistas de 1922. A velha Bahia, barroca e mulata, passava a ser uma fonte inesgotável de referência e de inspiração. Para os poetas populares, como Ary Barroso, Assis Valente, Dorival Caymmi, Gilberto Gil, Caetano Veloso e tantos outros, ou para romancistas, com Jorge Amado ou João Ubaldo, a Bahia foi referência para uma nova estética; para os ideólogos da tolerância e bondade do povo brasileiro, um paraíso racial; para os antropólogos culturais e sociais, seus terreiros de candomblé foram valorizados como preciosidade cultural e documento vivo da presença africana nas Américas. Pouco tempo depois da Segunda Guerra, já no novo concerto das nações, o Brasil passava a ser simbolicamente representado por uma mulher branca em trajes de baiana e a democracia racial passava a ser o seu produto de exportação. O que de melhor a civilização brasileira teria produzido. O estigma contra a Bahia amainara. No entanto, ainda assim, "a boa terra", "o berço do Brasil" passa a ser a encarnação de uma natureza pródiga, "de mar, petróleo, cacau, carnaúba" etc., nos mesmos termos do modo como o Brasil é exaltado. O que, na Bahia, não é natureza é "encanto", "magia", "feitiço", "sedução". Aos baianos se cola a imagem do pré-industrial e do pré-moderno em termos de costumes e de tempo: a manemolência, o atraso, a preguiça, a lentidão...

Ao que era um preconceito contra uma classe e um gênero de baianos — os homens de alta estirpe ou os baianos bem-educados — vai aos poucos sendo generalizado para todos os baianos, homens e mulheres.

---

ram a perpetuação de velhas práticas de trabalho e renda agenciadas por mulheres, mesmo que na contramão das intenções modernizantes".

A segunda fase do preconceito, que se desenvolve no pós-guerra, esse, ainda que nutrido pelo primeiro, teve moto próprio. Foi mais um preconceito contra os emigrantes que se dirigiram, em grandes levas, para as áreas rurais e os centros urbanos do sul, em busca de emprego. Os estados que hoje compreendem o Sudeste e o Sul formavam há muito uma região, no sentido de que conheceram desde o Império algum tipo de migração interna. Mas a emigração massiva de gente do Norte para o Sul era um fato inusitado. O imaginário da gente do sul, acostumada a se pensar a partir do afluxo de novos imigrantes europeus, do progresso e do embranquecimento, era posto em causa. Migrações de sertanejos nordestinos, principalmente, incentivados pela nova política de industrialização nacional, que, desde Vargas, através da Lei de 2/3, reservava o mercado de trabalho brasileiro aos nacionais.

Esses imigrantes serão, em São Paulo e no Sul, principalmente, chamados de *baianos*. Sem serem mulatos, eram mestiços e acaboclados, igualmente baixos, cabeças chatas, pobres e analfabetos ou semi-analfabetos. Era o tipo de gente que o brasileiro do sul não gostaria que fosse brasileiro — o seu Outro rejeitado, um outro modo de ser brasileiro: mestiço, imigrante, pobre, "desterrado". Mas, menos que o tipo físico, era todo um Brasil antigo, que era rejeitado, tal como a Bahia o fora: o Brasil da casa-grande, dos coronéis, da oligarquia, da agricultura de subsistência, da fome, do flagelo das secas. Seria também o Brasil que o sul odiaria ser, no futuro: mestiço, pobre e migrante?

Chamar de *baianos* esses migrantes[78] era apenas estender geograficamente, e antecipar no tempo, o mesmo significado que foi, nos anos 1960, atribuído ao Nordeste. Não creio haver aqui,

[78] Oficialmente, as migrações interna e externa têm designações diferentes. Chamam-se os que vieram do Nordeste de "migrantes"; por "imigrantes" entendem-se apenas os que vieram do estrangeiro — ou seja, da Europa ou do Japão. No imaginário da gente do sul, esses últimos perpetuam a saga heróica dos colonizadores e bandeirantes.

na escolha do nome, um preconceito contra os negros ou mulatos apenas. Creio se tratar, antes, de um preconceito contra os antigos "brasileiros", ou melhor contra aquilo que, no Brasil, fora até então considerado brasileiro. Tenho a hipótese de que, apenas quando *nordestino* passa expressamente a significar o atraso, prefere-se, em São Paulo, chamar esses novos imigrantes de *nordestinos*. Mas serão os dois termos intercambiáveis, baiano e nordestino? Em algumas situações, certamente sim. Mas talvez não em todas. Especulo de novo: *baiano* ficaria reservado para uso mais pejorativo. Assim, um branco ou branca de classe média, vindo do Ceará ou de outro lugar do Nordeste, numa boa escola paulista, será preferencialmente tratado por *baiano*, por quem o discrimina, e não *nordestino*, reservado aos seus conterrâneos mais pobres, cuja condição pode ser referida direta e descritivamente. A ofensa, no caso, consiste em tratar por *baiano*, em sentido genérico, o outro brasileiro, nascido ou não na Bahia, negando-lhe a naturalidade brasileira. Nesse caso, é o sentido primeiro, de atraso e luso-brasilidade incivilizada, que prevalece.

No Rio de Janeiro, entretanto, ao contrário de São Paulo, não ocorreu a fusão entre o sentido pejorativo, republicano, de "baiano", baseado na oposição barroco/moderno, e "nordestino", imigrantes pobres e culturalmente inferiores. No Rio, esse sentido de "nordestino" foi preenchido pelo termo "paraíba", tendo o termo "baiano" guardado seu sentido original de preguiça, atraso e lentidão. Por que isso? É possível que na migração nordestina para São Paulo tenham prevalecido os baianos; é também possível que, em relação ao Rio, o mesmo tenha ocorrido com os paraibanos. É possível ainda que os baianos que se dirigiram para o Rio fossem de cor mais escura, tendo sido mais facilmente absorvidos na população negra carioca, como negros e não apenas nordestinos; enquanto que a migração baiana para São Paulo tenha sido mais propriamente de sertanejos brancos. Não se sabe. Será preciso mais investigação histórica sobre esse aspecto. O fato é que, no Rio, não se dá essa sinonímia entre "baianos" e "nordestinos", sendo esses últimos referidos pelo termo "paraíba".

Só recentemente, em São Paulo e em boa parte do Sul e Sudeste do país, o preconceito contra os "baianos" ou nordestinos, ganhou características novas, parecidas com a xenofobia européia moderna, o que, por si só, revela a força do regionalismo no Brasil. O ódio aos migrantes nutre-se do sentimento de medo e ameaça. Ameaça à integridade da cultura paulistana (ou sulista), ela própria produto da imigração européia do começo do século; medo da deterioração do padrão de vida urbano, do crescimento do desemprego e da decadência econômica; pavor diante do aumento da criminalidade e da violência urbanas. Os migrantes brasileiros do Nordeste, geralmente pobres, que alimentam as favelas e o desemprego, são geralmente culpabilizados pela decadência ou pela deterioração do padrão de vida das cidades paulistas ou sulistas. Tal fato é registrado por vários autores. Citarei apenas dois: Alba Zaluar (1994: 53-4):

> "As mudanças populacionais sobre o espaço físico da cidade tiveram efeito na construção do medo dos moradores da classe média. Estes, na sua interpretação do crescimento da violência na cidade, culpam os nordestinos que passaram a morar no mesmo bairro pela situação considerada insuportável e exigem políticos mais duros [...] O ódio aos nordestinos parece ser, no entanto, um fato específico desses bairros que os diferencia de outros locais no que se refere à construção do medo e à resultante apatia social e política. Portanto, o problema desses bairros não parece ser apenas um retorno à comunidade mais fechada, mas também um reforço da identidade racial e étnica que nega a convivência com os diferentes por conta dos riscos que isso implica".

e Flávio Pierucci (1999: 64):

> "No caso de São Paulo, o descontentamento de janistas e malufistas com o atual estado de coisas no plano da moralidade privada é, além disso, regressivo:

existe, na memória dessa gente, um tempo, uma época de ouro (memória?) em que não havia tanto bandido, tanto drogado, tanto sem teto. E existe, em sua imaginação, a identificação desse tempo com a inexistência de migrados nordestinos. A rejeição aos 'baianos' é função direta da amplitude do medo: cresce na medida e no ritmo do crescimento real (mas sobretudo no do aumento imaginário) da insegurança. A percepção de que São Paulo já saturou, que já não há mais lugar, que os que chegam só fazem aumentar as hostes do desemprego e da miséria, e portanto as taxas da delinqüência, suscita um tipo de insatisfação neo-regionalista que se expressa de várias maneiras, inclusive no protesto contra a ausência de uma política migratória em nível federal, o que só tem feito prejudicar São Paulo".

Esse tipo de preconceito, muito virulento, explícito e, de certo modo, contrário à ideologia racial brasileira, é também muito parecido ao tipo de preconceito teorizado por Blumer[79] (1958: 4). Devemos, portanto, distingui-lo do preconceito bem-humorado, que alimentou, durante anos, a crônica jornalista carioca de estereótipos raciais, nacionais e regionais, principalmente contra baianos, mineiros, paulistas e portugueses. A este último, ao que parece, faltavam ódio e medo, e sobravam arrogância e rivalidade.

O moderno preconceito contra os nordestinos, em São Paulo, portanto, une o velho preconceito regionalista à xenofobia moderna contra as minorias migrantes.

---

[79] Segundo esse autor, quatro sentimentos estão sempre presentes no preconceito racial: "São eles: 1) um sentimento de superioridade; 2) um sentimento de que a raça subordinada é intrinsecamente diferente e estranha; 3) um sentimento de propriedade sobre certas áreas de privilégios e vantagens sociais; 4) um medo ou suspeita de que a raça subordinada almeje as prerrogativas da raça dominante" (Blumer, 1958: 4).

5. DEMOCRACIA RACIAL: O IDEAL, O PACTO E O MITO[80]

O mytho é o nada que é tudo
O mesmo sol que abre os céus
É um mytho brilhante e mudo...

Fernando Pessoa

Os estudiosos das relações raciais no Brasil ficam sempre intrigados com a origem e a disseminação do termo "democracia racial". A começar pelo simples fato de a expressão, atribuída a Gilberto Freyre,[81] não ser encontrada em suas obras mais importantes e de não aparecer na literatura a não ser tardiamente, nos anos 1950.

Ademais, por que empregar uma metáfora política para referir-se às relações sociais entre brancos e negros? Por que tal locução passou a exprimir tão perfeitamente um pensamento que conceitos anteriores, cunhados pelos cientistas sociais — como "sociedade multirracial de classes", empregado por Pierson (1942) ou "relações raciais harmoniosas", usado pela UNESCO (Maio, 1997) — foram incapazes de expressar? Essas são algumas das indagações que procuro responder neste artigo.

---

[80] Este texto é uma versão mais completa e revista do artigo do mesmo nome publicado em *Novos Estudos Cebrap*, nº 61, novembro de 2001, pp. 147-62, e do texto, também homônimo, preparado para o Encontro Anual da ANPOCS, Caxambu, 2001. Agradeço a Antônio Flávio Pierucci, Elide Bastos, Michel Agier e Lilia Schwarcz pelos comentários.

[81] Ver Souza (2000: 136): "Gilberto teria sido o criador do conceito de 'democracia racial', o qual agiu como principal impedimento da possibilidade de construção de uma consciência racial por parte dos negros". Ver também Souza (2000a). Para uma interpretação da gênese da idéia (não do termo) de "democracia racial" em Gilberto Freyre, ver Elide Rugai Bastos (2001).

Sem ter consultado sistematicamente documentos ou jornais da época, mas concentrando-me na produção jornalística e acadêmica de alguns intelectuais pioneiros no estudo das "relações raciais", busquei primeiramente traçar a cronologia de cunhagem do termo "democracia racial".

Ao que parece o termo foi usado pela primeira vez por Roger Bastide num artigo publicado no *Diário de S. Paulo* em 31 de março de 1944, no qual se reporta a uma visita feita a Gilberto Freyre, em Apipucos. Teria Bastide cunhado a expressão ou a ouvido de Freyre? Provavelmente, trata-se de uma tradução livre das idéias de Freyre sobre a democracia brasileira.

Como é sabido, Gilberto Freyre, em suas conferências na Universidade do Estado de Indiana, no outono de 1944, ou seja entre setembro e dezembro, usou a expressão sinônima — "democracia étnica"—, para referir-se à catequese jesuíta:

> "[...] mas o seu sistema excessivamente paternalista e mesmo autocrático de educar os índios desenvolveu-se às vezes em oposição às primeiras tendências esboçadas no Brasil no sentido de uma democracia étnica e social" (Freyre, 1947: 78).

Na verdade, como veremos em seguida, a expressão de Freyre parece datar de novembro de 1943, quando se refere à tradição democrática baiana. A origem da idéia de democracia em Freyre, no entanto, já desvendada por Elide Rugai Bastos (2001), remonta a sua crença num suposto caráter ibérico da civilização brasileira.

Mais ainda: a disseminação e aceitação política da expressão "democracia racial" pode surpreender os militantes de hoje, tendo sido ela de uso corrente no movimento negro dos anos 1950. Abdias do Nascimento, por exemplo, em sua fala inaugural ao I Congresso do Negro Brasileiro, dizia em agosto de 1950:

> "Observamos que a larga miscigenação praticada como imperativo de nossa formação histórica, desde o início da colonização do Brasil, está se transfor-

mando, por inspiração e imposição das últimas conquistas da biologia, da antropologia, e da sociologia, numa bem delineada doutrina de democracia racial, a servir de lição e modelo para outros povos de formação étnica complexa conforme é o nosso caso" (1950 *apud* 1968: 67).

Na literatura acadêmica especializada, no entanto, o uso primeiro parece caber a Charles Wagley. "O Brasil é renomado mundialmente por sua democracia racial", escrevia Wagley, em 1952, na "Introdução" ao primeiro volume de uma série de estudos sobre relações raciais no Brasil, patrocinados pela UNESCO (Wagley, 1952). Ao que parece, Wagley introduziu na literatura sobre "relações raciais" a expressão que se tornaria não apenas célebre, mas a síntese do pensamento de toda uma época e de toda uma geração de cientistas sociais. Como veremos adiante, Gilberto Freyre (1969 [1933], 1936) não pode ser responsabilizado integralmente, nem pelas idéias nem pelo seu rótulo; ainda que fosse o inspirador da "democracia racial", evitou, no mais das vezes, nomeá-la assim, tendo-a conservado, ademais, com um significado bastante peculiar.

A IDÉIA DE UM PARAÍSO RACIAL

A idéia de que o Brasil era uma sociedade sem "linha de cor", ou seja, uma sociedade sem barreiras legais que impedissem a ascensão social de pessoas de cor a cargos oficiais ou a posições de riqueza ou prestígio, era já uma idéia bastante difundida no mundo, principalmente nos Estados Unidos e na Europa, bem antes do nascimento da sociologia. Tal idéia, no Brasil moderno, deu lugar à construção mítica de uma sociedade sem preconceitos e discriminações raciais. Mais ainda: a escravidão mesma, cuja sobrevivência manchava a consciência de liberais como Nabuco, era tida pelos abolicionistas americanos, europeus e brasileiros, como mais humana e suportável, no Brasil, justamente pela ausência dessa linha de cor.[82]

Célia Marinho de Azevedo (1996) registra a intervenção de Frederick Douglas, numa palestra em 1858, em Nova York:

> "Mesmo um país católico como o Brasil — um país que nós, em nosso orgulho, estigmatizamos como semibárbaro — não trata as suas pessoas de cor, livres ou escravas, do modo injusto, bárbaro e escandaloso como nós tratamos. (...) A América democrática e protestante faria bem em aprender a lição de justiça e liberdade vinda do Brasil católico e despótico" (*apud* Azevedo, 1996: 155).

Célia Azevedo registra ainda a opinião do francês Quentin, em 1867, segundo a qual "o que facilitará singularmente a transição [para o trabalho livre] no Brasil é que lá não existe nenhum preconceito de raça". (*apud* Azevedo, 1996: 156). Do mesmo modo, para o período pós-abolicionista, Hellwig (1992) alinhava uma série de artigos escritos por afro-americanos, entre 1910 e 1940, reafirmando a crença generalizada num país sem preconceitos ou discriminações raciais, no qual o valor e o mérito individual não seriam empanados pela pertença racial ou pela cor.

É verdade que na fala transcrita acima, Douglas contrasta a democracia e o senso de injustiça americanos, por um lado, com o despotismo e a justiça brasileiros, por outro lado, no trato dado aos homens de cor. Mas não vai além disso. Não usa a palavra "democracia" para referir-se a relações sociais. Democracia guarda seu sentido puramente político, referindo-se tão-somente à forma de governo.

Os historiadores fazem bem em tratar essa utopia como o "mito do paraíso racial", pois, na verdade, a expressão "demo-

[82] Ver Azevedo (1994) sobre a opinião de Ruy Barbosa, Joaquim Nabuco, André Rebouças e outros sobre o caráter das relações raciais no Brasil.

cracia racial", além de mais recente, está envolta numa teia de significados muito específica.

Nos anos 1930, quando se organiza pela primeira vez o movimento político negro no Brasil — a Frente Negra Brasileira —, essa utopia não será posta em dúvida, pelo menos de imediato. Em sua "Mensagem aos negros americanos", Manoel Passos (1942), presidente da União Nacional dos Homens de Cor, prefere, por exemplo, salientar o abandono a que está relegada a população negra, sua falta de instrução e seus costumes arcaicos, como responsáveis pela situação de "degenerescência" dos negros. Até mesmo o "preconceito de cor", de que se ressentem os negros, é parcialmente atribuído à fraqueza moral das populações negras.[83]

Esta autoflagelação só será revertida com a democratização do país, em 1945, quando surgem novas organizações negras, as quais serão, de certo modo, incorporadas pela Segunda República. Incorporadas no sentido de que funcionarão livremente, além de influenciarem a vida nacional em termos culturais, ideológicos e políticos. O Teatro Experimental do Negro (TEN), formado em 1944, é sem dúvida a principal dessas organizações.

O "ITINERÁRIO DA DEMOCRACIA" DE ROGER BASTIDE

A história da expressão de que estamos tratando começa um pouco antes do fim da Segunda Guerra.

Roger Bastide empreende em 1944 a sua primeira viagem ao Nordeste brasileiro. As impressões recolhidas nessa viagem, muito influenciadas pela leitura de Freyre, ajudaram a formar a sua primeira percepção das relações raciais no Brasil. Essas im-

---

[83] Bastide e Fernandes (1955) se referem a tal fenômeno como "puritanismo negro". Fernandes (1965) explora a lógica própria ao "preconceito de cor".

pressões serão modificadas apenas nos 1950, a partir do momento em que Bastide se engaja com Florestan Fernandes numa pesquisa de campo sobre "brancos e negros em São Paulo", patrocinada pela UNESCO e pela *Revista Anhembi.*

Bastide colabora então regularmente com a imprensa diária paulista e de outros estados brasileiros, engajando-se em fértil diálogo com o mundo artístico e intelectual local (Peixoto, 2000). Em março de 1994, nos dias 17, 24 e 31, Bastide publica no *Diário de S. Paulo* uma série de artigos que intitula "Itinerário da democracia", produto de suas visitas a Bernanos, Jorge Amado e Gilberto Freyre, no Rio de Janeiro, Salvador e Recife, respectivamente. O Brasil encontra-se alinhado aos Estados Unidos, Grã-Bretanha e Rússia na guerra contra o Eixo, enquanto a França continua ocupada pelas tropas alemães. O mundo está então dividido entre a democracia e o fascismo.

No primeiro desses artigos, Bastide nos explica que essa fora "uma viagem ideológica, através das conversações, na qual cada grande capital visitada constituía como que uma etapa neste caminho da ideologia democrática" (Bastide, 1944). O encontro com Bernanos, no Rio, serve de pretexto para Bastide explorar a idéia universal de democracia representativa. Bernanos, cristão militante, que ajudara a organizar a resistência francesa a partir do Rio, pelas ondas da BBC de Londres, teria uma compreensão eminentemente moral da democracia, estendendo-a para além da idéia de direitos civis, no sentido da ética da ação política. Mas, para nós, o decisivo, nesse artigo, é que Bastide inclui o Brasil no rol das nações democráticas não pela obediência a certa ética pública ou mesmo pela garantia ao exercício de liberdades civis, mas pelo fato deste, ao engajar-se na guerra contra o fascismo na Europa compartilhar uma certa "concepção da vida e da dignidade do homem" (Bastide, 1944).

O segundo artigo, dedicado ao encontro com Jorge Amado em Salvador, versa, ao contrário, sobre algo mais concreto: a constituição do povo e da cultura popular, os sujeitos e a forma estética da democracia brasileira. Bastide (1944a) começa o artigo com uma rápida referência ao romance *Jubiabá*, de Jorge Amado, "onde ele mostra como pouco a pouco o negro, no lugar de procurar uma compensação para o seu labor cotidiano na mística, que o separa do branco, fixando-o numa tradição africana, volta-se para o sindicalismo que o agrega a seus companheiros de trabalho, o funde numa comunhão que ultrapassa a raça para dar-lhe uma outra mentalidade que é a classe". Bastide argumenta, em seguida, que o povo, para Amado, não se resume aos proletários, a uma categoria econômica, mas se expressa na alegria da festa: "O povo é o conjunto dos proletários, sem dúvida, mas considerado como alegria de festa, como criador de valores estéticos, como mantenedor de uma certa cultura, muitas vezes a mais saborosa de todas as culturas". Jorge Amado, o comunista que luta pela liberdade, teria lhe ensinado a lição de que a democracia "é igualmente o nascimento de uma cultura".

No terceiro e último artigo da série, dedicado ao encontro com Gilberto Freyre, no Recife, Bastide reflete sobre a ordem social própria à democracia brasileira, ordem que seria baseada na ausência de distinções rígidas entre brancos e negros. É nesse contexto que aparece, pela primeira vez, a expressão "democracia racial". Reconstituamos a cena:

> "Regressei para a cidade de bonde. O veículo estava cheio de trabalhadores de volta da fábrica, que misturavam seus corpos fatigados aos dos passeantes que voltavam do parque dos Dois Irmãos. População de mestiços, de brancos e pretos fraternalmente aglomerados, apertados, amontoados uns sobre os outros, numa enorme e amistosa confusão de braços e pernas. Perto de mim, um preto exausto pelo esforço do dia, deixava cair sua cabeça pesada, coberta de suor e adormecida, sobre o ombro de um empregado de escritório, um branco que ajeitava cuidadosamente suas espáduas de maneira a receber esta cabeça como num ninho, como numa carícia. E isso constituía uma bela imagem da *democracia social e racial* que Recife me oferecia no

meu caminho de regresso, na passagem crepuscular do arrebalde pernambucano" (Bastide, 1944b).

Vê-se, portanto, que a democracia brasileira, tal como Bastide a pensa em 1944, é antes de tudo "social e racial". "Social", entretanto, num sentido muito preciso, que nada tem a ver com os direitos sociais a que se refere Marshall (1965). Seria, antes, a constituição de uma ordem social em que a "raça" teria evoluído para a "classe", mas na qual o "povo" daí resultante não teria copiado a expressão cultural pequeno-burguesa, européia e puritana, tal como nos Estados Unidos, mas construído uma forma original de cultura miscigenada, livre e festiva. A democracia a que Bastide se refere, inspirada em Freyre e Amado, não pode ser reduzida a direitos e liberdades civis, mas alcançaria uma região mais sublime: a liberdade estética e cultural, de criação e convívio miscigenado.

Muito interessante, e ademais decisivo, é que Bastide, ao contrário de Freyre, ao referir-se a essa ordem use o adjetivo "racial" para denominá-la, mesmo depois de reconhecer a evolução da "raça" para a "classe". Tal referência à mistura social e à miscigenação entre brancos e negros como "racial" mostra como era artificial a pretendida abolição (acadêmica) das raças, a sua evolução para "classes" e a regra acadêmica de tratá-las como "etnias". Na linguagem dos jornais e da política, mais próxima do senso comum e dos sentidos "nativos", será a "democracia racial" e não "democracia étnica" que prevalecerá.

O CONSENSO RACIAL-DEMOCRÁTICO

No pós-guerra, a grande novidade que representou a vulgarização do conceito de "cultura", cunhado pelas ciências sociais, em detrimento do conceito biológico de "raça", será a de negar o caráter irreversível da inferioridade intelectual, moral e psicológica dos negros. Não o de negar tal inferioridade, senão de transferi-la para o plano da cultura, tornando-a passageira e reversível. No nível do senso comum, a desmoralização da idéia de raça não significará o fim imediato dos estereótipos que atingiam a população negra — estes se manterão razoavelmente intactos, perdendo talvez o seu caráter de imutabilidade —; representará, isto sim, uma arma poderosa de incorporação dos mestiços — mulatos, pardos, principalmente morenos — aos espaços econômico, simbólico e ideológico da nação (incluindo aí a reivindicação de direitos civis e sociais). O TEN atuará no sentido de ampliação desses espaços, para aí incluir o negro.

A princípio, nos 1940 e 1950, o negro brasileiro, na representação que dele fazem os seus líderes, continuará sendo culturalmente mestiço e híbrido;[84] mas com o correr do tempo ganhará, cada vez mais, uma essência negra, culturalmente "africana". Por isso tem razão Maués (1988) ao notar a ambigüidade do discurso tecido pelas principais lideranças do TEN nos anos 1940 e 1950, que oscila entre a busca da superação das práticas culturais ditas "africanas" e "retrógradas" da população negra brasileira, por um lado, e, por outro lado, a afirmação de um certo *ethos* negro, também "africano", de emotividade e expressividade, que se manifestaria espontaneamente nas artes.

É preciso também lembrar que o TEN foi gerado no ambiente de crítica ao Estado Novo e de mobilização intelectual para a construção de uma ordem democrática mais inclusiva. Os que estavam no TEN pertenciam à mesma geração nacionalista que reinventou a nacionalidade brasileira, seu povo e sua cultura (Tavares, 1988). Foi essa também a geração que propugnou não apenas por um desenvolvimento econômico e social auto-sustentado, como por uma economia e sociologia propriamente brasileiras. Vem desse vínculo comum a conformidade de pontos de vis-

---

[84] Para ilustrar o ideal de sincretismo no meio negro, Maués (1988: 92) cita um texto do jornal negro O *Quilombo* (ano I, nº 3, junho de 1949), que justifica o concurso da Rainha das Mulatas como sendo "uma iniciativa em prol da valorização estética e social das qualidades mestiças de nossa civilização".

ta, em algumas matérias, entre os intelectuais do TEN e os intelectuais nacionalistas como Florestan Fernandes, Paulo Prado, Gilberto Freyre e os escritores regionalistas. Maués (1988) chama-nos a atenção para algumas dessas coincidências. Mas tal conformidade se rompeu em dois pontos capitais: a apropriação e reinvenção da "cultura afro-brasileira" pelos antropólogos e artistas "brancos", e o discurso sobre a participação do negro na sociedade brasileira, em particular a discussão sobre a existência ou não do preconceito racial no Brasil.

A crença na democracia racial, ao menos como ideal, pertence à zona de coincidência de pensamento a que estou me referindo. Assim, por exemplo, em 13 de maio de 1955, ao encerrar a "Semana de Estudos sobre Relações de Raça", o Teatro Experimental do Negro reitera a opinião da mencionada fala de Nascimento (1950), numa Declaração de Princípios, na qual se lê no parágrafo *h* das considerações: "considerando que o Brasil é uma comunidade nacional onde tem vigência os mais avançados padrões de democracia racial, apesar da sobrevivência, entre nós, de alguns restos de discriminação". A expressão também aparece no item 5 da declaração: "[...] possam contribuir para a preservação das sadias tradições da democracia racial no Brasil [...]" (Nascimento, 1968: 56).

Na verdade, em meado dos anos 1950, ao lado de conceitos como "povo" e "nacionalidade", a noção de "democracia" é central no léxico político brasileiro (Tavares, 1988). Ela tem um poder semântico do qual nenhum grupo político pode prescindir, pois marca o afastamento destes seja da ditadura varguista, seja do fascismo e do nazismo derrotados na Segunda Guerra. À medida, porém, que os anos avançam, e com eles recrudescem a guerra fria e o anticomunismo, acirra-se também a crítica da esquerda à democracia representativa e cresce em seu seio a idéia de democracia como mistificação formal e ideológica. Mas, nos anos 1950, ainda prevalece o consenso democrático. A democracia, entretanto, já começa a ser adjetivada, algo que atinge seu ápice nos 1960: democracia política, econômica, social, cooperativista, socialista, positiva, étnica e (por que não?) racial. São os agrupamentos políticos unidos na luta antifascista, que procuram agora se diferenciar e traçar, através dos adjetivos, a sua trajetória particular.

No caso que nos interessa mais de perto aqui, a democracia "social e étnica" de que falava Freyre, em 1943[85], ou a "democracia social e racial" como disse Bastide, em 1944, transformam-se, nos 1950, em democracia racial *tout court*, em referência direta aos conflitos raciais que começam a rasgar o racismo legal dos Estados Unidos. Ao contrário de lá, pensavam *scholars* e militantes, já tínhamos um legado de democracia racial desde a Abolição. Para os movimentos negros, entretanto, a abolição não fora completa, pois não representara a integração econômica e social do negro à nova ordem capitalista: tanto para a geração dos 1930 (a Frente Negra Brasileira), quanto para a geração dos 1950 (o TEN), seria necessária uma segunda Abolição.

É justamente em torno da utopia de uma Segunda Abolição, na qual se realizaria plenamente a democracia racial, que se dá a mobilização política dos negros. É preciso que se note a ambigüidade no emprego deste termo, especialmente por parte dos negros: por um lado, falar em democracia racial significava afirmar o direito pleno a algo que não havia ainda se materializado, mas que se poderia reivindicar a qualquer momento — nisso residia o seu lado progressista; o seu aspecto conservador ficava por conta de que tal igualdade, não consubstanciada em termos de oportunidades de vida, ficava como promessa cujo fado se cumpre ao prometer.

Portanto, ao lado do consenso sobre a democracia racial, havia diferenças entre a intelectualidade negra rebelde e o *establishment* cultural da Segunda República. Do ponto de vista dos negros, são duas as principais tensões: a crítica ao exotismo negro que seria cultivado pelas ciências sociais, a crítica aos intelectuais "brancos" que negavam a existência do preconceito racial no Brasil e a necessidade de uma Segunda Abolição.

---

[85] Ver Freyre (1944: 30). Embora a publicação seja de 1944, a conferência foi proferida em 1943, como veremos adiante.

O projeto sobre relações raciais no Brasil, que a UNESCO patrocinou entre 1952 e 1955, galvanizou o debate em torno dessas divergências.[86] Rapidamente a discussão se polarizou em torno da existência ou não do "preconceito racial" no Brasil. Isso porque Bastide e Fernandes como que não aceitavam a conclusão de Wagley, segundo a qual, no Brasil, "em todo seu imenso território semi-continental a discriminação e o preconceito raciais estão sob controle, ao contrário do que acontece em muitos outros países" (Wagley, 1952: 7). Ao contrário, Bastide e Fernandes tratavam a "democracia racial" a que se referia Charles Wagley, não como algo que existisse concretamente, mas apenas como um padrão ideal de comportamento. Bastide escreve:

> "'Nós brasileiros, dizia-nos um branco, temos preconceito de não ter preconceito. E esse simples fato basta para mostrar a que ponto [o preconceito racial] está arraigado no nosso meio social'. Muitas respostas negativas [que dizem não haver preconceito racial no Brasil] explicam-se por esse preconceito de ausência de preconceito, por esta fidelidade do Brasil *ao seu ideal de democracia racial*" (Bastide e Fernandes, 1955: 123, grifos e colchetes meus).

Ou seja, Bastide e Fernandes não vêem problemas em conciliar a realidade do "preconceito de cor" ao ideal da "democracia racial", tratando-os, respectivamente, como prática e norma sociais, as quais podem ter existências contraditórias, concomitantes e não necessariamente excludentes. De fato, como veremos em seguida, trata-se de um alargamento da noção de "democracia social e étnica" de Gilberto Freyre. Em Bastide dos anos 1950, "democracia racial" significa um ideal de igualdades de direitos e não apenas de expressão cultural, artística e popular.

---

[86] Para uma análise detalhada do que foram os estudos patrocinados pela UNESCO no Brasil dos anos 1950, ver Maio (1997).

A atitude de Bastide e Fernandes já existia, de fato, na prática dos intelectuais negros, como Abdias do Nascimento e Guerreiro Ramos, que justificavam seus objetivos políticos de desmascaramento da discriminação racial e de desrecalque da "massa negra" em termos daquele ideal. Nota-se, assim, que o debate acerca da existência ou não do preconceito racial no Brasil ainda não punha em causa o consenso sobre a "democracia racial", mesmo que polarizasse o seu significado.

A "DEMOCRACIA SOCIAL E ÉTNICA" E A DENÚNCIA DO "MITO DA DEMOCRACIA RACIAL"

Na sociologia moderna, Gilberto Freyre foi o primeiro a retomar a velha utopia do paraíso racial, cara ao senso comum dos abolicionistas, dando-lhe uma roupagem científica. Em 1936, em *Sobrados e mucambos*, Freyre chega mesmo a retomar as imagens de "aristocracia" e "democracia" para contrastar a rigidez da organização patriarcal e a flexibilidade das relações entre raças:

> "Até o que havia de mais renitentemente aristocrático na organização patriarcal de família, de economia e de cultura foi atingido pelo que sempre houve de contagiosamente democrático ou democratizante e até anarquizante, no amalgamento de raças e culturas e, até certo ponto, de tipos regionais, dando-se uma espécie de despedaçamento das formas mais duras, ou menos plásticas, por excesso de trepidação ou inquietação de conteúdos" (Freyre, 1936: 355).

Entretanto, a cunhagem da expressão "democracia étnica", por Gilberto Freyre, surge no contexto da sua militância contra o integralismo. Seguidas agressões a Freyre, no Recife, culminaram, em setembro de 1943, num contundente manifesto, de cunho integralista, assinado pelo Diretório dos Estudantes da Universidade de Direito do Recife, que tenta desmoralizá-lo.[87] A mobilização das forças democráticas e de esquerda em defesa de Gilberto foi imediata. Entre estas, estava a União de Estudantes da Bahia, logo secundada por várias instituições baianas, que convidou Freyre, para uma visita a Salvador, oportunidade em que lhe seriam prestadas diversas homenagens de desagravo. O convite foi aceito em novembro do mesmo ano e, no dia 26, Gilberto leu a primeira de suas conferências na Faculdade de Medicina da Bahia. Em seu elogio à Bahia e à matriz luso-brasileira de sua cultura, diz Gilberto:

> "Encontram-se aqui [na Bahia] esses resultados num clima em que nenhuma região do Brasil é mais doce, de democracia étnica, inseparável da democracia social. E sem democracia social, sem democracia étnica, sem democracia econômica, sem democracia sócio-psicológica — a dos tipos que se combinam livremente em expressões novas, admitidas, favorecidas e estimadas pela organização social e da criatura — que pode ser senão um artifício a simples democracia política?" (Freyre, 1944: 30).

Observe-se que "democracia" deixa de ser contrastada à "aristocracia" e passa a sê-lo ao "fascismo". O primeiro termo é associado ao anti-racismo e o segundo, ao racismo nazi-fascista; o primeiro, à tradição brasileira, o segundo, ao antibrasileirismo.

---

[87] Gilberto descreve assim o clima vivido por ele no Recife dos anos 1940, respondendo aos estudantes baianos que organizam os eventos em desagravo a tais ataques: "Não se trata de desagravo nenhum. Pois a palavra 'desagravo' só faria dar a honra de agravo à insignificante campanha contra mim num Recife amedrontado como o de hoje: ameaças de agressões na impossibilidade de se repetir a prisão do ano passado que encontrou reação inesperada; boletins anônimos; pixamento dos muros da casa de minha família com palavras obcenas pintadas não por muleques afoitos de rua, mas por sherloks-mirins a serviço não só de nazistas indígenas como de jesuítas estrangeiros tão inimigos da água quanto do Brasil e do próprio clero brasileiro" (Freyre, 1944: 80).

Junta-se à tensão da guerra na Europa a tensão regionalista, para definir-se o conteúdo "social" da democracia brasileira. Mais que isto: tudo que não é genuinamente luso-brasileiro, misturado, sincrético, é visto como um perigo para a jovem democracia brasileira.[88] Isso fica melhor explicitado no trecho abaixo:

> "Nesse sentido a recente demonstração de energia cívica da Bahia, sua magnífica ostentação de espírito político preocupado não apenas com o estreito destino da Bahia estadual mas do vasto mundo brasileiro que no Rio Grande do Sul se denomina compreensivelmente Baía, creio que ficará histórica. Marca bem o início de um período novo na história da cultura brasileira. A velha 'Virginia do Império' se levanta com um novo sentido imperial de sua força, de seu matriarcado e de sua fecundidade política e intelectual: o imperialismo da democracia sobre trechos do Brasil ainda indecisos entre essa tradição genuinamente nossa e o racismo violentamente anti-brasileiro, o nazi-jesuitismo, o fascismo sob disfarces sedutores, inclusive o da 'hispanidade'" (Freyre, 1944a).

Elide Rugai Bastos (2001) pode nos elucidar o sentido exato de "democracia social e étnica" em Freyre. Nos dias de hoje, em que a idéia de democracia está intimamente ligada à idéia de direitos civis e individuais, de caráter universal, falar de "democracia étnica" ou "racial" poderia até nos levar a associar tais expressões aos direitos de representação e autenticidade de minorias étnicas ou raciais. Nada mais contrário a Freyre. Assim como para as gerações literárias espanholas de 1898 ou 1914,

> "em Gilberto, esse caráter [ibérico] responsável pela

---

[88] A conferência "Uma cultura ameaçada: a luso-brasileira", proferida por Freyre em 1940 no Gabinete Português de Leitura, no Recife, ilustra tais tensões regionais e nacionalistas.

harmonia social, leva a que a democracia política passe a segundo plano, uma vez substituída pela democracia étnica/social. Mais ainda, justifica a não adoção, no Brasil, de medidas sociais e políticas universais, pois as mesmas não caberiam em uma sociedade marcada pela heterogeneidade, caracterizada por uma formação não tipicamente ocidental" (Bastos, 2001: 62).

Freyre forja a idéia de "democracia social" ainda nos anos 1930, contra o fato patente da ausência de democracia política, quer no Brasil ou em Portugal. Ou seja, põe-se o desafio de traçar a inserção luso-brasileira no concerto das nações democráticas, contra todas as semelhanças e simpatias dos regimes autocráticos de Vargas e de Salazar com o fascismo. Sua linha de argumentação apóia-se no fato de que a cultura luso-brasileira é não apenas mestiça, como recusa a pureza étnica, característica dos regimes fascistas e nazistas da Itália e da Alemanha. Do ponto de vista "social", portanto, estes regimes seriam democráticos, posto que promovem a integração e a mobilidade social de pessoas de diferentes raças e culturas. Para usar as suas palavras, trata-se de "democracia social, essencial, humana, quero dizer; pouco me preocupa a política" (Freyre, 1940: 51).

Quanto à "democracia racial", Freyre não usa tal expressão senão em 1962, quando no auge da sua polêmica defesa do colonialismo português na África, e no bojo da construção teórica do que chamará de luso-tropicalismo, julga conveniente atacar o que ele considerava como influência estrangeira sobre os negros brasileiros, particularmente o conceito de "negritude", cunhado por Aimé Cesaire, Leopold Senghor, Franz Fanon e outros, e reelaborado por Guerreiro Ramos e Abdias do Nascimento (Bastide, 1961). Em discurso no Gabinete Português de Leitura, naquele ano, dirá Freyre:

> "Meus agradecimentos a quantos, pela sua presença, participam este ano, no Rio de Janeiro, da comemoração do Dia de Camões, vindo ouvir a palavra de quem, adepto da 'vária cor' camoneana, tanto se opõe

> à mística da 'negritude' como ao mito da 'branquitude': dois extremos sectários que contrariam a já brasileiríssima prática da democracia racial através da mestiçagem: uma prática que nos impõe deveres de particular solidariedade com outros povos mestiços. Sobretudo com os do Oriente e os das Áfricas Portuguesas. Principalmente com os das Áfricas negras e mestiças marcadas pela presença lusitana" (Freyre, 1962).

Antes disso, nas diversas oportunidades em que tratara, nos anos 1940 e 1950, da presença negra e da democracia brasileira, Freyre adjetivou de diversos modos a democracia, mas nunca como "racial". Nos textos desses anos, ele fala em democracia política, econômica, sociopsicológica, social e étnica, quer trate de assuntos políticos, quer trate de temas culturais e nacionais. Apenas a partir de 1943 e 1944, como vimos, fala em "democracia étnica", retomando a expressão, em 1961, no contexto de exposição do luso-tropicalismo:

> "Mais do que nunca saberá de certo o Português conservar-se fiel às inspirações henriquinas, em vez de procurar, já agora arcaicamente, seguir, naquelas relações, normas de povos estritamente europeus — e o Português, sobretudo depois de D. Henrique, não é povo estritamente europeu — com não-europeus. Seria um desvio perigoso de tradições vindas dos dias daquele príncipe e desenvolvidas principalmente no Brasil: um Brasil tão henriquino no seu desenvolvimento em democracia étnica e em democracia social" (Freyre, 1961).

Sem ter cunhado a expressão, e mesmo avesso a ela, já que evocava uma contradição em seus termos, mas grandemente responsável pela legitimação científica da afirmação da inexistência de preconceitos e discriminações raciais no Brasil, Freyre manteve-se relativamente longe da discussão enquanto a idéia de "democracia racial" permaneceu relativamente consensual, seja como tendência da sociedade brasileira, seja como padrão ideal de relação entre as raças no Brasil. Ou seja, enquanto a luta antifascista e a luta anti-racista o aproximou da esquerda e dos escritores e políticos progressistas brasileiros. Quando, entretanto, a situação polarizou-se na África, com as guerras de libertação, e no Brasil, com o avanço ideológico da "negritude" e do movimento pelas reformas sociais, Freyre passou a louvar a "democracia racial" ou "étnica" como prova da excelência da cultura não apenas luso-brasileira, mas luso-tropical. Ironicamente, tratará a "negritude" como um mito ou mística racial:

> "Palavras que ferindo o que Angola tem de mais democrático — a sua democracia social através daquela mestiçagem que vem sendo praticada por numerosos luso-angolanos, ao modo brasileiro — fere o Brasil; e torna ridícula — supremamente ridícula — a solidariedade que certos diplomatas, certos políticos e certos jornalistas do Brasil de hoje pretendem, alguns do alto de responsabilidades oficiais, que parta de uma população em grande parte mestiça, como a brasileira, a favor de afroracistas. Que afinidade com esses afroracistas, cruamente hostis ao mais precioso valor democrático que vem sendo desenvolvido pela gente brasileira — a democracia racial — pode haver da parte do Brasil? Tais diplomatas, políticos e jornalistas, assim procedendo, ou estão sendo mistificados quanto ao afroracismo, fantasiado de movimento democrático e de causa liberal, ou estão sendo eles próprios mistificadores dos demais brasileiros. Nós, brasileiros, não podemos ser, como brasileiros, senão um povo por excelência anti-segregacionista: quer o segregacionismo siga a mística da 'branquitude', quer siga o mito da 'negritude'. Ou o da 'amarelitude'" (Freyre, 1962).

Os acontecimentos políticos posteriores, principalmente, a vitória das forças conservadoras, em 1964, farão prevalecer a idéia de Freyre de que a "democracia racial" já estava plenamente realizada no plano da cultura e da mestiçagem, enfim, da formação nacional.[89]

Numa época de tantos e diversos tipos de democracia — política, econômica, social, racial, étnica etc. — algumas teriam que ser consideradas falsas e outras verdadeiras. Em 1964, no contexto do rompimento da democracia brasileira justamente em nome da preservação dos valores e ideais democráticos, estava finalmente madura a idéia de que a "democracia racial" mais que um ideal era um mito; um mito racial, para usarmos as palavras de Freyre. O autor dessa expressão foi justamente alguém que já dialogava criticamente com a obra e as idéias de Freyre desde o início de sua formação acadêmica: Florestan Fernandes[90].

Utilizando-se do mesmo contraste entre "aristocracia" e "democracia" e do mesmo conceito de "mito" usado por Freyre, o diálogo com este não poderia ser mais explícito:

> "Portanto, as circunstâncias histórico-sociais apontadas fizeram com que o mito da 'democracia racial' surgisse e fosse manipulado como conexão dinâmica dos mecanismos societários de defesa dissimulada de atitudes, comportamentos e ideais 'aristocráticos' da 'raça dominante'. Para que sucedesse o inverso, seria preciso que ele caisse nas mãos dos negros e dos mulatos; e que estes desfrutassem de autonomia social equivalente para explorá-lo na direção contrária, em vista de seus próprios fins, como um fator de democratização da riqueza, da cultura e do poder" (Fernandes, 1965: 205).

---

89 Sobre mestiçagem, ver o livro de Kabengele Munanga (1999).

90 Florestan defende, em 1964, sua tese de titular da Cadeira de Sociologia I da Universidade de São Paulo, *A integração do negro na sociedade de classes*, publicada no Boletim nº 301, Sociologia I, nº 12, da FFLCH, no mesmo ano. Ainda em 1964, Florestan faz uma conferência no Curso de Introdução ao Teatro Negro sobre o mito da democracia racial.

O rompimento do pacto democrático que vigeu entre 1945 e 1964 e que incluiu os negros, seja como movimento organizado, seja como elemento fundador da nação, parece ter decretado também a morte da "democracia racial" daqueles anos. Doravante, ainda que aos poucos, os militantes políticos e ativistas negros referirão tanto as relações entre brancos e negros, quanto o padrão ideal destas relações como o "mito da democracia racial". O objetivo era claro: opor-se à ideologia oficial patrocinada pelos militares e propalada pelo luso-tropicalismo.

Abdias do Nascimento, em 1968, a poucos dias de partir para o exílio, já fala em "logro":

> "O status de raça, manipulado pelos brancos, impede que o negro tome consciência do logro que no Brasil chamam de democracia racial e de cor" (Nascimento, 1968: 22).

Ainda em 1968, em depoimento em evento organizado pelos *Cadernos Brasileiros* (nº 47, 1968, p. 23), ficam claras as tensões entre Abdias do Nascimento e a esquerda nacionalista, sinalizando o fim da "democracia racial" enquanto compromisso político. Ali, já aparece o uso da "negritude" em sentido multiculturalista e em sua pretensão ecumênica:

> "Entendo que o negro e o mulato — os homens de cor — precisam, devem ter uma contra-ideologia racial e uma contra-posição em matéria econômico-social. O brasileiro de cor tem de se bater simultaneamente por uma dupla mudança: a) a mudança econômico-social do país; b) a mudança nas relações de raça e cor. Aqui entra a Negritude como conceito e ação revolucionários. Afirmando os valores da cultura negro-africana contida em nossa civilização, a Negritude está afirmando sua condição ecumênica e seu destino humanístico. Enfrenta o reacionário contido na configuração de simples luta de classe do seu complexo econômico-social, pois tal simplificação é uma forma de im-

pedir ou retardar sua conscientização de espoliado por causa da cor e da classe pobre a que pertence".

Em 1977, retornando do exílio, Abdias escreve e publica, em Lagos, *The racial democracy in Brazil: myth or reality?*, republicado em 1978, no Brasil, como *O genocídio do negro brasileiro*. No prefácio, Florestan escreve:

> "[Abdias] não fala mais em uma 'Segunda Abolição' e situa os segmentos negros e mulatos da população brasileira como estoques africanos com tradições culturais e um destino histórico peculiares. Em suma, pela primeira vez surge a idéia do que deve ser uma sociedade pluri-racial como democracia: ou ela é democrática para todas as raças e lhes confere igualdade econômica, social e cultural, ou não existe uma sociedade pluri-racial democrática" (Nascimento, 1978: 20).

O NOVO PROTESTO NEGRO E O "MITO DA DEMOCRACIA RACIAL"

O movimento social negro que irrompe na cena política brasileira, em julho de 1978, com o nome de Movimento Negro Unificado Contra a Discriminação Racial, representa realmente algo de novo no sistema político brasileiro.

No entanto, a novidade apontada por Florestan esteve em gestação durante todos os anos 1970, no Brasil, principalmente no Rio de Janeiro e em Salvador, onde amadurecia rapidamente o que Jônatas da Silva (1988) chamou de "auto-afirmação cultural" dos negros. Do mesmo modo, do ponto de vista puramente político, o MNU dos anos 1980 traça o seu passado em continuidade com os movimentos negros dos anos 1930, 1940, 1950 e 1960, numa linha evolutiva em que as rupturas refletiriam apenas o amadurecimento do pensamento negro e o desenvolvimento da sociedade e da nação brasileiras. Ou seja, o MNU não foi um raio em céu azul, nem surgiu fazendo *tábula rasa* do passado.

No Brasil, desmascarar a "democracia racial", em sua versão conservadora, de discurso estatal que impedia a organização das lutas anti-racistas, passa a ser o principal alvo da resistência negra. No entanto, tal resistência vai se dar primeiro e mais desimpedidamente no terreno cultural que no campo mais propriamente político. Isso por diversos motivos, entre os quais os mais importantes são a repressão às atividades políticas e os rumos que toma a política exterior brasileira, nos anos 1960 e 1970, de aproximação com a África negra.

De fato, a política exterior brasileira, em relação à África, vai explorar, justamente, dois trunfos: a "democracia racial" brasileira — o que requer, como vimos, a repressão aos ativistas negros, que a denunciavam como "mito" — e as origens africanas da cultura brasileira — o que levará o Estado a incentivar as manifestações culturais afro-brasileiras, principalmente na Bahia (Agier, 2000; Bacelar, 2001; Santos, 2000).

Nesse jogo de repressão e incentivo, a "cultura negra" e as "origens africanas" passarão a ser os eixos através dos quais se construirá um discurso alternativo ao *marketing* governamental. Ao "sincrético" e "mestiço" procurar-se-á construir o "negro" e a "pureza cultural". Antes, portanto, que surgisse, em 1978, o Movimento Negro Unificado, já estava em atuação nas principais cidades brasileiras um sem-número de entidades culturais negras, todas em busca de afirmação étnica.

O patrocínio à "cultura afro-brasileira", de fato, gerou, e não apenas na Bahia, mas também no Rio de Janeiro, uma espécie de renascimento cultural, que em muito beneficiou a jovem militância negra em formação. Lélia Gonzalez, por exemplo, cita, como fato marcante na formação do MNU, a Semana Afro-Brasileira de 1974, patrocinada pelo CEAA (Centro de Estudos Afro-Asiáticos) e pelo SECNEB (Sociedade de Estudos da Cultura Negra no Brasil), com a exposição de arte e cultura negras. Nesse mesmo ano são fundadas a SIBA (Sociedade de Intercâmbio Brasil-África) e o IPCN

(Instituto de Pesquisa das Culturas Negras), no Rio de Janeiro, e a Confederação Baiana dos Cultos Afro-Brasileiros (que se junta à Federação do Culto Afro-Brasileiro, criada em 1946) e o bloco afro Ilê Ayê, em Salvador. Em 1976 é criado, em Salvador, o Núcleo Cultural Afro-Brasileiro, cujo manifesto é publicado na *Tribuna da Bahia* (15/12/1976) e, no Rio de Janeiro, são criados o Centro de Pesquisas das Culturas Negras e a Escola de Samba Quilombo.

Nesse mesmo ano de 1976, também em Salvador, duas medidas de governo nos dão a medida exata do que mudava no pacto racial-democrático firmado na era Vargas. Primeiro, um decreto do governador do Estado da Bahia põe fim à exigência de licença policial para funcionamento de terreiros de candomblé; segundo, a assinatura de um convênio, entre a Fundação Pró-Memória do Governo Federal, o CEAO (Centro de Estudos Afro-Orientais da UFBA) e o SECNEB, permite a implantação do primeiro currículo multicultural, na escola do Axé Opô Afonjá, ligada ao terreiro do mesmo nome.

Ora, a democracia racial que se implantara no país nos anos 1930, seja como ideal de relações não-discriminatórias e não segregacionistas, seja como pacto político de participação das massas urbanas, seja como integração simbólica dos negros à nação, tal democracia pressupunha o papel subordinado de práticas religiosas de origem africana e o caráter sincrético da contribuição dos negros à cultura nacional: não havia lugar para direitos a identidade ou singularidade. Mas, em meado dos 1970 era a reivindicação de tal identidade e singularidade que começava a ser atendida pelo Estado brasileiro, ao menos no terreno da cultura.

Ou seja, antes que o movimento negro aparecesse na cena política nacional com uma agenda radical de reivindicações antiracistas, a "afirmação cultural" negra já se encontrava bastante madura, protegida justamente por uma política de "democracia racial", que remonta aos anos 1930. O novo, nos anos 1980, como disse Florestan, será a demanda por direito à diferença cultural *pari passu* à demanda por direitos sociais e respeito pelos direitos civis dos negros.

O movimento negro ressurgiu, em 1978, como o fez em 1944, em sintonia com o movimento pela redemocratização do país. Em sua agenda política estavam três alvos principais: a) a denúncia do racismo, da discriminação racial e do preconceito de que eram vítimas os negros brasileiros; b) a denúncia do mito da democracia racial, como ideologia que impedia a ação anti-racista; c) a busca de construção de uma identidade racial positiva: através do afrocentrismo e do quilombismo, que procuram resgatar a herança africana no Brasil (invenção de uma cultura negra). Ou seja, o movimento negro retomava as suas bandeiras históricas de "integração do negro à sociedade de classes" (Fernandes, 1965), acrescentando a elas a nova bandeira de identidade étnico-racial expandida. Ou seja, têm-se três movimentos em um: a luta contra o preconceito racial; a luta pelos direitos culturais da minoria afro-brasileira; a luta contra o modo como os negros foram definidos e incluídos na nacionalidade brasileira.

Já antes de completa a redemocratização do país, nas eleições estaduais de 1982, a militância negra tem a oportunidade de partilhar o poder em alguns estados, como Rio de Janeiro e São Paulo, através da sua incorporação a organismos governamentais. É a época da formação dos núcleos negros nos principais partidos políticos, e da criação de organismos estatais que procuram absorver as reivindicações da militância nas áreas da cultura, da legislação e da ação executiva.[91]

Em São Paulo e no Rio era a oposição de esquerda ao regime militar que chegava ao poder e atendia a reivindicações de seus aliados negros, também na oposição; mas, na Bahia, tratava-se de

[91] Exemplos de ações estatais dessa época: em 1982, a Prefeitura Municipal de Salvador incorpora ao patrimônio histórico estadual o Terreiro da Casa Branca, primeiro terreiro de candomblé da Bahia; em 1983, a Secretaria de Educação do Estado da Bahia regulamenta a inclusão da disciplina Introdução aos Estudos Africanos nos currículos escolares das escolas públicas de 1° e 2° graus; em 1984, o governo de São Paulo cria o Conselho de Participação e de Desenvolvimento da Comunidade Negra.

um movimento de ampliação dos direitos culturais do povo negro, que desde os anos 1960 passara a ser utilizado e promovido, seja para fins da política exterior do Brasil em relação à África, seja para fins de expansão da indústria do turismo no Estado da Bahia (Agier, 2000; Santos, 2000).

Ainda que nesse período apareçam palavras de ordem como "por uma autêntica democracia racial", título de um documento veiculado pelo III Congresso do MNU, realizado em Belo Horizonte, em 1982, gradativamente, a mobilização negra de 1978 a 1985 se fará tendo como pano de fundo a denúncia do "mito da democracia racial". Um dos mais importantes intelectuais negros do período, Joel Rufino, já notava o risco de "esgotamento" que isso representava para o movimento. Em artigo de 1985, diz Rufino:

> "Ora, foi o colapso do mito da democracia racial que permitiu avançar o movimento negro, nos anos setenta. Ele não abriria caminho sozinho, pela exclusiva pertinácia de suas lideranças; mas pela conjugação destas a condições históricas favoráveis, que liquidaram em bloco o pacto ideológico que conformava a noção anterior de Brasil" (Santos, 1985: 298).

Os anos seguintes, que se estendem de 1985 a 1995, são de construção de uma nova institucionalidade política; de formação da Nova República, como se chamou na época. Os ativistas negros serão chamados a ocupar cargos nos recém-criados Conselhos e Secretarias da Comunidade Negra, no âmbito dos governos estaduais, e na Fundação Palmares, criada em 1988, no âmbito do Ministério da Cultura. De grande efeito simbólico foi o tombamento, como patrimônio cultural brasileiro, da Serra da Barriga, local onde existiu no século XVII o Quilombo dos Palmares. O governo federal começava, assim, ao menos no plano simbólico, a incorporar as demandas do Movimento Negro.[92]

---

[92] Ver a respeito Maggie (1989) e Santos (2000).

Data também desse período a instituição de uma nova legislação anti-racista, cujo parâmetro legal será a Carta Constitucional de 1988, que declara em seu capítulo I, artigo 5º, § XLII: "A prática do racismo constitui crime inafiançável e imprescritível, sujeito à pena de reclusão, nos termos da lei", e, no Ato das Disposições Constitucionais Transitórias, artigo 68: "Aos remanescentes das comunidades dos quilombos que estejam ocupando suas terras é reconhecida a propriedade definitiva, devendo o Estado emitir-lhes os títulos respectivos". Em 5 de janeiro de 1989 é sancionada a Lei nº 7.716, que define os crimes resultantes de preconceito de raça ou de cor. Esta lei permitirá que dali em diante a luta contra a discriminação racial e o preconceito de cor se organize em bases jurídicas. As constituições estaduais, promulgadas em 1989, seguirão, neste aspecto, a Carta Magna.[93]

Com a institucionalização de uma nova ordem jurídica no país, em 1988, amplamente favorável aos interesses negros, uma boa parte da militância congregada anteriormente no MNU, nos partidos, nos sindicatos e nos órgãos estatais passará a atuar no chamado "quarto setor", ou seja, organizados em ONGs. Isso não quer dizer que o MNU deixe de existir (mas passará a ser apenas mais uma organização política negra), nem que os órgãos estatais, os partidos e sindicatos deixem de recrutar ativistas negros. Muito pelo contrário, a partir de 1995 se amplia o recrutamento de negros para órgãos do governo federal. A novidade, porém, será a proliferação do movimento negro em entidades independentes da sociedade civil.[94] O número de ONGs negras cresce

---

[93] A legislação brasileira anti-racista encontra-se reunida e comentada em Silva Jr. (1998).

[94] Para exemplificar com as mais importantes entidades negras: em 1988 é fundado o Geledés — Instituto da Mulher Negra; em 1989, o CEAP — Centro de Articulação de Populações Marginalizadas; em 1990, o CEERT — Centro de Estudos das Relações do Trabalho e Desigualdade; em 1993, o Fala Preta! — Organização de Mulheres Negras.

constantemente durante o período, incentivado também pelo crescimento da oferta de recursos internacionais para a filantropia.[95]

Apesar do esgotamento, nos anos 1970, do modelo de "democracia racial", de que nos fala Joel Rufino, o fato é que o movimento negro fez da denúncia do mito da democracia racial seu mote mobilizador central durante todo o período das décadas de 1970 a 1990. Esta centralidade renderá frutos e reações, seja através de políticas públicas e legislação, seja através de novas teorias acadêmicas sobre a "democracia racial".

A DEMOCRACIA RACIAL ENQUANTO MITO

O incômodo da academia brasileira perante o avanço do movimento negro teve alguns pivôs importantes: primeiro, um certo exagero do discurso militante, que transparece no emprego de termos como "genocídio" para referir-se ao comportamento da sociedade brasileira em relação aos negros, e a vontade de fazer crer que a opressão dos negros no Brasil era pior do que a situação norte-americana ou sul-africana. Ou seja, a propaganda do movimento queria transformar a imagem do Brasil de paraíso em inferno racial (Sansone, 1996). Segundo, a pretensão do movimento em politizar a classificação racial brasileira, redefinindo identidades como "preto", "pardo" ou "moreno" em "negro", sem no entanto consegui-lo, pois a massa da população, na melhor das hi-

---

[95] Rosana Heringer (2000) arrola 124 principais ONGs em 1999. Essas ONGs concentram-se: a) na luta contra o preconceito racial — são criados, no período, os serviços jurídicos de SOS Racismo —, aproveitando a criminalização do racismo pela Lei 7.716; b) na luta contra a discriminação no trabalho, fazendo com que as regras das convenções internacionais contra a discriminação, das quais o Brasil é signatário, passassem a ser efetivamente respeitadas no país; c) na área da saúde; d) na área de educação e qualificação para o trabalho; e e) na área de proteção à infância.

póteses, só muito lentamente poderia seguir tal redefinição (Harris *et al.*, 1993; Maggie, 1996). Terceiro, um evidente descompasso entre o discurso político da militância e o comportamento eleitoral das massas, as quais se revelavam muito mais permeáveis ao populismo trabalhista que aos apelos afrocêntricos do MNU (Souza, 1971; Santos, 1985; Agier, 2000).

Do ponto de vista teórico, a reação acadêmica começa com o esforço de reintrepretação do Brasil empreendido por DaMatta (1979), em termos da dicotomia entre "indivíduo" e "pessoa", tomada de empréstimo a Louis Dumont (1966), e que culmina com a sugestão de que as relações raciais no Brasil sejam regidas por uma "fábula das três raças" (DaMatta, 1981). Mais tarde, reagindo à analise de Michael Hanchard (1996), que via na denúncia pública de racismo na sociedade brasileira o fim do mito da democracia racial, Peter Fry escreve:

> "[...] nem por isso precisamos descartar a 'democracia racial' como ideologia falsa. Como mito, no sentido em que os antropólogos empregam o termo, é um conjunto de idéias e valores poderosos que fazem com que o Brasil seja o Brasil, para aproveitar a expressão de Roberto DaMatta" (Fry, 1995-96: 134).

Lilia Schwarcz (1999a: 309) sintetiza tal posição do seguinte modo:

> "Dessa maneira, tomando os termos de Lévi-Strauss, [1975] poderíamos dizer que o mito se 'extenua sem por isso desaparecer'. Ou seja, a oportunidade do mito se mantém, para além de sua desconstrução racional, o que faz com que, mesmo reconhecendo a existência do preconceito, no Brasil, a idéia de harmonia racial se imponha aos dados e à própria consciência da discriminação".

Ou seja, ao que parece, a denúncia do "mito da democracia racial", forjada por Florestan em 1964, que respaldou toda a mobilização e protestos negros nas décadas seguintes, sintetizando a distância entre o discurso e a prática dos preconceitos, da discriminação e das desigualdades entre brancos e negros no Brasil, finalmente se esgota enquanto discurso acadêmico, ainda que como discurso político sobreviva com alguma eficiência.

Na academia brasileira, o "mito" passa agora a ser pensado como chave para o entendimento da formação nacional, enquanto as contradições entre discursos e práticas do preconceito racial passam a ser estudadas sob o rótulo mais adequado (ainda que altamente valorativo) de "racismo". Ou seja, no mesmo terreno em que o movimento negro o pôs. Foi o próprio DaMatta, inspirador da nova leva de estudos (Guimarães, 1995; Hasenbalg, 1996) que visam a definir a especificidade do racismo no Brasil, quem cunhou a expressão "racismo à brasileira" (DaMatta, 1981, 1997; Pereira, 1996), depois substituída, no senso comum, por outra — "racismo cordial" (*Folha de S. Paulo*/DataFolha, 1995) — forjada pela mídia. Ou seja, não é mais a democracia que será adjetivada para explicar a especificidade brasileira, mas o racismo.

O que continua em jogo, portanto, é a distância entre discursos e práticas das relações raciais no Brasil, tal como Florestan e Bastide colocavam nos idos anos 1950. Ainda que, certamente, para as ciências sociais, o mito não possa ser pensado da maneira maniqueísta como Freyre e Florestan pensaram, transpondo-o diretamente para a política, permanecem os fatos das desigualdades entre brancos e negros no Brasil, apesar do modo como se classifiquem as pessoas. Mais que isso: as diferenças raciais se impõem à consciência individual e social, contra o conhecimento científico que nega as raças (são como bruxas que teimam em atemorizar, ou como o sol que, sem saber de Copérnico, continua a nascer e a se pôr?). Novos estudos sobre as desigualdades raciais no Brasil, elaborados inicialmente no âmbito da sociologia e da demografia, ganham outras disciplinas sociais, como a economia (Barros e Henriques, 2000; Soares, 2000), enquanto saem das universidades e se aninham nos órgãos de planejamento estatal, a respaldar as reivindicações do protesto negro.

CONCLUSÕES

Entre 1930 e 1964, vigeu no Brasil o que os cientistas políticos chamam de "pacto populista" ou "pacto nacional-desenvolvimentista". Neste pacto, os negros brasileiros foram inteiramente integrados à nação brasileira, em termos simbólicos, através da adoção de uma cultura nacional mestiça ou sincrética, e em termos materiais, pelo menos parcialmente, através da regulamentação do mercado de trabalho e da seguridade social urbanos, revertendo o quadro de exclusão e descompromisso patrocinado pela Primeira República. Nesse período, o movimento negro organizado concentrou-se na luta contra o preconceito racial, através de uma política eminentemente universalista de integração social do negro à sociedade moderna, que tinha a "democracia racial" brasileira como um ideal a ser atingido.

O golpe militar de 1964, que destrói o pacto populista, estremece também os elos do protesto negro com o sistema político, que se teciam principalmente através do nacionalismo de esquerda. De fato, no começo dos 1960, a política externa brasileira já se encontrava estressada quanto à posição que o Brasil deveria tomar ante os movimentos de libertação das colônias portuguesas na África. O movimento negro brasileiro, influenciado pelo movimento negro internacial, principalmente a *négritude*, enfatizava as suas raízes africanas, o que gerava a reação de intelectuais como Gilberto Freyre (1961, 1962), em sua cruzada pelos valores da mestiçagem e do luso-tropicalismo. A discussão sobre o caráter da "democracia racial" no Brasil — ou seja, se se tratava de realidade cultural (como queriam Freyre e o *establishment* conservador) ou de ideal político (como queriam os progressistas e o movimento negro) — acaba levando à radicalização das duas posições. A acusação de que "democracia racial" brasileira não passava de "mistificação", "logro" e "mito" toma então conta do movimento, à medida que a participação política se torna cada vez mais restrita, excluindo a esquerda e os dissidentes culturais. A partir de 1968, os principais líderes negros brasileiros vão para o exílio.

Com a redemocratização do país, a impossibilidade de se conter as reivindicações sociais dos negros brasileiros nos estreitos parâmetros da idéia freyreana de "democracia social" fica de todo evidente. A nação brasileira, constituída como mestiça e sincrética, já não precisava reivindicar uma origem "não tipicamente ocidental". Ao contrário, as classes e grupos sociais farão dos direitos civis, individuais e universais o principal objetivo das lutas sociais.

A reconstrução da democracia no Brasil, a partir de 1978, ocorre *pari passu* ao renascimento da "cultura" e do protesto negro. Mais que isso: dá-se num mundo em que a idéia de multiculturalismo, ou seja de tolerância e respeito a diferenças culturais que se querem integras, autênticas e não-sincréticas, ao contrário do ideal nacionalista do pós-guerra, é dominante. Nesse ambiente, todo o trabalho de reconstrução de um pacto racial democrático, no que pese o esforço de incorporação simbólica e material do Estado brasileiro, está fadado a um (in)sucesso limitado.

Seria errôneo atribuir o recrudescimento da "consciência negra" e do cultivo da identidade racial, no Brasil dos anos 1970, à influência estrangeira, especialmente norte-americana. Ao contrário, o renascimento cultural negro deu-se nesses anos sob a proteção do Estado autoritário e de seus interesses de política exterior. Ademais, a guinada do movimento negro brasileiro em direção à negritude e às origens africanas data dos anos 1960 e foi, ela mesma, responsável pela geração das tensões políticas surgidas em torno do ideal de democracia racial. Do mesmo modo, as idéias e o nome de "democracia racial" longe de serem o logro forjado pelas classes dominantes brancas, como querem hoje alguns ativistas e sociólogos, foi durante muito tempo uma forma de integração pactuada da militância negra.

Em resumo, "democracia racial" foi, a princípio, uma tradução livre de Bastide das idéias expressas por Freyre em suas conferências na Universidade da Bahia e de Indiana, em 1943 e 1944, respectivamente. Idéias essas caudatárias, elas próprias, das reflexões de Freyre sobre a "democracia social" luso-brasileira. Nessa "tradução" Bastide omite o caráter "ibérico" restrito que Freyre atribuía, no mais das vezes, ao termo; pelo contrário, alarga-o, realça-lhe o caráter propriamente universalista de "contribuição brasileira à humanidade" (também reivindicado por Freyre), mais apropriado à coalizão antifascista e anti-racista da época. Assim transposta para o universo individualista ocidental, a democracia racial ganhou um conteúdo político distante do caráter puramente "social" que prevalece em Freyre, fazendo com que, com o tempo, a expressão ganhasse a conotação de ideal de igualdade de oportunidades de vida e de respeito aos direitos civis e políticos que teve nos anos 1950. Mais tarde, em meados dos 1960, "democracia racial" voltou a ter o significado original freyreano de mestiçagem e mistura étnico-cultural *tout court*. Tornou-se, assim, para a militância negra e para intelectuais como Florestan, a senha do racismo à brasileira, um mito racial. Finalmente, para alguns intelectuais contemporâneos, o mito transforma-se em chave interpretativa da cultura brasileira.

Morta a democracia racial, ela continua viva enquanto mito, seja no sentido de falsa ideologia, seja no sentido de ideal que orienta a ação concreta dos atores sociais, seja como chave interpretativa da cultura. E enquanto mito continuará viva ainda por muito tempo como representação do que, no Brasil, são as relações entre negros e brancos, ou melhor, entre as raças sociais (Wagley, 1952) — as cores — que compõem a nação.

Noção criada durante a ditadura varguista para nos incluir no mundo dos valores políticos universais, a "democracia racial" precisa agora ser substituída pela simples democracia, que inclui a todos sem menção a raças. Estas, que não existem, faríamos melhor se não as mencionássemos como ideal, como o que deve ser, reservando-as para denunciar o que não deveria existir (o racismo).

6.

O MITO ANVERSO: O INSULTO RACIAL[96]

No Brasil, desde que foi definido o crime racial, em 1989, pela Lei 7.716, um dado passou a chamar a atenção dos ativistas e advogados negros, assim como dos pesquisadores: a maioria das queixas de discriminação poderia ser enquadrada como crime de injúria ou infâmia[97]. A importância numérica dos casos de insultos raciais era tão grande que, em 1997, por pressão dos ativistas, o legislador modificou o Código Penal (Lei nº 9.459) para que a injúria racial fosse punida com o mesmo rigor dos crimes raciais.

Em outro contexto (Guimarães, 1998), eu interpretei a ofensa verbal, que acompanhava a maioria dos atos de discriminação, como sendo a única evidência disponível, para o queixoso, de que a discriminação sofrida por ele era, realmente, de cunho racial e não apenas de classe, o que é também muito comum no Brasil.

Neste capítulo, entretanto, quero investigar o insulto racial como forma de construção de uma identidade social estigmatiza-

---

[96] Uma versão deste texto foi apresentada ao Congresso da American Anthropological Association, em Chicago, novembro de 1999. Agradeço a Afrânio Garcia, Jocélio Teles dos Santos e Nadya Araújo Guimarães a leitura cuidadosa de versões preliminares do texto e suas valiosas sugestões. Este capítulo foi originalmente publicado em *Estudos Afro-Asiáticos*, nº 38, dezembro de 2000, pp. 31-48.

[97] O código penal brasileiro, ao contrário do norte-americano, reconhece o crime contra a honra. Sua mera existência já indica a presença de relações sociais hierarquizadas, que se pautam por um código de honra pessoal e estamental (e não apenas de ética).

da. Para tanto, volto a me valer de queixas registradas na Delegacia de Crimes Raciais de São Paulo, ainda que tal fonte tenha a desvantagem de ser um registro feito por outrem (o plantonista), a partir do relato de apenas uma das partes, a vítima. Tem a vantagem, entretanto, de apresentar estereótipos socialmente aceitos enquanto tais, tanto pelas vítimas, quanto pelos policiais. Tomei para a análise apenas as queixas registradas entre 1º de maio de 1997 e 30 de abril de 1998.

Tabela 1
QUEIXAS PRESTADAS DE DISCRIMINAÇÃO, SEGUNDO O ÂMBITO DAS RELAÇÕES SOCIAIS ONDE OCORREU E O REGISTRO DE INSULTOS

Âmbito das relações sociais	Com insulto (A)	Sem insulto (B)	Total (C)	% coluna	(A/C)
Consumo	12	10	22	24%	54%
Vizinhança	18	1	19	21%	95%
No trânsito	4	1	5	6%	80%
Nas ruas	2	0	2	2%	100%
Trabalho	29	3	32	36%	91%
Negócios	3	0	3	3%	100%
Família	6	0	6	7%	100%
Outro	0	1	1	1%	0%
Total	74	16	90	100%	
% linha	82%	18%	100%		

Fonte primária: Delegacia de Crimes Raciais de São Paulo, 1º de maio de 1997 a 30 de abril de 1998.

Nesse ano, em 74 das noventa queixas prestadas na delegacia, ou seja, em 82% dos casos, as vítimas fizeram registrar, também, os insultos verbais sofridos. O grande número de insultos registrados era de se esperar, dado que 76% das queixas registradas foram de ataques à honra pessoal. No entanto, os insultos aparecem na maioria das queixas relativas à discriminação nas esferas do trabalho, da vizinhança e do consumo (ver Tabela 1), o que reforça minha convicção de que as injúrias são usadas de forma bastante licenciosa, na sociedade brasileira. Na verdade, apenas no âmbito das relações de consumo de bens e serviços o número de queixas sem registro de insultos é significativo (10 em 21 casos); nos demais âmbitos da vida social as queixas com insultos são sempre maiores que 80%.

O QUE SÃO OS INSULTOS RACIAIS?

Charles Flynn (1977: 3) define o insulto como "um ato, observação ou gesto que expressa uma opinião bastante negativa de uma pessoa ou grupo". Tratarei aqui apenas das ofensas verbais. O mesmo Flynn (1977: 6) propõe "examinar a natureza das suposições comuns e óbvias concernentes à realidade social, partilhada por membros de sistemas socioculturais específicos, e demonstrar como os insultos, numa grande variedade de culturas, consiste principalmente em violações de normas muito significantes, mas substancialmente implícitas". Mais que uma opinião negativa, portanto, o insulto, significa o rompimento de uma norma social. Para Edmund Leach (1979), o insulto significa a violação de um tabu, ou seja, consiste na expressão de nomes, atos ou gestos socialmente interditos, que geralmente referem os muito próximos ou muito longínquos de si (sejam pessoas, animais, ou fatos corpóreos).

A função ou a intenção do insulto podem variar, mas estão sempre ligadas a uma relação de poder. Flynn lista algumas funções: a) legitimação e reprodução de uma ordem moral; b) legitimação de hierarquia entre grupos sociais; c) legitimação de hierarquias no interior de grupos; d) socialização de indivíduos. Essas duas últimas funções, entretanto, correspondem melhor ao que se chama, na literatura especializada, de "insultos rituais", ou seja, contendas verbais em que insultos são trocados de modo regulado, pondo em evidência o domínio verbal e o controle emocional dos participantes[98]. No caso de insultos raciais não-rituais, estaremos lidando, fundamentalmente, com tentativas de legitimar uma hierarquia social baseada na idéia de raça.[99]

No estudo da formação de grupos socialmente execrados, Norbert Elias e John Scotson (1994) propõem um ordenamento no modo como os grupos dominantes estigmatizam os dominados. Isso ocorre, lembram, quando tais grupos detêm efetivo poder de fazer crer a si e aos próprios execrados que tais estigmas são (ou podem ser) verdadeiros. O primeiro modo de estigmatizar é a pobreza. Para utilizá-la, o grupo dominante precisa monopolizar as melhores posições sociais, em termos de poder, prestígio social e vantagens materiais. Apenas nesta situação, a pobreza pode, então, ser vista como decorrência da inferioridade natural dos excluídos. O segundo modo de estigmatizar é atribuir como características definidoras do outro grupo a anomia (a desorganização social e familiar) e a delinqüência (o não cumprimento das leis). O terceiro é atribuir ao outro grupo hábitos deficientes de limpeza e higiene. O quarto e último é tratar e ver os dominados como animais, quase-animais, ou não inteiramente pertencentes à ordem social.

Os insultos são também, ao mesmo tempo, evocação de estigmas sociais e pessoais, os quais Erving Goffman (1963) classificou em três tipos: 1) anomalias corporais (deformidades físicas); 2) defeitos de caráter individual — fraqueza de vontade, paixões inaturais, crenças rígidas, desonestidade etc., inferidos a partir de doença mental, encarceramento, alcoolismo, vício, homossexualidade, desemprego, tentativas de suicídio, comportamento político etc.; 3) estigmas tribais — raça, nação, religião e mesmo classe.

---

[98] Tais jogos são muito comuns entre jovens negros americanos. Ver, por exemplo, Dolard (1939) e Labov (1972).

[99] Diz Flynn (1977: 55, tradução minha): "Os negros, por exemplo, estão sujeitos a insultos diretos ou indiretos, que visam confirmar a definição cultural de sua inferioridade 'inata' e, talvez mais significativamente, procuram relembrá-los continuamente de tal inferioridade, fazendo-os assimilar o significado da baixa estima social que lhes é devotada".

OS TERMOS INJURIOSOS ENCONTRADOS

Os insultos raciais seguem a lógica esboçada acima. Como instrumentos de humilhação, sua eficácia reside justamente em demarcar o afastamento do insultador em relação ao insultado, remetendo este último para o terreno da pobreza, da anomia social, da sujeira e da animalidade.

No entanto, como a posição social e racial dos insultados já está estabelecida historicamente, através de um longo processo anterior de humilhação e subordinação, o próprio termo que os designa enquanto grupo racial ("preto" ou "negro") já é, em si mesmo, um termo pejorativo, podendo ser usado sinteticamente, sem acompanhamento de adjetivos e qualificativos. "Negro" ou "preto" passam, pois, a ser uma síntese verbal para toda uma constelação de estigmas referentes a uma formação racial identitária. Mais que o termo, a própria cor adquire tal função simbólica, estigmatizante, como bem demonstram os sinônimos listados em dicionários de língua vernácula: sujo, encardido, lúgubre, funesto, maldito, sinistro, nefando, perverso etc. O estigma pode estar tão bem assentado que é possível, por exemplo, a um negro se sentir ofendido por uma referência tão sutil quanto esta: "também, olha a cor do indivíduo".

A estigmatização requer, todavia, um aprendizado, que passa necessariamente por um processo de ensinar aos "subalternos" o significado da marca de cor. Assim, uma senhora, para humilhar o filho menor de uma vizinha, refere-se a sua cor no diminutivo e designa seu corpo com cores "estranhas": "Pode me deixar passar, seu negrinho de olho roxo?!". Ou, num outro exemplo, agora envolvendo dois adultos, o administrador de uma empresa diz, por telefone, à gerente de uma outra empresa, que se prontificou a atendê-lo, em lugar do chefe: "Não falo com preto. Prefiro esperar". Tal forma sintética visa criar uma barreira social intransponível entre agressor e vítima, confortável para o primeiro, de modo que este precisa apenas pronunciar o nome do grupo, designação sintética da injúria. Às vezes, nem mesmo a palavra precisa ser pronunciada, apenas a segregação é reivindicada: "Você não deveria estar aqui; qualquer um poderia estar aqui, menos você".

Nos dados que analisei, a forma sintética é minoritária. Acontece apenas em dez dos 78 insultos registrados (13%). Na maioria desses casos, a proximidade social entre as partes exige que se repita o ritual de afastamento, através de insultos qualificados, insultos que procuraram associar a cor do agredido com uma outra dimensão do estigma.

Tais insultos, obviamente, requerem uma reiteração dos termos ofensivos sintéticos pelo qual o grupo é reconhecido, fazendo com que, em 78 ofensas registradas, a palavra "negro" e seus derivados (feminino, diminutivo e corruptelas) fossem citados 55 vezes, e "preto" o fosse 33 vezes. Eis um exemplo de reiteração, quase histérica, que tem a finalidade de associar o nome grupal a qualidades desprezíveis: "Preto safado, sangue de preto, negro sem vergonha, preto vagabundo, você não presta porque tem sangue de preto".

A animalidade, quando se trata de insulto propriamente racial, é atribuída principalmente através de termos como "macaco" e "urubu", usados indistintamente para ambos os sexos. No primeiro caso, o animal, além de selvagem, é considerado pela zoologia como o mais próximo do ser humano, devendo, portanto, seguindo as idéias de Leach, ser objeto de distanciamento ritual muito rigoroso; no segundo caso, trata-se de um abutre que tem por hábito devorar cadáveres de outros animais, inclusive humanos.

Mas, quando se trata de mulheres negras, além do insulto racial, acompanha, às vezes, o insulto sexual, que iguala mulheres a animais, para atribuir devassidão moral, usando termos tais como "vaca", "galinha" ou "cadela".[100] Mas, outros animais po-

---

[100] Os seres humanos, em geral, têm a sexualidade referida a animais. A recorrência à animalização sempre está ligada a atribuição de estigma ou à formação de um carisma (reivindicação de qualidades excepcionais). Sobre a relação entre sexo e animais, diz Leach (1979: 212, tradução minha): "É uma hipótese plausível que o modo como os animais são categorizados

dem ser usados também, como "barata", para ofender sexualmente, além de atribuir sujeira ("filhas de uma barata preta, vagabunda").[101] A condição de quase-humanidade pode ser referida também por qualidades intelectuais negativas, tais como "burro", "imbecil" e "idiota". Registrou-se, ainda, o termo "índio", para referir-se à condição de sociabilidade incompleta, selvagem.

A anomia social é referida de três maneiras. Primeiro, através de termos ou qualidades ligadas à delinqüência: "ladrão", "folgado", "safado", "sem-vergonha", "aproveitador", "pilantra"; "maconheiro", "traficante"; segundo, através de termos referentes à moral sexual: "vagabunda", "bastardo", "filho-da-puta"[102], "prostituta", gigolô", "sapatão", "homossexual", "maria-homem"; terceiro, por estigmatização religiosa, através de termos como "macumba" e "macumbeira".

O estigma da sujeira é reforçado por termos como: "fedida", "merda", "podre", "fedorenta", "porqueira", "nojento" e "suja".

A pobreza e a condição social inferior é referida por palavras como "favelada", "maloqueira", "desclassificado" e "analfabeto". De fato, os estigmas preferidos de inferioridade social são o local e tipo de moradia e o grau de instrução formal. Ademais, uma estratégia lingüística freqüente é o uso de diminutivos, como "negrinho" ou "negrinha", para referir-se aos insultados. Mas, faz-se também referência direta à "classe" ("não falo com gente de sua classe") ou à situação de escravidão ("lugar de negro é na

---

em termos de comestibilidade tenha alguma correspondência com o modo como os seres humanos são categorizados com respeito a relações sexuais".

[101] Nesse contexto, "barata" tem mais de um sentido: além de referir-se à sujeira, refere-se também à genitália feminina.

[102] Interessante que, nas culturas latinas, seja a relação de rebaixamento social (filho-da-puta), e não um animal doméstico e íntimo (*son-of-a-bitch*) ou o incesto materno (*motherfucker*) que expresse a maior vergonha masculina com respeito a sua mãe, e portanto, o insulto sexual mais forte. Ver, a respeito, Preston e Stanley (1987).

senzala"), expressões utilizadas para referir-se a uma forma de natureza ou de ordem social estagnada (a laia, a casta, o escravo). Outros termos empregados, como "besta" e "metida", remetem para tentativas de inversão de uma hierarquia social, considerada natural, pois são usados no sentido de que tais pessoas querem usurpar uma posição que não é sua.

Finalmente, vale a pena mencionar a ocorrência de referências a doenças ou defeitos físicos do insultado (tais como "queimada" ou "cancerosa") e referências a determinações naturais ou teológicas, tais como "maldito", "desgraça" e "raça".

Os insultos propriamente raciais que encontrei nos registros policiais podem, portanto, ser agrupados, enquanto estratégia de distanciamento social, em sete tipos:

1) Simples nominação do Outro, de modo a lembrar a distância social ou justificar uma interdição de contato.
2) Animalização do Outro ou implicação de incivilidade.
3) Acusação de anomia, em termos de:
   conduta delinqüente ou ilegal;
   imoralidade sexual;
   irreligiosidade ou perversão religiosa.
4) Invocação da pobreza ou da condição social inferior do Outro, através de:
   termos referentes a tal condição;
   referência a uma origem subordinada;
   uso de diminutivos;
   acusação de impostura (assunção de posição social indevida).
5) Acusação de sujeira.
6) Invocação de uma natureza pervertida ou de uma maldição divina.
7) Invocação de defeitos físicos ou mentais.

Tomados de *per si*, anotamos 56 termos injuriosos, que distribuímos pelas sete categorias elaboradas acima (ver Tabela 2). Os termos sintéticos mais utilizados, como vimos, são "negro/a" e "preto/a", este último preferido pelos homens, o primeiro pelas mulheres. O insulto animal mais empregado é "macaco". Os termos de anomia que se referem à moral sexual são os mais numerosos e são geralmente assacados contras as mulheres (as vítimas ou as mães das vítimas): "vagabunda" é o insulto preferido por mulheres e "filho-da-puta", por homens; já entre aqueles que se referem à legalidade e ao caráter, "safado" é o insulto preferido, geralmente dirigido contra homens. As mulheres têm também o privilégio de ser acusadas de "macumbeiras". Entre as injúrias que se referem à condição social, a preferida é lembrar a condição de ex-escravo, através da referência ao lugar que se crê apropriado às vítimas: a senzala. Este é geralmente um insulto de branco contra negro, de superior social para inferior. Termos como "favelado" ou "maloqueiro" são atualizações de locais de moradia apropriados a negros, mas desferidos por pessoas da mesma condição social da vítima. Os termos que remetem à sujeira não são também concentrados: "fedido", "merda" e "sujo" têm a maior freqüência. Nas demais categorias, chama a atenção apenas o insulto que se refere diretamente à "raça" do indivíduo insultado, evocando assim uma índole pervertida.

O Quadro 1 sintetiza a classificação dos insultos encontrados. Notem que o recurso à metáfora animal abrange praticamente toda a taxonomia, seguindo a estreita relação entre categoria animal e abuso verbal, prescrita por Leach. Os insultos sexuais são referidos por animais domésticos (cadela), de criação, mas ligados à alimentação da casa (galinha e vaca), ou próximos indesejáveis, não propriamente animais, como a barata. O uso de seus nomes corresponde, de modo geral, à lógica das interdições de contato sexual entre os muito próximos. Os insultos relativos à hierarquia e às deficiências físicas e mentais estão referidos a animais de trabalho (burro, besta). Bichos domesticados, mas não muito próximos, que jamais comemos. Apenas os insultos raciais são referidos por animais distantes (macacos, urubus), selvagens ou, pelo menos, que devem ser mantidos à distância da vida social.

Tabela 2
TERMOS INJURIOSOS POR TIPO DE INSULTO, SEGUNDO O SEXO DO INSULTADO E DO INSULTADOR

	Insultado	M	M	H	H	Total	%
	Insultador	M	H	M	H		
Termos insultuosos							
	Sintéticos	**26**	**15**	**9**	**16**	**66**	**38,37**
	negro	13	4	5	7	29	16,86
	preto	5	7	3	8	23	13,37
	nego	4	3	1	-	8	4,65
	negrinho	2	1	-	1	4	2,33
	negrona	1	-	-	-	1	0,58
	neguinha	1	-	-	-	1	0,58
	Animalização	**9**	**2**	**2**	**3**	**16**	**9,30**
	macaco	7	2	2	3	14	8,14
	urubu	2	-	-	-	2	1,16
	Incivilidade	**1**	**-**	**-**	**-**	**1**	**0,58**
	índio	1	-	-	-	1	0,58
	Anomia	**25**	**7**	**10**	**13**	**55**	**31,98**
Moral sexual (15,70%)	vagabunda	6	3	-	-	9	5,23
	filho-da-puta	1	1	1	4	7	4,07
	vaca	2	-	-	-	2	1,16
	cadela	-	1	-	-	1	0,58
	caralho	-	-	-	1	1	0,58
	galinha	1	-	-	-	1	0,58
	gigolô	-	-	1	-	1	0,58
	homossexual	-	-	1	-	1	0,58
	bastardo	1	-	-	-	1	0,58
	maria-homem	1	-	-	-	1	0,58
	sapatão	1	-	-	-	1	0,58
	scort girl	1	-	-	-	1	0,58
Mau-caráter e ilegalidade (13,36%)	safado	1	-	3	3	7	4,07
	ladrão	2	-	1	2	5	2,91
	sem-vergonha	1	-	2	-	3	1,74
	folgado	-	-	-	2	2	1,16
	aproveitador	-	-	1	-	1	0,58
	pilantra	1	-	-	-	1	0,58

	vagabundo	-	-	-	1	1	0,58
	invejoso	1	-	-	-	1	0,58
	traficante	1	-	-	-	1	0,58
	maconheiro	1	-	-	-	1	0,58
Religião (2,91 %)	macumbeiro	3	1	-	-	4	2,33
	despacho de frango	-	1	-	-	1	0,58
Condição social		**5**	**3**	**-**	**3**	**11**	**6,40**
	senzala	1	1	-	1	3	1,74
	favelado	1	1	-	-	2	1,16
	maloqueiro	1	1	-	-	2	1,16
	analfabeto	-	-	-	1	1	0,58
	desclassificado	-	-	-	1	1	0,58
	metido	1	-	-	-	1	0,58
	besta	1	-	-	-	1	0,58
Sujeira		**6**	**4**	**-**	**1**	**11**	**6,40**
	fedido	2	1	-	-	3	1,74
	merda	1	1	-	-	2	1,16
	sujo	2	-	-	-	2	1,16
	barata	-	1	-	-	1	0,58
	fedorento	1	-	-	-	1	0,58
	podre	-	1	-	-	1	0,58
	porqueira	-	-	-	1	1	0,58
Natureza		**3**	**-**	**-**	**2**	**5**	**2,91**
	raça	2	-	-	1	3	1,74
	desgraça	-	-	-	1	1	0,58
	maldita	1	-	-	-	1	0,58
Defeitos		**3**	**2**	**-**	**2**	**7**	**4,07**
	queimado	1	-	-	-	1	0,58
	esclerosado	1	-	-	-	1	0,58
	canceroso	1	-	-	-	1	0,58
	imbecil	-	-	-	1	1	0,58
	burro	-	1	-	-	1	0,58
	idiota	-	1	-	1	2	1,16
Total geral		**78**	**33**	**21**	**40**	**172**	**100,00**
	%	45,34	19,19	12,21	23,26	100,00	

Fonte primária: Delegacia de Crimes Raciais de São Paulo, 1° de maio de 1997 a 30 de abril de 1998.

M = Mulher, H = Homem.

Quadro 1
TERMOS INSULTUOSOS,
CLASSIFICADOS POR CATEGORIA DE
AFASTAMENTO ENTRE GRUPOS

<table>
<tr><td rowspan="2">Nomeação genérica:
nega (o)
negra (o)
negrinho (a)
preto (a)</td><td>Animal/ sexo:
barata
cadela
galinha
vaca</td><td>Animal/ hierarquia:
besta</td><td rowspan="2">Hierarquia social:
analfabeto
desclassificado
favelada
maloqueira
metida
senzala</td></tr>
<tr><td>Animal/ raça:
macaco
urubu</td><td>Animal/ deficiências:
burro</td></tr>
<tr><td>Religião:
despacho
macumba
macumbeira</td><td colspan="2">Natureza:
desgraça
maldita
raça</td><td>Defeitos físicos, mentais e doenças:
cancerosa
queimada
idiota
imbecil</td></tr>
<tr><td>Delinqüência e defeitos morais:
aproveitador
folgado
incompetente
ladrão
maconheiro
pilantra
safado
sem-vergonha
traficante</td><td colspan="2">Moral sexual:
bastardo
filho-da-puta
gigolô
homossexual
maria-homem
sapatão
scort girl
vagabunda</td><td>Higiene:
fedida
fedorenta
merda
nojento
podre
porqueira
suja</td></tr>
</table>

AS SITUAÇÕES DE INSULTO

A situação que propicia a agressão verbal pode nos ensinar muito sobre o significado sociológico do insulto racial. Quando o insulto é feito? Qual a posição do agressor e da vítima na relação social? Que tipo de insulto é desferido, a depender da situação e das características da vítima?

Uma afirmação do senso comum, no Brasil, é a de que o insulto racial ocorre apenas numa situação de conflito, ou seja, de ruptura de uma ordem formal de convivência social. Tal afirmação nada mais é que a conseqüência do pressuposto de uma ordem igualitária, de respeito aos direitos individuais, resguardada por normas de polidez e formalidade. Na verdade, tal pressuposto, ainda quando aceito idealmente, pode não ser verdadeiro, na prática social. Ademais, o insulto racial pode ocorrer durante o conflito ou pode, ao contrário, ocasionar o conflito. Pode ser uma arma de última instância, mas também um primeiro trunfo a ser sacado. O que motiva o insulto racial e a ordem em que ele aparece no conflito são, pois, elementos decisivos para a análise.

Carlos Hasenbalg, em 1979, anota em *Discriminação e desigualdades raciais no Brasil*, à página 252: "Com relação aos padrões de sociabilidade inter-racial é notório que a classe baixa branca carrega um folclore de concepções estereotipadas do negro. Contudo, tais estereótipos são com freqüência verbalizados em contextos amistosos, e as situações raramente evoluem para o conflito interpessoal e para a violência, a menos que a intenção ofensiva esteja claramente presente". Ora, assim como nas situações de insulto ritual, os termos injuriosos podem ser empregados para simbolizar uma situação oposta ao seu significado corrente. Isso acontece quando são usados entre pessoas muito próximas, amigas, para simbolizar justamente a ausência de formalidade entre elas, ou seja o grau de intimidade e de confiança mútuas. Seu emprego é notado principalmente entre membros de grupos estigmatizados, quando os epítetos mais insultuosos, normalmente dirigidos a tais grupos por seus detratores, são empregados entre os seus membros, com enorme ironia, já que estão desprovidos de significado subjetivamente ofensivo, uma vez que todos sabem fazer parte da comunidade estigmatizada referida pelo epíteto. Do mesmo modo, freqüentemente o uso de epítetos injuriosos ocorre em situações definidas ambiguamente pelo agressor, situando-se entre a intimidade da brincadeira (a proximidade expressa no insulto ritual) e o distanciamento expresso pelo conteúdo semântico das palavras ofensivas. Nesses casos, o insultante apesar de não ser amigo do insultado, põe-se nesse terreno ao usar o termo injurioso de modo que possa ser interpretado como um convite à brincadeira; ficando para o insultado definir a situação: se aceita o outro como um igual, e trata o incidente como o início de uma troca de insultos rituais, ou se aproveita a ocasião para coalescer a distância entre ambos. Quando a ambigüidade existe entre membros de grupos raciais diferentes (brancos e pretos), mas membros de uma mesma classe social (pobres), a situação de ambigüidade mostra apenas a ambigüidade das pertenças de classe e de "raça".

Como era de se esperar, essas situações de ambigüidade ou de expressão de intimidade não aparecem nas queixas prestadas em delegacias. De acordo com os dados de que disponho, o insulto racial aparece nas seguintes situações.

Primeiro, quando a relação entre as pessoas envolvidas está tensa e bastante desgastada por algum motivo, seja de convivência vicinal ou familiar, seja de ordem contratual ou de qualquer outra. O fato é que, a partir de um determinado momento, uma das partes resolve utilizar o insulto como modo de, sistematicamente, humilhar o seu desafeto. A queixa transcrita abaixo ilustra tal situação:

> "Informa a vítima que divide o mesmo quintal com sua cunhada, a indiciada, sendo que, por desentendimentos antigos, a mesma freqüentemente é ofendida verbalmente, bem como seus filhos, sendo chamados de 'macacos', 'vagabunda', 'negrinho bastardo', 'negra fedida', 'favelada' etc. Que o fato ocorre fre-

qüentemente, não havendo condições de diálogo pacificamente".[103]

Segundo, quando durante uma disputa qualquer, comum, esgotados os meios de convencimento e o uso de ameaças plausíveis, diante da recusa ou falta de assentimento da vítima, a injúria é usada para encerrar a disputa, com a humilhação desta. O insulto, no caso, sinaliza a passagem da disputa para o conflito. A queixa abaixo se enquadra nessa situação. Repare-se que a expressão insultuosa ("nega besta") procura caracterizar a atitude de resistência como sendo provocada pela petulância e arrogância de alguém que usurpa uma posição social (de igualdade com o agressor) que não lhe seria devida (por causa da cor).

> "Comparece a vítima, informando que, na data e local dos fatos, soube por seu advogado que a 1ª indiciada disse a ele que ela deveria pagar uma dívida que tinha assumido com a imobiliária, na qualidade de fiadora de um imóvel, proferindo as seguintes palavras: 'aquela nega besta está bem grandinha pra assumir as coisas que assina, aquela esclerosada'. E a vítima, na mesma data, recebeu uma ligação do advogado da imobiliária (2º indiciado), cobrando tal débito, que, segundo a vítima, foi fiadora de um imóvel involuntariamente, ou seja, citada como fiadora sem seu conhecimento, e como disse ao referido advogado que nada devia à imobiliária, este ofendeu-a dizendo: 'por causa de uma merreca, você e seu advogado vão se foder, sua nega besta'".

Terceiro, quando uma falha involuntária da vítima provoca o ódio do agressor. É como se houvesse, por parte deste, uma

[103] Essa e as demais citações são transcritas tal como estão nos boletins de ocorrência policial. Prescindo de anotações como *sic* ou qualquer outra forma de edição dos textos.

predisposição racista, uma animosidade gratuita ou motivada por eventos anteriores, que, diante de um fato qualquer, se manifesta como insulto. Veja-se, como exemplo, a queixa a seguir:

> "Informa a vítima que na data de ontem colocou seu veículo na vaga privativa de vendedores da empresa em que trabalha, com a intenção de tirá-lo assim que começassem a chegar os vendedores, sendo que ninguém o avisou e acabou esquecendo. Assim foi procurado pelo gerente, que estupidamente o repreendeu. Que imediatamente procurou tirar o carro da vaga e surpreendeu o referido gerente falando para a primeira testemunha: 'Preto é uma merda, por isso que eu não gosto dessa raça'. Ao tomar satisfações sobre o que dizia, o mesmo não repetiu tais frases, alegando que se a vítima não tivesse gostado que partisse para cima".

Quarto, quando não há nenhum conflito e o insulto é apenas o meio extremado de demarcar a separação racial entre agressor e vítima. Trata-se da reivindicação de uma segregação social, como na queixa abaixo:

> "Informa a vítima que o indiciado, o qual prestava serviços de convênio de Assistência Médica à Empresa em que a vítima trabalha, e por este motivo freqüentemente precisava entrar em contato pessoal ou telefônico, na data de hoje ligou para falar com o gerente comercial e a testemunha retro, disse que ele não se encontrava, mas, se quisesse, poderia falar com a vítima. O indiciado pelo telefone respondeu: 'Não falo com preto. Prefiro esperar'. A vítima então tomou conhecimento do fato e ficou sabendo que isso era freqüente. Esclarece ainda que nas oportunidades anteriores que falou com o indiciado, ele sempre foi extremamente mal educado. A vítima sente-se discriminada e ofendida em sua honra e imagem pessoal".

Quinto, quando o agressor vê-se na posição de ser corrigido ou repreendido por ter cometido uma falha e, para reverter tal posição, agride verbalmente a vítima. Estão sujeitos a essa situação de risco, os negros que, no cumprimento dos deveres do cargo, vêem-se obrigados a fazer cumprir as normas. A queixa abaixo se enquadra nesse caso:

> "Informam as vítimas que na data e local dos fatos, onde são seguranças, após procurarem o averiguado, que é morador do Condomínio, e adverti-lo que poderia ser multado caso não retirasse o seu veículo, que estava ocupando a vaga de outro proprietário, este passou a ofender-lhes dizendo: 'quem são vocês, são uns porqueiras, uns pretos folgados, desclassificados' e, ato contínuo, foi entrando em sua residência dizendo: 'vou cortar vocês no carango agora', ao que foi impedido por familiares, que não o deixaram entrar no quarto para pegar alguma arma, segundo informam as vítimas".

Em todos esses casos, exceto no primeiro, é nítido o sentimento hierárquico de superioridade do agressor, ferido pelo comportamento igualitário do ofendido, seja numa disputa, seja num incidente que o assusta ou desagrada, seja no dia-a-dia do relacionamento social. O insulto é uma forma ritual de ensinar a subordinação, através da humilhação, mais que uma arma de conflito.

Seguramente, pode ser que, no cotidiano, os insultos raciais sejam mais comuns em situações de conflito, ou mesmo ocorram em última instância de ofensa, como muitos acreditam. Entretanto, pelos dados que tenho, parece certo acreditar que tais insultos não sejam especialmente mais ofensivos que os outros porventura proferidos durante o conflito, quando não apenas a raça é invocada, mas também o sexo, as preferências sexuais, a origem regional, familiar e de classe, os defeitos físicos, os defeitos morais etc.

Do mesmo modo, apenas poucos insultos (16) ocorreram durante campanhas sistemáticas de humilhação pública, como forma de retaliação a alguma ofensa real ou imaginada, os demais foram decorrentes de situações singulares e fortuitas.

Algumas estatísticas ajudarão a esclarecer esse ponto. Das 74 queixas em que foram registradas injúrias, 29 (39%) se referem a insultos proferidos, no ambiente de trabalho, por clientes, colegas, superiores ou subordinados; 18 insultos (24%) foram proferidos por vizinhos; 12 (16%) insultos foram sofridos por negros, na condição de consumidores, inquilinos ou usuários; os demais insultos ocorreram em situação familiar (6), na rua (2), no trânsito (4) ou em decorrência de realização de negócios (3). Ou seja, as queixas de insulto ocorrem com mais freqüência em âmbitos em que as relações sociais são mais intensas e também mais formalizadas; em que, portanto, o insulto é mais contundente.

Das noventa queixas prestadas, quatro referiam-se a minorias étnicas (dois nordestinos, um peruano e uma judia) e, nestas, se registraram injúrias, proferidas em situação de consumo, trabalho ou negócio. No caso dos nordestinos, as injúrias aludiam a seu deslocamento geográfico, isto é, ao fato de serem de outro lugar: 1) "Esses nordestinos desgraçados, vem pra cá querer mandar; sua vaca etc." ou "você tem complexo de inferioridade por ter nascido naquela terrinha de Arapiraca... porque você nasceu na puta que pariu". No caso do peruano, é também sua condição de estrangeiro que é injuriada, junto com sua aparência física: "é por isso que eu não gosto de fazer contratos com esses índios nojentos e ainda mais sendo estrangeiro, tem que morar no mato do seu país". No caso da judia, a injúria é genérica: "sua judia fracassada... nenhum judeu presta".

Examinemos mais de perto os insultos propriamente raciais contra os negros.

INSULTADOS E INSULTANTES

Dois fatos chamam a atenção quando observamos as estatísticas.

Primeiro, é maior o número de mulheres que se queixam de discriminação e também é proporcionalmente maior o número de mulheres que se queixam de insultos. Ou seja, os insultos às mulheres são mais que proporcionais à razão entre homens e mulheres queixosos. Mas, também, os insultos são principalmente desferidos por mulheres contra mulheres (36,8%) e por homens contra homens (29,9%), ainda que nos insultos entre sexos, sejam os homens que ofendam duas vezes mais as mulheres (23,0%) que o inverso (10,3%). Isso, contudo, não explica a quantidade de insultos à conduta moral ou sexual das vítimas, pois são as mulheres, e não os homens, que abusam de referências desabonadoras à moral sexual das vítimas. De fato, 39% das injúrias proferidas por mulheres contra mulheres e 40% das dirigidas por elas contra homens referiam-se à moral sexual; enquanto, entre os homens, apenas 12% assacaram contra a honra sexual das mulheres negras e nenhum ofendeu a moral sexual de outro homem, preferindo fazê-lo, em 21% dos casos, em relação à mãe dos mesmos (Tabela 3).

Tabela 3
INSULTADOS E INSULTANTES
POR GÊNERO

Gênero da vítima	Gênero do indiciado Masculino	Feminino	Total
Masculino	29,9%	10,3%	40,2%
Feminino	23,0%	36,8%	59,8%
Total	52,9%	47,1%	100,0%

Fonte primária: Delegacia de Crimes Raciais de São Paulo, 1° de maio de 1997 a 30 de abril de 1998.

Considerando não os casos registrados, mas a freqüência dos termos injuriosos proferidos, chega-se à mesma conclusão. A mulher é muito mais insultada do que o homem. No caso de injúrias entre pessoas do mesmo sexo, as mais numerosas (108 em 172), os insultos envolvendo mulheres são quase o dobro daqueles envolvendo homens (78 para 40). Já nos casos de injúrias intersexuais (54 em 172), os homens ofendem 57% mais as mulheres do são ofendidos por elas. Em suma, a maioria dos insultantes é mulher (58%), mas, em compensação, as mulheres são também as mais insultadas (64%), isso porque 45% dos insultos contra mulheres são dirigidos por outras mulheres e, ademais, os homens as insultam mais do que são insultados por elas (ver Tabela 2).

O segundo fato que merece atenção é a grande quantidade de averiguados, ou seja, de insultadores, de cor ignorada ou não-anotada. Como era de se esperar, 93% das vítimas se declararam ou foram declaradas negras, no entanto, apenas 57% dos insultantes foram considerados brancos, sendo que 38% deles não tiveram a cor registrada pelo plantonista ou declarada pela vítima. Desconhecimento, dado sem importância, ou silêncio revelador? O fato de ter havido insulto mostra que dificilmente a cor do acusado não seria notada. Por se tratar de um boletim de ocorrência sobre crime de racismo, peça que fundamenta qualquer ação judicial contra o acusado, também dificilmente a cor do acusado seria esquecida sem propósito. Portanto, é mais provável que 38% dos acusados também não fossem brancos (Tabela 4).

Tabela 4
COR DECLARADA
DO INSULTANTE E DO INSULTADO

Cor do insultado	Cor declarada do insultante				Total
	Ignorada	Branca	Morena	Parda	
Ignorada	-	1,4%	-	-	1,4%
Negra	36,2%	50,7%	1,4%	4,3%	92,8%
Parda	-	5,8%	-	-	5,8%
Total	36,2%	58,0%	1,4%	4,3%	100,0%

Fonte primária: Delegacia de Crimes Raciais de São Paulo, 1° de maio de 1997 a 30 de abril de 1998.

É possível também que o gênero, predominantemente masculino, e a cor, na maioria branca, dos indiciados, assim como as características de gênero e cor das vítimas, ganhem importância para a compreensão sociológica apenas no âmbito das relações sociais em que ocorreu o insulto. Voltemo-nos, pois, para analisar cada situação em separado.

OS INSULTOS PROFERIDOS EM SITUAÇÃO DE TRABALHO

A maioria dos insultos proferidos nos locais de trabalho provém de clientes ou usuários de serviços prestados por trabalhadores negros (56%). Isso acontece quando tais empregados cumprem normas ou regras que desagradam ou ferem o sentido de hierarquia dos clientes. O insulto, nesse caso, longe de emergir do conflito, o instala. Não se fazem necessárias palavras ou atitudes bruscas por parte dos negros: é a própria atitude ordinária de cobrança, negação, repreensão ou frieza dos negros que é sentida como "ofensa" pelos brancos. Dou um exemplo:

> "Comparece a vítima informando que na data e local dos fatos, onde prestava serviços autônomos como garçom, ao servir o averiguado que é sócio do Clube, após este pedir-lhe algumas refeições que constavam no cardápio, mas que não tinham disponíveis para serem servidas, somado ao fato de ter pedido para que a conta fosse separada, e por norma do Clube o averiguado fora informado que não poderia ter esse pedido aceito, passou a ofender a vítima com as seguintes ofensas: 'graças a Deus que você não é meu empregado, macaco, se fosse estaria na senzala'. Vítima sentiu-se ofendido em sua honra e imagem pessoal".

Aqui, já se vê, o insulto tem a função de "ensinar à vitima seu lugar" esperado, ou seja, a subserviência. Para tanto, é sempre mencionado nos insultos o deslocamento social ou o lugar que deveriam ocupar as vítimas: "a senzala", "desclassificados", "essa macaca aí pensa que é o quê?", "negra metida".

A inconformidade com a igualdade social dos negros transparece também nas ofensas proferidas por superiores: "Isso é um desperdício de talento. Essa deveria estar lavando roupas. Isso aí é para nos servir."; "É negro, por isso que fez errado! Faz as coisas erradas e quer chegar cheio de razão! Esses vigilantes nem estudo têm...". Ofensas que resvalam para outros âmbitos (honestidade, diligência ou outros aspectos morais), quando direitos trabalhistas são reivindicados ou estão em jogo.

Às vezes, os insultados se queixam de que o insulto é precedido por um período de "perseguição". Também os inferiores hierárquicos invocam o deslocamento social das vítimas ("não cumprirei ordens daquele negro analfabeto").

Dependendo do grau de segurança do ofensor quanto à sua própria posição social, os insultos podem apenas sugerir a animalização ou coisificação dos negros (quando o reconhecimento social do ofensor é visível), mantendo-se no terreno da desqualificação social, ou podem progredir para uma completa negação da humanidade do ofendido, situação mais comum quando a distância social entre ofendidos e ofensores é mínima.

Também, no caso de clientes e usuários, há, às vezes, a transferência para os "inferiores", ou seja, para os "empregados", da raiva que deveria ser dirigida contra o governo ou a organização que os negros momentaneamente representam:

> "Comparece a vítima nesta Delegacia informando que na data e local dos fatos, onde trabalha como porteiro, logo após entregar o carnê do IPTU para a averiguada, foi ofendido pela mesma que disse: 'eu quebro a sua cara seu nego safado, ladrão sem vergonha', entre outras ofensas que foram presenciadas pelas testemunhas retro qualificadas. A vítima sentiu-se ofendido em sua honra e imagem pessoal".

Em termos de freqüência, os clientes ou usuários insultantes são, na maioria, homens. Mas os homens ofendem mais os homens e as mulheres ofendem mais as mulheres. Para o insultante, portanto, além do fato de não suportar o que considera "arrogância" ou "desrespeito" do servidor, o sexo da vítima tem alguma importância. Por que será isso? Talvez porque a relação entre os sexos imponha mais formalidade e envolva, ao mesmo tempo, uma abordagem mais simpática. Mas é interessante que os homens negros, insultados por clientes, não declarem, com maior freqüência, a cor dos insultantes (quatro em cinco casos), enquanto as mulheres ofendidas se "esqueçam" menos da cor de quem as ofendeu (três em sete). Acaso? O fato é que a não declaração da cor dos insultantes é mais freqüente em queixas contra clientes e usuários, ou contra superiores hierárquicos, que contra colegas ou subordinados, e mais freqüente nos homens que nas mulheres.

OS INSULTOS DOS VIZINHOS

O local de moradia é o segundo âmbito social de maior registro policial de insultos raciais. Por tratar-se de um ambiente doméstico, onde a presença feminina é maior, os registros são, como era de se esperar, em sua maioria, de mulheres brancas ofendendo mulheres negras (13 em 19 casos). As ofensas, quando ocorrem nesse âmbito, são respaldadas, geralmente, por uma história mais longa de desavenças e isso, junto com a proximidade física entre os beligerantes, enseja disputas mais carregadas de emoção, que extravasam em virulência verbal. A moral sexual, a humanidade, a higiene, os defeitos físicos e a inconveniência da vizinhança das vítimas são todos alvos de ataque verbal. Eis alguns exemplos:

1) "Suas negrinhas filhas da puta, negas fedorentas", "Suas vacas, galinhas".
2) "Estou cheia dessa raça; por que vocês não se mudam?", "Essa raça não presta".

3) "Sua macaca, eu odeio negro, eu vou por você na cadeia, sua negra".
4) "Suas negrinhas vagabundas, vocês são negras maloqueiras e não prestam".
5) "Além de negra, ainda é queimada; na escola que eu dou aula é cheia de negrinhos macaquinhos e eu reprovo mesmo, pois nego tem é que catar papel".
6) "Márcia sapatão, maldita, vagabunda, negra invejosa, que tinha inveja da mesma por ser branca de olhos claros etc.".
7) "Sua negra, maloqueira, você tem que mudar do prédio".
8) "Essa negra do 4º andar, eu não agüento esse cheiro! Eu vomito".
9) "Maconheiros", "Pretos sujos", "Vagabundos", "Traficantes", "Que odeia essa raça", "Que odeia pretos e nordestinos".

O que dizer das disputas que geram tais insultos? São disputas entre síndico e condôminos, a respeito da honestidade do gerenciamento do condomínio; em torno de brigas e brincadeiras de crianças, filhos das vítimas; disputas em torno do uso do passeio das casas ou da garagem e, muitas vezes, ódio sem causa aparente, puro desejo de segregação, vontade de evitar a presença de negros no prédio.

OS INSULTOS A CONSUMIDORES

As queixas prestadas de discriminação no âmbito de relações de consumo de bens e serviços são aquelas que menos registram insultos recebidos — apenas 12 das 22 queixas fazem-no. Esse dado já revela que a relação de consumo é mais formal que as demais (de trabalho, de vizinhança, ou relações não-sistemáticas, como as que se desenvolvem na rua ou no trânsito), desenrolando-se normalmente sob etiqueta bastante cuidadosa, que visa promover a imagem pública da empresa prestadora de serviços. O contato social, nesse caso, é não apenas secundário, para usar a terminologia clássica da sociologia, mas também padronizado. Como, então, mais de 50% das queixas ainda evocam insultos raciais?

Observando-se caso a caso, tem-se o seguinte: três dos insultos ocorreram na relação entre senhorio e inquilino; dois em estabelecimentos bancários, envolvendo clientes e seguranças; e outros cinco em transporte coletivo (motorista e usuário), lanchonete, hospital público, oficina e loja comercial. Três fatos são dignos de nota: primeiro, os insultos mais fortes partem de pessoas do mesmo nível social da vítima e, provavelmente, da mesma cor, pois a cor, geralmente, não é registrada; segundo, os insultos, quando partem de pessoas de maior nível social ou dos donos do estabelecimento, são insultos sintéticos ("preto", "negro") ou, simplesmente, aludem à cor da vítima ("também, olha a cor do indivíduo"); terceiro, os estabelecimentos pequenos apresentam maior número de casos com insulto que os grandes, provavelmente porque neles a relação com o consumidor é sujeita a menor formalização e disciplinamento.

O INSULTO NO TRÂNSITO E EM OUTROS ÂMBITOS

Do mesmo modo que, geralmente, a discriminação entre vizinhos é insultuosa também o é a discriminação no trânsito, nos pequenos negócios ou na rua e isso pela mesma razão: a grande tensão emocional a que estão sujeitos os agressores. Trata-se de insultos pesados, carregados sempre de alusões desabonadoras à moral sexual das vítimas ou de suas famílias, desferidos, quase sempre, por pessoa do mesmo sexo.

Obviamente, tem a mesma virulência o insulto proferido por familiar, com a agravante de, nesses casos, o sexo oposto não ter tratamento mais discreto.

CONCLUSÕES

Os negros, no Brasil, se queixam principalmente do insulto racial proferido no âmbito do trabalho, da vizinhança e do consumo de bens e serviços. Fazem-no beneficiando-se da Lei 7.716, modificada pela 9.459, que transformou a injúria racial em crime. Neste capítulo, utilizei os registros de queixas na Delegacia de Crimes Raciais de São Paulo, entre 1º de maio de 1997 e 30 de abril 1998, para estudar o insulto racial.

Desenvolvi uma interpretação do insulto racial segundo a qual sua função é institucionalizar um inferior racial. Isso significa que o insulto deve ser capaz de, simbolicamente: a) fazer o insultado retornar a um lugar inferior já historicamente constituído e b) re-instituir esse lugar.

A atribuição de inferioridade consiste na aposição de uma marca sintética, como a cor, e qualidades e propriedades negativas (em termos de constituição física, moralidade, organização social, hábitos de higiene e humanidade) a um certo grupo de pessoas consideradas "negras" ou "pretas".

Pelo que pude constatar, esse "inferior racial", no Brasil, é constituído pelos seguintes estigmas: 1) pretensa essência escrava; 2) desonestidade e delinqüência; 3) moradia precária; 4) devassidão moral; 5) irreligiosidade; 6) falta de higiene; 7) incivilidade, má-educação ou analfabetismo. Esses estigmas são reiteradamente associados à cor negra ou preta, que tais pessoas apresentam, transformando-a em símbolo sintético de estigma. Interessante notar que nenhuma característica física, além da cor — cabelos, lábios ou nariz, por exemplo — foi invocada nos insultos registrados, ainda que saibamos serem comuns em canções e ditos populares.

As situações de insulto, ou seja, aquelas em que a posição de inferioridade do negro precisa ser reforçada por rituais de humilhação pública, encontra-se, principalmente, no trabalho e negócios, onde o cliente ou usuário sente-se ameaçado pela autoridade de que o negro está investido; ou em situações em que os brancos se sentem incomodados pela conduta igualitária do negro. Existe mesmo, no Brasil, a expressão "tomar liberdade" ou "metida a besta" para alguém, que se crê superior, referir-se à conduta "indevida" de outrem, que se crê socialmente igual a ele.

Ainda segundo os registros que tenho, não foi possível confirmar a idéia do senso comum de que, no Brasil, o insulto racial ocorre como último recurso de ataque numa disputa interpessoal que se deteriora. Ao contrário, na maioria das queixas que analisei, o insulto foi o fato que instalou o conflito, não uma decorrência deste.

Essas conclusões, todavia, por conta do número restrito de casos, não podem ser tomadas com definitivas. Devem, melhor, servir de guia para investigação do insulto racial através de outros métodos de observação e outras fontes.

BIBLIOGRAFIA

ABERCOMBIE, N.; URRY, J. (1983). *Capital, labour, and the middle classes*. Londres: Allen and Unwin.

ABRAMO, Lais W. (1988). "Greve metalúrgica em São Bernardo: sobre a dignidade do trabalho". In: KOWARICK, Lúcio (org.), *As lutas sociais e a cidade*. Rio de Janeiro: Paz e Terra, pp. 207-46.

ABREU, Alice R. de Paiva (1980). *O Teatro Experimental do Negro, trabalho industrial a domicílio na indústria de confecção*. São Paulo: FFLCH-USP (tese de doutorado).

ABREU, Alice R. de Paiva (1986). "Processo de trabalho e ciências sociais: a contribuição do GT 'Processo de trabalho e reivindicação sociais'". In: *Ciências sociais hoje, 1986*. São Paulo: Cortez/ANPOCS, pp. 80-113.

ABREU, Alice R. de Paiva; PESSANHA, Elina G. (orgs.) (1995). *O trabalhador carioca: estudos sobre trabalhadores urbanos do estado do Rio de Janeiro*. Rio de Janeiro: JC Editora.

ADORNO, Sérgio (1988). *Os aprendizes do poder: o bacharelismo liberal na política brasileira*. Rio de Janeiro: Paz e Terra.

ADORNO, Sérgio (1995). "Discriminação racial e justiça criminal em São Paulo". São Paulo: *Novos Estudos Cebrap*, nº 43, pp. 45-63.

AGIER, Michel (2000). *Anthropologie du carnaval: la ville, la fête et l'Afrique à Bahia*. Paris: Éditions Parenthèses.

AGIER, Michel; CARVALHO, Maria Rosário G. de (1994). "Nation, race, culture: les mouvements noirs et indiens au Brésil". Paris: *Cahiers de l'Amérique Latine*, nº 17, IHEAL, pp. 107-24.

ALBUQUERQUE, J. A. G. (1977). *Classes médias e política no Brasil*. Rio de Janeiro: Paz e Terra.

ALBUQUERQUE, Wlamyra (1999). *Algazarra nas ruas: comemorações da Independência da Bahia (1889-1923)*. Campinas: Editora da Unicamp.

ALMEIDA. Maria Hermínia T. de (1975). "O sindicato no Brasil: novos problemas, velhas estruturas". São Paulo: *Debate & Crítica*, nº 6, julho, pp. 49-74.

ALMEIDA. Maria Hermínia T. de (1978). *Estado e classes trabalhadoras no Brasil, 1930-1945*. São Paulo: USP (tese de doutorado).

ALMEIDA. Maria Hermínia T. de (1978a). "Desarrollo capitalista y acción sindical". Cidade do México: *Revista Mexicana de Sociología*, abril-junho, pp. 467-92.

ALMEIDA. Maria Hermínia T. de (1981). "Tendências recentes da negociação coletiva no Brasil". Rio de Janeiro: *Dados*, vol. XXIV, nº 2, pp. 161-89.

ALMEIDA. Maria Hermínia T. de (1988). "Difícil caminho: sindicatos e política na construção da democracia". In: REIS, F. W.; O'DONNELL, G. (orgs.), *A democracia no Brasil: dilemas e perspectivas*. São Paulo: Vértice, pp. 327-67.

ALTHUSSER, Louis (1965). *Pour Marx*. Paris: François Maspero.

ALTHUSSER, Louis; BALIBAR, Étienne (1968). *Lire* Le Capital. Paris: François Maspero.

ALVIM, Rosilene; LOPES, José S. L. (1990). "Famílias operárias, famílias de operárias". São Paulo: *Revista Brasileira de Ciências Sociais*, ano V, nº 14, Vértice/ANPOCS, pp. 7-17.

ANDERSON, Benedict (1991). *Imagined communities*. Londres: Verso.

ANDRADE, Regis de Castro (1974). *Movimento trabalhista e sindicatos sob o nacional-populismo no Brasil*. São Paulo: Cebrap (mimeo).

ANDRADE, Regis de Castro (1979). "Perspectivas no estudo do populismo brasileiro". Rio de Janeiro: *Encontros com a Civilização Brasileira*, nº 7, pp. 41-86.

ANDREWS, George (1991). "O protesto político negro em São Paulo: 1888-1988". Rio de Janeiro: *Estudos Afro-Asiáticos*, nº 21, pp. 27-48.

ANTUNES, Ricardo (1982). *Classe operária, sindicatos e partidos no Brasil*. São Paulo: Cortez.

ANTUNES, Ricardo (1986). *As formas da greve: confronto operário no ABC paulista, 1978-80*. São Paulo: FFLCH-USP (tese de doutorado, posteriormente publicada como *A rebeldia do trabalho*. São Paulo: Ensaio/ Editora da Unicamp, 1986).

ARAÚJO, Ricardo Benzaquen de (1995). *Guerra e paz:* Casa-grande & senzala *e a obra de Gilberto Freyre nos anos 30*. São Paulo: Editora 34.

ARENDT, Hanna (1951). "Race-thinking before racism". In: *The origins of totalitarianism*, parte II: *Imperialism*, cap. 2. Nova York: Harcourt Brace Jovanovich.

ASANTE, Molefi Kete (1987). *The afrocentric idea*. Filadélfia: Temple University Press.

ASANTE, M. K.; ASANTE, K. W. (orgs.) (1982). *African culture*. Trenton: Africa World Press.

AZAIS, C.; CAPPELLIN, Paola (1996). "Para uma análise das classes sociais". In: SIQUEIRA, D.; POTENGY, G.; CAPPELLIN, P. (orgs.), *Relações de trabalho e relações de poder*. Brasília: Editora da UNB, pp. 19-46.

AZEVEDO, Célia Maria Marinho de (1994). "Abolicionismo e memória das relações raciais". Rio de Janeiro: *Estudos Afro-Asiáticos*, nº 26, pp. 5-20.

AZEVEDO, Célia Maria Marinho de (1996). "O abolicionismo transatlântico e a memória do paraíso racial brasileiro". Rio de Janeiro: *Estudos Afro-Asiáticos*, nº 30, pp. 151-62.

AZEVEDO, Thales de (1966). "Classes sociais e grupos de prestígio". In: *Cultura e situação racial no Brasil*. Rio de Janeiro: Civilização Brasileira, pp. 30-43.

AZEVEDO, Thales de (1996 [1955]). *As elites de cor: um estudo de ascensão social*. Salvador: EDUFBA (a primeira edição, de 1955, é da Companhia Editora Nacional, Rio de Janeiro).

BACELAR, Jéferson (2001). *A hierarquia das raças: negros e brancos em Salvador*. São Paulo: Pallas.

BALIBAR, Etienne (1973). "Sur les concepts fondamentaux du materialisme historique". In: ALTHUSSER, L.; BALIBAR, E., *Lire* Le Capital. Paris: François Maspero.

BARBOSA, L. (1985). *O assalariamento do trabalho intelectual e a crise da universidade*. Belo Horizonte: UFMG (tese de mestrado, datilografada).

BARROS, R. P.; HENRIQUES, Ricardo (2000). "A estabilidade inaceitável: desigualdade e pobreza no Brasil". In: HENRIQUES, R. (org.), *Desigualdade e pobreza no Brasil*. Rio de Janeiro: IPEA.

BASTIDE, Roger (1944). "Itinerário da democracia I: encontro com Bernanos". São Paulo: *Diário de S. Paulo*, sexta-feira, 17 de março, p. 11.

BASTIDE, Roger (1944a). "Itinerário da democracia II: encontro com Jorge Amado". São Paulo: *Diário de S. Paulo*, sexta-feira, 24 de março, p. 8.

BASTIDE, Roger (1944b). "Itinerário da democracia III: em Recife, com Gilberto Freyre". São Paulo: *Diário de S. Paulo*, sexta-feira, 31 de março, p. 10.

BASTIDE, Roger (1945). *Imagens do Nordeste místico em branco e preto*. Rio de Janeiro: O Cruzeiro.

BASTIDE, Roger (1955). "Efeito do conceito de cor". In: *Relações raciais entre brancos e negros em São Paulo*. São Paulo: UNESCO/Anhembi, pp. 159-92.

BASTIDE, Roger (1961). "Variations sur la négritude". Paris: *Présence Africaine*, nº 36, pp. 7-17.

BASTIDE, Roger (1983). "A imprensa negra do estado de São Paulo". In: *Estudos Afro-Brasileiros*. São Paulo: Perspectiva, pp. 129-56.

BASTIDE, Roger; FERNANDES, Florestan (1955). *Relações raciais entre negros e brancos em São Paulo*. São Paulo: UNESCO/Anhembi.

BASTOS, Elide Rugai (1988). "Um debate sobre a questão do negro no Brasil". São Paulo: *São Paulo em Perspectiva*, vol. II, nº 2, pp. 20-6.

BASTOS, Elide Rugai (2001). *Entre Dom Quixote e Alonso El Bueno: Gilberto Freyre e o pensamento hispânico*. São Paulo (manuscrito).

BAUDELOT, C.; ESTABLET, R.; MELEMORT, J. (1974). *La petite bourgeoisie en France*. Paris: François Maspero.

BAVA, Silvio Caccia (1988). "A luta nos bairros e a luta sindical". In: KOWARICK, Lúcio (org.), *As lutas sociais e a cidade*. Rio de Janeiro: Paz e Terra, pp. 287-314.

BEAUD, Stéphane; PIALOUX, Michel (1999). *Retour sur la condition ouvrière*. Paris: Fayard.

BERQUÓ, Elza; ALENCASTRO, L. F. (1992). "A emergência do voto negro". São Paulo: *Novos Estudos Cebrap*, nº 33, pp. 77-88.

BHABHA, Homi (1994). *The location of culture*. Londres: Routledge.

BIDOU, Catherine (1984). *Les aventuriers du quotidien: essai sur les nouvelles classes moyennes*. Paris: PUF.

BIDOU, Catherine (1997). "Les classes sociales". In: *La sociologie française*. Paris: La Découverte, pp. 63-72.

BLASS, Leila (1992). *Estamos em greve! Imagens, gestos e palavras dos bancários*. São Paulo: Hucitec.

BLUMER, Herbert (1958). "Race prejudice as a sense of group position". Beverly Hills, CA: *Pacific Sociological Review*, vol. I, nº 1 (Spring), Sage Publications, pp. 3-8.

BOITO JR., Armando (1991). *O sindicalismo de Estado no Brasil: uma análise crítica da estrutura sindical*. São Paulo: Hucitec.

BOLTANSKI, Luc (1982). *Les cadres, la formation d'un groupe social*. Paris: Minuit.

BOLTANSKI, Luc; THÉVENOT, L. (1983). "Finding one's way in social space: a study based on games". Paris: *Social Science Information*, vol. XXII, nº 4-5, Sage Publications, pp. 631-80.

BONELLI, Maria da G.; DONATONI, Silvana (1996). "Os estudos sobre profissões nas ciências sociais brasileiras". Rio de Janeiro: *BIB* — Boletim Informativo e Bibliográfico de Ciências Sociais, nº 41, ANPOCS/ Relume-Dumará, pp. 109-42.

BOSCHI, Renato Raul (1979). *Elites industriais e democracia: hegemonia burguesa e mudança política no Brasil*. Rio de Janeiro: Graal.

BOSCHI, Renato Raul (org.) (1983). *Movimentos coletivos no Brasil urbano*. Rio de Janeiro: Zahar.

BOSCHI, Renato Raul (1984). *The art of associating: social movements, the middle class, and grassroots politics in urban Brazil*. Palo Alto, CA: Stanford University (post-doctoral report).

BOSCHI, Renato Raul (1986). "A abertura e a nova classe média na política brasileira: 1977-1982". São Paulo: *Revista Brasileira de Ciências Sociais*, vol. I, nº 1, ANPOCS, pp. 30-42.

BOSCHI, Renato Raul (1987). *A arte da associação: política de base e democracia no Brasil*. Rio de Janeiro: Vértice/IUPERJ.

BOSCHI, Renato Raul (1990). "Entre a cruz e a caldeira: classes médias e política na terra da transição". In: LARANGEIRA, S. (org.), *Classes e movimentos sociais na América Latina*. São Paulo: Hucitec.

BOURDIEU, Pierre (1974). "Condição de classe e posição de classe". In: AGUIAR, N. (org.), *Hierarquias em classes*. Rio de Janeiro: Zahar, pp. 51-94.

BOURDIEU, Pierre (1979). *La distinction: critique sociale du jugement*. Paris: Minuit.

BOURDIEU, Pierre; WACQUANT, Loïc (1998). "Sur les ruses de la raison imperialiste". Paris: *Actes de la Recherche en Sciences Sociales*, nº 121-122, março, pp. 109-18.

BRANT, Vinícius Caldeira (1977). "Ouvriers et syndicats au Brésil". Paris: *Sociologie du Travail*, nº 3.

BRAVERMAN, H. (1974). *Labor and monopoly capital*. Nova York: Monthly Review Press.

BRUSCHINI, C. (1993). "Trabalho feminino: trajetória de um tema, perspectivas para o futuro". Rio de Janeiro, 20-21 de maio (comunicação apresentada ao seminário Desafios do Feminismo).

BURAWOY, Michael (1979). *Manufacturing consent*. Chicago: University of Chicago Press.

BURAWOY, Michael (1985). *The politics of production*. Londres: Verso.

CALDEIRA, Teresa Pires do Rio (1984). *A política dos outros: o cotidiano dos moradores da periferia e o que pensam do poder*. São Paulo: Brasiliense.

CAMARGO, Aspásia A. de (1974). "Brésil nordest: mouvements paysans et crise populiste". Paris: Université de Paris (these doctorat, 3ème cycle).

CAMARGO, Aspásia A. de (1976). "Autoritarismo e populismo: bipolaridade no sistema político brasileiro". Rio de Janeiro: *Dados*, nº 12, pp. 22-45.

CANDIDO, Antonio (1947). "Opiniões e classes sociais em Tietê". São Paulo: *Sociologia*, vol. IX, nº 2, pp. 97-112.

CANDIDO, Antonio (1964). *Os parceiros do Rio Bonito*. Rio de Janeiro: José Olympio (nova edição: São Paulo: Duas Cidades/Editora 34, 2001).

CANDIDO, Antonio (1994). "O significado de *Raízes do Brasil*". In: HOLANDA, Sérgio Buarque de, *Raízes do Brasil*. Rio de Janeiro: José Olympio, pp. 9-21.

CARCHEDI, G. (1977). *On the economic identification of social classes*. Londres: Routledge/Kegan Paul.

CARDOSO, Fernando Henrique (1969 [1961]). "Proletariado no Brasil: situação e comportamento social". In: *Mudanças sociais na América Latina*. São Paulo: Difel, pp. 199-220 (originalmente publicado em *Sociologie du Travail*, ano III, nº 4, Paris).

CARDOSO, Fernando Henrique (1972). *O modelo político brasileiro e outros ensaios*. São Paulo: Difel.

CARDOSO, Fernando Henrique (1973). "Althusserianismo ou marxismo? A propósito do conceito de classes em Poulantzas". São Paulo: *Cadernos Cebrap*, nº 3, pp. 65-85.

CARDOSO, Fernando Henrique (1972). *Empresário industrial e desenvolvimento econômico no Brasil*. São Paulo: Difel.

CARDOSO, Fernando Henrique (1975). "Classes sociais e história: considerações metodológicas". In: *Autoritarismo e democratização*. Rio de Janeiro: Paz e Terra, pp. 99-134.

CARDOSO, Fernando Henrique; FALETTO, Enzo (1969). *Dependencia y desarrollo en América Latina: ensayo de interpretación sociológica*. Cidade do México: Siglo Veintiuno.

CARDOSO, Ruth (1987). "Movimentos sociais na América Latina". São Paulo: *Revista Brasileira de Ciências Sociais*, vol. I, nº 3, ANPOCS, pp. 27-37.

CARONE, Edgard (1974). *Oligarquias e classes sociais na segunda república (1930-1937)*. São Paulo: FFLCH-USP (tese de livre docência).

CARONE, Edgard (1989). *Classes sociais e movimento operário*. São Paulo: Ática.

CARVALHO, José Murilo de (1987). *Os bestializados*. São Paulo: Companhia das Letras.

CARVALHO, José Murilo de (1995). *A formação das almas: o imaginário da república no Brasil*. São Paulo: Companhia das Letras.

CARVALHO, José Murilo de (1998). "Brasileiro, cidadão?". In: *Pontos e bordados*. Belo Horizonte: Editora UFMG.

CARVALHO, José Murilo de (2000). "Dreams come Untrue". Cambridge, MA: *Deadalus*, vol. CXXIX, nº 2 (Spring), pp. 57-82.

CASTEL, Robert (1999). *Les métamorphoses de la question sociale*. Paris: Gallimard.

CASTEL, Robert (1999a). "Pourquoi la classe ouvrière a-t-elle perdue la partie?". Paris: *Actuel Marx*, nº 26, dossier "Les nouveaux rapports de classes", setembro, pp. 11-24.

CASTRO, Mônica M. M. de (1992). "Raça e comportamento político". Rio de Janeiro: *Dados*, vol. XXXVI, nº 3, pp. 469-91.

CASTRO, N.; GUIMARÃES, A. S. A. (1996). "Movimento sindical e formação de classe: elementos para uma discussão teórico-metodológica". In: SIQUEIRA, D.; POTENGY, G.; CAPPELLIN, P. (orgs.), *Relações de trabalho e relações de poder*. Brasília: Editora UNB, pp. 47-72.

CASTRO, Nadya; LEITE, Márcia (1994). "A sociologia do trabalho industrial no Brasil: desafios e interpretações". Rio de Janeiro: *BIB* — Boletim Informativo e Bibliográfico de Ciências Sociais, nº 38, ANPOCS/Relume-Dumará, pp. 39-59.

CERQUEIRA, Eli Diniz; BOSCHI, Renato R. (1976). *Empresariado nacional e Estado no Brasil*. Rio de Janeiro: IUPERJ (mimeo).

CERQUEIRA, Eli Diniz; BOSCHI, Renato R. (1977). "Estado e sociedade no Brasil: uma revisão crítica". São Paulo: *BIB: O que se Deve Ler em Ciências Sociais no Brasil*, vol. I, Cortez, pp. 9-34.

CERQUEIRA, Eli Diniz; BOSCHI, Renato R. (1977a). "Elite industrial e Estado: uma análise de ideologia do empresariado nacional nos 70". In: MARTINS, Carlos Estevam (org.), *Estado e capitalismo no Brasil*. São Paulo: Hucitec/Cebrap, pp. 167-88.

CHAUVEL, Louis (1999). "Classes et générations: l'insuffisance des hypothèses de la théorie de la fin des classes sociales". *Actuel Marx*, nº 26, dossier "Les nouveaux rapports de classes", setembro, pp. 37-52.

CHEIBUB, Zairo B. (1995). "Valores e opiniões da elite: notas sobre padrões de apoio a políticas sociais". Rio de Janeiro: *Dados*, vol. XXXVIII, nº 1, pp. 57-70.

CHILCOTE, Ronald (1995). "Teoria de classe". Rio de Janeiro: *BIB* — Boletim Informativo e Bibliográfico de Ciências Sociais, nº 39, ANPOCS/Relume-Dumará, pp. 85-101.

COELHO, Edmundo Campos (1976). *Em busca da identidade: o exército e a política na sociedade brasileira.* Rio de Janeiro: Forense.

COELHO, Edmundo Campos (1985). "A instituição militar no Brasil: um ensaio bibliográfico". São Paulo: *BIB: O que se Deve Ler em Ciências Sociais no Brasil*, vol. III, Cortez, pp. 335-59.

COLLETTI, Lucio (1969). *Ideologia e società.* Bari: Laterza.

COLLETTI, Lucio (1973). *Marxism and Hegel.* Londres: NLB.

COSTA, Emilia Viotti da (1990). "Estruturas *versus* experiências: novas tendências da história do movimento operário e das classes trabalhadoras na América Latina. O que se perde e o que se ganha". Rio de Janeiro: *BIB* — Boletim Informativo e Bibliográfico de Ciências Sociais, nº 29, ANPOCS/Vértice, pp. 3-16.

COSTA, Sérgio (2001). "A construção sociológica da raça no Brasil". Rio de Janeiro: *Estudos Afro-Asiáticos* (no prelo).

COSTA, Sérgio; WERLE, Denilson (1997). "Reconhecer as diferenças: liberais, comunitaristas e as relações raciais no Brasil". São Paulo: *Novos Estudos Cebrap*, nº 49, novembro, pp. 159-78.

DAMATTA, Roberto (1979). *Carnavais, malandros e heróis.* Rio de Janeiro: Guanabara.

DAMATTA, Roberto (1981). "Digressão: a fábula das três raças, ou o problema do racismo à brasileira". In: *Relativizando: uma introdução à antropologia social.* Petrópolis: Vozes.

DAMATTA, Roberto (1985). *A casa e a rua.* São Paulo: Brasiliense.

DAMATTA, Roberto (1997). "Notas sobre o racismo à brasileira". In: SOUZA, Jessé (org.), *Multiculturalismo e racismo: uma comparação Brasil-Estados Unidos.* Brasília: Paralelo 15, pp. 69-76.

DE DECCA, E. (1981). *O silêncio dos vencidos.* São Paulo: Brasiliense.

DELLA VOLPE, Galvano (1969). *Logica come scienza storica.* Roma: Riuniti.

DESROSIÈRES, A. (1987). "Éléments pour l'histoire des nomenclatures socioprofessionnelles". In: AFFICHARD, J. (org.), *Pour une histoire de la statistique*, tomo II. Paris: INSEE-Economica, pp. 35-56.

DINIZ, Eli (1978). *Empresário, Estado e capitalismo no Brasil, 1930-1945.* Rio de Janeiro: Paz e Terra.

DINIZ, Eli (1984). *Empresariado e transição política no Brasil*. Rio de Janeiro: IUPERJ.

DINIZ, Eli (1986). "O empresariado e o momento político: entre a nostalgia do passado e o temor do futuro". In: *Ciências sociais hoje, 1986*. São Paulo: Cortez/ANPOCS.

DINIZ, Eli (1992). "Neoliberalismo e corporativismo: as duas faces do capitalismo industrial no Brasil". Rio de Janeiro: *Revista Brasileira de Ciências Sociais*, ano VII, nº 20, Relume-Dumará/ANPOCS, pp. 31-46.

DINIZ, Eli; BOSCHI, Renato R. (1993). "Lideranças empresariais e problemas de estratégia liberal no Brasil". São Paulo: *Revista Brasileira de Ciências Sociais*, ano VIII, nº 23, ANPOCS, pp. 101-19.

DINIZ, Eli; LOPES, José Sérgio Leite; PRANDI, Reginaldo (1994). *O Brasil no rastro da crise: partidos, sindicatos, movimentos sociais, estados e cidadania no curso dos anos 90*. São Paulo: Hucitec.

DIOP, Cheikh Anta (1979 [1954]). *Nations nègres et culture: de l'Antiquité nègre égyptienne aux problèmes culturels de l'Afrique noire d'aujourd'hui*. Paris: Présence Africaine.

DIRN, L. (1998). *La société française en tendances: 1975-1995*. Paris: PUF.

DOLARD, John (1939). "The dozens: dialect of insult". Baltimore: *American Imago*, nº 1, John Hopkins University Press, pp. 1-21.

DUMONT, Louis (1966). "Caste, racisme et stratification". In: *Homo Hierarchicus*. Paris: Gallimard, pp. 305-23.

ELIAS, Norbert; SCOTSON, John (1994). *The established and the outsiders*. Londres: Sage Publications.

EHRENREICH, B.; EHRENREICH, J. (1979). "The professional-managerial class". In: WALKER, P. (org.), *Between labour and capital*. Montreal: Black Rose Books.

ERICKSON, Kenneth P. (1972). *Corporatism and labor in development. Contemporary Brazil: issues in economic and political development*. Nova York: Praeger Publishers.

EVANS-PRITCHARD, E. E. (1969). *Social anthropology*. Londres: Chen & West.

EVERS, T. (1982). "Sobre o comportamento político das classes médias no Brasil". In: KRISCHKE, P. J. (org.), *Brasil: do "Milagre" à Abertura*. São Paulo: Cortez.

FAORO, Raymundo (1958). *Os donos do poder: formação do patronato brasileiro*. Porto Alegre: Globo.

FAORO, Raymundo (1993). "A aventura liberal numa ordem patrimonialista". São Paulo: *Revista da USP*, nº 17, pp. 14-29.

FARIA, Vilmar (1971). "Dependance et idéologie des dirigents industrieles brésiliens". Paris: *Sociologie du Travail*, nº 3, junho-setembro, pp. 40-57.

FAUSTO, Boris (1974). "Conflito social na República oligárquica: a greve de 1917". São Paulo: *Estudos Cebrap*, nº 10, pp. 79-109.

FAUSTO, Boris (1976). *Trabalho urbano e conflito social*. São Paulo: Difel.

FELIX, João Baptista de J. (2000). *Chic Show e construção de identidade nos bailes black paulistanos*. São Paulo: USP (dissertação de mestrado, pós-graduação em Antropologia da USP).

FERNANDES, Florestan (1948). "A análise sociológica das classes sociais". São Paulo: *Sociologia*, vol. X, nº 2-3, pp. 91-113.

FERNANDES, Florestan (1955). "A luta contra o preconceito de cor". In: *Relações raciais entre brancos e negros em São Paulo*. São Paulo: UNESCO/Anhembi, pp. 193-226.

FERNANDES, Florestan (1965). *A integração do negro na sociedade de classes*. São Paulo: Companhia Editora Nacional.

FERNANDES, Florestan (1968). *Sociedade de classes e subdesenvolvimento*. Rio de Janeiro: Zahar.

FERNANDES, Florestan (1972). *O negro no mundo dos brancos*. São Paulo: Difel.

FERNANDES, Florestan (1974). *A revolução burguesa no Brasil*. Rio de Janeiro: Zahar.

FERNANDES, Florestan (1975). *Capitalismo dependente e classes sociais na América Latina*. Rio de Janeiro: Zahar.

FERNANDES, Florestan (1977). "O problema de conceituação de classe na América Latina". In: ZATENO, R. (org.), *As classes sociais na América Latina*. Rio de Janeiro: Paz e Terra, pp. 173-246.

FERRANTE, Vera; SAFFIOTI, Helena (1986-87). "Da casa para a rua: a caminhada das mulheres bóias-frias". São Paulo: *Perspectivas*, vols. IX-X, UNESP, pp. 93-119.

FERREIRA FILHO, Alberto Heráclito (1999). "Desafricanizar as ruas: elites letradas, mulheres pobres e cultura popular em Salvador, 1890-1937". Salvador: *Afro-Ásia*, nº 21-22, pp. 239-56.

FIGUEIREDO, Ângela (1999). *Novas elites de cor: estudo com os profissionais liberais negros em Salvador*. Salvador: Universidade Federal da Bahia (tese de mestrado em Sociologia).

FLEURY, Afonso; VARGAS, Nilton (orgs.) (1983). *Organização do trabalho: uma abordagem interdisciplinar*. São Paulo: Atlas.

FLEURY, Maria Tereza; FISCHER, Rosa (orgs.) (1985). *Processo e relações do trabalho no Brasil*. São Paulo: Atlas.

FLORENTINO, Manolo (1997). *Em costas negras*. São Paulo: Companhia das Letras.

FLYNN, Charles (1977). *Insult and society: patterns of comparative interaction*. Port Washington, NY: Kennikat Press.

FOLHA DE S. PAULO/DATAFOLHA (1995). *Racismo cordial*. São Paulo: Ática.

FORACCHI, Marialice Mencarini (1965). *Estudante e a transformação da sociedade brasileira*. São Paulo: Companhia Editora Nacional.

FOUCAULT, Michel (1997). *La genealogia del racismo*. Madri: Piqueta.

FOURASTIÉ, Jean (1979). *Les trente glorieuses*. Paris: Fayard.

FRANK, Andrew Gunder (1969). *Capitalism and underdevelopment in Latin America: historical studies of Chile and Brazil*. Nova York: Modern Reader Paperback.

FREDERICO, Celso (1978). *A consciência operária no Brasil*. São Paulo: Ática.

FRENCH, John (2000). "The missteps of anti-imperialist reason: Bourdieu, Wacquant and Hanchard's *Orpheus and Power*". Cleveland, England: *Theory, Culture and Society*, vol. XVII, nº 1, pp. 107-28.

FREYRE, Gilberto (1936). *Sobrados e mucambos*. São Paulo: Companhia Editora Nacional.

FREYRE, Gilberto (1940). *O mundo que o português criou*. Rio de Janeiro: José Olympio.

FREYRE, Gilberto (1944). *Na Bahia em 1943*. Rio de Janeiro: Companhia Brasileira de Artes Gráficas.

FREYRE, Gilberto (1944a). "Um engano de José Lins do Rêgo". Rio de Janeiro: *O Jornal*, 25 de janeiro.

FREYRE, Gilberto (1947). *Interpretação do Brasil*. Rio de Janeiro: José Olympio.

FREYRE, Gilberto (1956). "A escravidão, a monarquia e o Brasil moderno". Belo Horizonte: *Revista Brasileira de Estudos Políticos*, vol. I, nº 1, dezembro, pp. 39-48.

FREYRE, Gilberto (1959). *Ordem e progresso*. Rio de Janeiro: José Olympio.

FREYRE, Gilberto (1961). *Integração das raças autóctones e de culturas diferentes da européia na comunidade luso-tropical: aspectos gerais de um processo*. Lisboa: Congresso Internacional de História dos Descobrimentos, 15 p.

FREYRE, Gilberto (1962). *O Brasil em face das Áfricas negras e mestiças*. Rio de Janeiro: Federação das Associações Portuguesas, 48 pp.

FREYRE, Gilberto (1969 [1933]). *Casa-grande & senzala: formação da família brasileira sob o regime da economia patriarcal*. Rio de Janeiro: José Olympio (a primeira edição, de 1933, é de Maia & Schimidt Ltda.).

FRY, Peter (1988). "Negros e brancos no carnaval da Velha República". In: REIS, J. J. (org.), *Escravidão e invenção da liberdade*. São Paulo: Brasiliense, pp. 232-63.

FRY, Peter (1995-96). "O que a Cinderela negra tem a dizer sobre a 'política racial' no Brasil". São Paulo: *Revista da USP*, nº 28, dezembro-fevereiro, pp. 122-35.

FRY, Peter (2000). "Politics, nationality, and the meanings of 'race' in Brazil". Cambridge, MA: *Daedalus* (Spring), pp. 83-118.

GARCIA JR., Afrânio (1983). *Terra de trabalho: trabalho familiar de pequenos produtores*. Rio de Janeiro: Paz e Terra.

GARCIA JR., Afrânio (1989). *Sul: caminho do roçado (estratégia de reprodução camponesa e transformação social)*. São Paulo: Marco Zero.

GIANNOTTI, José Arthur (1966). *Origens da dialética do trabalho*. São Paulo: Difel.

GILROY, Paul (1998). "Race ends here". Abingdon, Oxford: *Ethnic and Racial Studies*, vol. XXI, nº 5, pp. 838-47.

GILROY, Paul (2000). *Against race*. Cambridge: Belknap Press/Harvard.

GITAHY, Leda *et al.* (1982). *Workers struggles and working women struggles in São Bernardo do Campo*. Manchester: 44th International Congress of Americanists, setembro-novembro.

GNACCARINI, J. C.; MOURA, M. M. (1983). "Estrutura agrária brasileira: permanência e diversificação de um debate". São Paulo: *BIB: O que se Deve Ler em Ciências Sociais no Brasil*, vol. III, nº 15, Cortez, pp. 5-52.

GOES, Walder de (1986). "Os militares e a transição política". In: *Ciências sociais hoje, 1986*. São Paulo: Cortez/ANPOCS.

GOFFMAN, Erving (1963). *Stigma: notes on the management of spoiled identity*. Nova York: Simon & Schuster.

GOMES, Angela M. de Castro (1979). *Burguesia e trabalho*. Rio de Janeiro: Campus.

GOMES, Angela M. de C.; FERREIRA, Marieta de M. (1987). "Industrialização e classe trabalhadora no Rio de Janeiro: novas perspectivas de análise". Rio de Janeiro: *BIB* — Boletim Informativo e Bibliográfico de Ciências Sociais, nº 24, ANPOCS/Vértice, pp. 11-24.

GONZALEZ, Lélia (1982). "O movimento negro na última década". In: GONZALEZ, L.; HASENBALG, C., *Lugar de negro*. Rio de Janeiro: Marco Zero, pp. 9-66.

GORDON, Jeniffer Roth (1999). Hip-hop *brasileiro: Brazilian youth and alternative black consciousness movement*. Chicago: 98th Annual Meeting of the American Anthropological Association, novembro.

GORDON, Milton M. (1963). *Social class in American sociology*. Nova York: McGraw-Hill.

GRIN, Mônica (2001). "Políticas de ação afirmativa e ajustes normativos: o Seminário de Brasília". São Paulo: *Novos Estudos Cebrap*, nº 59, março, pp. 172-92.

GUIMARÃES, Antonio S. A. (1982). *A formação e a crise da hegemonia burguesa na Bahia*. Salvador: FFCH-UFBA, 200 pp. (dissertação, mestrado em Ciências Sociais).

GUIMARÃES, Antonio S. A. (1988). *Factory regime and class formation: the petrochemical workers in Brazil*. Madison: University of Wisconsin, 546 pp. (tese de doutorado).

GUIMARÃES, Antonio S. A. (1991). "Classes, interesses e exploração: comentários sobre um debate anglo-americano". Rio de Janeiro: *BIB — Boletim Informativo e Bibliográfico de Ciências Sociais*, nº 31, ANPOCS/Vértice, p. 49-66.

GUIMARÃES, Antonio S. A. (1995). "Racismo e anti-racismo no Brasil". São Paulo: *Novos Estudos Cebrap*, nº 43, novembro, pp. 26-44.

GUIMARÃES, Antonio S. A. (1996). "Cor, classe e *status* nos estudos de Pierson, Azevedo e Harris na Bahia: 1940-1960". In: MAIO, M. C.; SANTOS, R. V. (orgs.), *Raça, ciência e sociedade*. Rio de Janeiro: Fiocruz/Centro Cultural Banco do Brasil, pp. 143-58.

GUIMARÃES, Antonio S. A. (1998). *Preconceito e discriminação: queixas de ofensas e tratamento desigual dos negros no Brasil*. Salvador: Novos Toques.

GUIMARÃES, Antonio S. A. (1998a). *Um sonho de classe: trabalhadores e formação de classe na Bahia dos anos oitenta*. São Paulo: Hucitec/USP.

GUIMARÃES, Antonio S. A. (1999). *Racismo e anti-racismo no Brasil*. São Paulo: Editora 34.

GUIMARÃES, A. S. A.; AGIER, M.; CASTRO, N. A. (1995). *Imagens e identidades do trabalho*. São Paulo: Hucitec.

GUIMARÃES, A. S. A.; CASTRO, N. A. (1988). "Espaços regionais de construção da identidade: a classe trabalhadora no Brasil pós-77". In: *Ciências sociais hoje, 1988*. São Paulo: Vértice/ANPOCS.

GUIMARÃES, A. S. A.; CASTRO, N. A. (1990). "Classes, regimes fabris e mudança social no Nordeste brasileiro". In: VALLADARES, Lícia; PRETECEILLE, Edmond (orgs.), *Reestruturação urbana: tendências e desafios*. Rio de Janeiro: ISA/IUPERJ/Nobel, pp. 148-67.

GUIMARÃES, A. S. A.; GUIMARÃES, N. A. (2000). *Tratamento desigual de brancos e negros na procura de empregos na Região Metropolitana de São Paulo*. São Paulo: FFLCH-USP (relatório nº 3, avaliação final do pré-teste).

GUIMARÃES, César (1977). "Empresariado, tipos de capitalismo e ordem política". Rio de Janeiro: *Dados*, nº 14, pp. 34-47.

GUIMARÃES, N. A.; CONSONI (2000). *As desigualdades reestruturadas: um olhar sobre os diferenciais de sexo e raça no acesso ao trabalho*. São Paulo: FINEP/CUT/Cebrap, 71 pp. (relatório de pesquisa).

HALBWACHS, Maurice (1913). *La classe ouvrière et les niveaux de vie*. Paris: Félix Alcan.

HALL, Michael (1971). *The origins of mass immigration in Brazil, 1871-1914*. Campinas: Unicamp (mimeo).

HALL, Michael (1984). *On widening the scope of Latin American working-class history: some general considerations and a Brazilian case study*. Campinas (mimeo).

HANCHARD, Michael (1994). *Orpheus and power: the Movimento Negro of Rio de Janeiro and São Paulo, Brazil, 1945-1988*. Princeton: Princeton University Press.

HANCHARD, Michael (1996). "Cinderela negra? Raça e e esfera pública no Brasil". Rio de Janeiro: *Estudos Afro-Asiáticos*, nº 30, pp. 41-59.

HARRIS, Marvin (1964). *Patterns of race in the Americas*. Nova York: Walker and Company.

HARRIS, Marvin (1967). *Padrões raciais nas Américas*. Rio de Janeiro: Civilização Brasileira.

HARRIS, Marvin *et al.* (1993). "Who are the whites? Imposed census categories and the racial demography of Brazil". Chapel Hill, NC: *Social Forces*, nº 72, The University of North Carolina Press, pp. 451-62.

HARRIS, Marvin *et al.* (1995). "What's in a name? The consequences of violating Brazilian emic color-race categories in estimates of social well-being". Abuquerque, NM: *Journal of Anthropological Research*, vol. LI, pp. 389-97.

HASENBALG, Carlos (1979). *Discriminação e desigualdades raciais no Brasil*. Rio de Janeiro: Graal.

HASENBALG, Carlos (1996). "Entre o mito e os fatos: racismo e relações raciais no Brasil". In: MAIO, Marcos C.; SANTOS, Ricardo V. (orgs.), *Raça, ciência e sociedade*. Rio de Janeiro: Fiocruz/Centro Cultural Banco do Brasil, pp. 235-49.

HASENBALG, Carlos; SILVA, Nelson do Valle (1992). *Relações raciais no Brasil*. Rio de Janeiro: Rio Fundo Editora.

HELLWIG, David J. (org.) (1992). *African-American reflections on Brazil's racial paradise*. Filadélfia: Temple University Press.

HEREDIA, Beatriz (1988). *Formas de dominação e espaço social*. São Paulo: Marco Zero.

HERINGER, Rosana (2000). *Mapeamento de ações e discursos de combate às desigualdades raciais no Brasil.* Rio de Janeiro, novembro (relatório de pesquisa, manuscrito).

HIRANO, Sedi (1974). *Castas, estamentos e classes sociais.* São Paulo: Alfa-Omega.

HIRATA, Helena (1988). *Processos de modernização: a mulher na produção industrial.* Rio de Janeiro: ANPOCS (comunicação apresentada ao GT Mulher na Força de Trabalho).

HIRSHMAN, A. (1970). *Exit, voice, and loyalty.* Cambridge: Havard University Press.

HIRSHMAN, A. (1980). *La passion et les interêts.* Paris: PUF.

HIRSHMAN, A. (1983). *Bonheur privé, action publique.* Paris: Fayard.

HIRSHMAN, A. (1991). *Deux siècles de rhétorique réactionaire.* Paris: Fayard.

HOLANDA, Sérgio Buarque de (1936). *Raízes do Brasil.* Rio de Janeiro: José Olympio.

HUMPHREY, John (1979). "Operários na indústria automobilística no Brasil: novas tendências do movimento trabalhista". São Paulo: *Estudos Cebrap*, nº 23, pp. 81-163.

HUMPHREY, John (1982). *Fazendo o "Milagre": controle capitalista e luta operária na indústria automobilística brasileira.* São Paulo: Cebrap/ Vozes, 251 pp.

HUMPHREY, John; HIRATA, Helena (1984). "Hidden inequalities: women and men in the labour process". São Paulo: *Anais do IV Encontro Nacional de Estudos Populacionais*, ABEP, vol. I, pp. 271-300.

HUTCHINSON, Bertram A. (1960). *Mobilidade e trabalho: um estudo na cidade de São Paulo.* Rio de Janeiro: Centro Brasileiro de Pesquisas Educacionais/INEP/Ministério da Educação e Cultura.

IANNI, Octávio (1962). *As metamorfoses do escravo.* São Paulo: Difel.

IANNI, Octávio (1963). *Industrialização e desenvolvimento social no Brasil.* Rio de Janeiro: Civilização Brasileira.

IANNI, Octávio (1966). *Raças e classes sociais no Brasil.* Rio de Janeiro: Civilização Brasileira.

IANNI, Octávio (1975). *A formação do Estado populista na América Latina*. Rio de Janeiro: Civilização Brasileira.

IANNI, Octávio (1976). "A classe operária vai ao campo". São Paulo: *Cadernos Cebrap*, nº 24.

IANNI, Octávio (1988). *O colapso do populismo no Brasil*. Rio de Janeiro: Civilização Brasileira.

INSPIR/DIEESE (1999). *Mapa da população negra no mercado de trabalho*.

JELIN, E.; TORRE, Juan (1982). "Os novos trabalhadores na América Latina: uma reflexão sobre a tese da aristocracia operária". Rio de Janeiro: *Dados*, vol. XXV, nº 2, pp. 189-208.

JELIN, E.; CALDERÓN, F. (1987). "Classes sociais e movimentos sociais na América Latina". São Paulo: *Revista Brasileira de Ciências Sociais*, vol. II, nº 5, Vértice/ANPOCS, pp. 67-85.

KAUTSKY, Karl (1971). *The class struggle*. Nova York: W. W. Norton.

KAWAMURA, L. (1981). *Engenheiros: trabalho e ideologia*. São Paulo: Ática.

KAWAMURA. L. (1986). *Tecnologia e política na sociedade*. São Paulo: Brasiliense.

KOWARICK, Lúcio (org.) (1988). *As lutas sociais e a cidade*. Rio de Janeiro: Paz e Terra.

LABOV, William (1972). "Rules for ritual insults". In: *Studies of social interaction*. Nova York: Free Press, pp. 120-69.

LAMOUNIER, Bolívar (1968). "Raça e classe na política brasileira". Rio de Janeiro: *Cadernos Brasileiros*, nº 47, pp. 39-50.

LANDES, Ruth (1947). *The city of women*. Nova York: MacMillan.

LARANGEIRA, Sonia (1990). "Classes e movimentos sociais na América Latina". In: LARANGEIRA, Sonia (org.), *Classes e movimentos sociais na América Latina*. São Paulo: Hucitec.

LEACH, Edmund (1979). "Anthropological aspects of language: animal categories and verbal abuse". In: LESSA, William; VOGT, E. Z. (orgs.), *Reader in comparative religion*. Nova York: Harper and Row, pp. 153-66 (tradução brasileira: "Aspectos antropológicos da linguagem: categorias animais e insulto verbal". In: DAMATTA, Roberto (org.), *Edmund Leach*. São Paulo: Ática, 1983, pp. 170-98).

LEIRNER, Piero de Camargo (1997). "A pesquisa de campo com militares: algumas questões metodológicas". São Paulo: *Revista Brasileira de Ciências Sociais*, vol. XII, nº 34, ANPOCS, pp. 157-67.

LÉVI-STRAUSS, Claude (1975). *Antropologia estrutural*. Rio de Janeiro: Tempo Brasileiro.

LEWIN, Helena (1985). "A estrutura agrária brasileira: o impacto da modernização tecnológica no Nordeste rural". In: *Ciências sociais hoje, 1985*. São Paulo: Cortez/ANPOCS, pp. 70-112.

LIMA, Jacob Carlos (1996). *Trabalho, mercado e formação de classe: estudo sobre operários fabris em Pernambuco*. João Pessoa: Editora Universitária UFPB.

LIMA, Maria Regina Soares de; BOSCHI, Renato Raul (1995). "Democracia e reforma econômica: a visão das elites brasileiras". Rio de Janeiro: *Dados*, vol. XXXVIII, nº 1, pp. 7-30.

LINZ, Juan (1975). *Authoritarian regimes*. Campinas (trabalho apresentado à Conferência sobre História e Ciências Sociais).

LOPES, José Sérgio Leite (1976). *O vapor do diabo: o trabalho dos operário do açúcar*. Rio de Janeiro: Paz e Terra.

LOPES, José Sérgio Leite (org.) (1987). *Cultura e identidade operária: aspectos da cultura da classe trabalhadora*. Rio de Janeiro: UFRJ/Museu Nacional/Marco Zero.

LOPES, José Sérgio Leite (1988). *A tecelagem dos conflitos de classe na "cidade das chaminés"*. São Paulo: Marco Zero/Editora da UNB/MCT/CNPq.

LOPES, Juarez R. B. (1964). *Sociedade industrial no Brasil*. São Paulo: Difel.

LOPES, Juarez R. B. (1967). *A crise do Brasil arcaico*. São Paulo: Difel.

LOVELL, Peggy (1989). *Income and racial inequality in Brazil*. Gainsville: University of Florida (Ph.D. dissertation).

LYOTARD, J.-F. (1979). *La condition post-moderne*. Paris: Minuit.

MAGGIE, Yvonne (1989). *Catálogo — Centenário da Abolição*. Rio de Janeiro: ACEC/CIEC/Núcleo da Cor/UFRJ.

MAGGIE, Yvonne (1996). "Aqueles a quem foi negada a cor do dia: as categorias de cor e raça na cultura brasileira". In: MAIO, Marcos C.; SANTOS, Ricardo V. (orgs.), *Raça, ciência e sociedade*. Rio de Janeiro: Fiocruz/Centro Cultural Banco do Brasil, pp. 225-34.

MAGGIE, Yvonne (1999). *Universalism, particularism and the search for new ways to diminish exclusion and inequality: Pré-Vestibular para Negros e Carentes*. Chicago: 98th Annual Meeting of the American Anthropological Association, novembro.

MAIO, Marcos Chor (1997). *A história do Projeto UNESCO: estudos raciais e ciências sociais no Brasil*. Rio de Janeiro: IUPERJ (tese de doutorado).

MALLET, Serge (1969). *La nouvelle classe ouvrière*. Paris: Le Seuil.

MALLOY, James M. (org.) (1976). *Authoritarianism and corporatism in Latin America*. Pittsburg: University of Pittsburg Press.

MARONI, Amnéris (1982). *A estratégia da recusa: análise das greves de maio/78*. São Paulo: Brasiliense.

MARSHALL, T. H. (1965). *Class, citizenship, and social development*. Nova York: Doubleday.

MARTINS, Carlos Estevam (1974). *Tecnocracia e capitalismo*. São Paulo: Cebrap/Brasiliense.

MARTINS, Heloisa H. T. de S. (1991). *Igreja e movimento operário no ABC: as raízes do sindicalismo autêntico e de base no Brasil*. Caxambu: XV Encontro Anual da ANPOCS.

MARTINS, José de Souza (1973). *A imigração e a crise do Brasil agrário*. São Paulo: Pioneira.

MARTINS, José de Souza (1979). *O cativeiro da terra*. São Paulo: Hucitec.

MARTINS, José de Souza (1980). *Expropriação e violência: a questão política no campo*. São Paulo: Hucitec.

MARTINS, José de Souza (1981). *Os camponeses e a política no Brasil: as lutas sociais no campo e seu lugar no processo político*. Petrópolis: Vozes.

MARTINS, José de Souza (1994). "A reprodução do capital na frente pioneira e o renascimento da escravidão no Brasil". São Paulo: *Tempo Social*, vol. VI, nº 1-2, pp. 1-25.

MARTINS, José de Souza (1998). "A vida privada nas áreas de expansão da sociedade brasileira". In: SCHWARCZ, Lilia (org.), *História da vida privada no Brasil: contrastes da intimidade contemporânea*, vol. IV. São Paulo: Companhia das Letras, pp. 659-726.

MARTINS, Luciano (1968). *Industrialização, burguesia nacional e desenvolvimento*. Rio de Janeiro: Saga.

MARTINS, Luciano (1987). "A gênese de uma *intelligentsia*: os intelectuais e a política no Brasil, 1920 a 1940". São Paulo: *Revista Brasileira de Ciências Sociais*, vol. II, nº 4, ANPOCS, pp. 65-87.

MARX, Karl (1967). *O Capital*. Rio de Janeiro: Civilização Brasileira.

MAUÉS, Maria Angélica de Motta (1988). "Entre o branqueamento e a negritude: o TEN e o debate da questão racial". Rio de Janeiro: *Dionysos*, nº 28: *Teatro Experimental do Negro*, MINC/FUNDACEN, pp. 89-102.

MELLO, Maria Conceição D'Incao (1971). *Absorção do migrante rural em Presidente Prudente*. São Paulo: FFLCH/USP (dissertação de mestrado, Departamento de Ciências Sociais).

MELLO, Maria Conceição D'Incao (1984). *A questão do bóia-fria*. São Paulo: Brasiliense.

MELUCCI, Alberto (1981). "Ten hypotheses for the analysis of new movements". In: PINTO, Diana (org.), *Contemporary Italian sociology*. Cambridge: Cambridge University Press.

MICELI, Sergio (1979). *Intelectuais e classe dirigente no Brasil (1920-1945)*. São Paulo: Difel.

MINELLA, Ary César (1988). *Banqueiros, organização e poder político no Brasil*. Rio de Janeiro: Espaço e Tempo/ANPOCS.

MOISÉS, José Álvaro (1977). *A greve dos 300 mil e as comissões de empresa*. São Paulo: CEDEC (mimeo).

MOISÉS, José Álvaro (1978). *Greve de massa e crise política: estudo da greve dos 300 mil em São Paulo, 1953-54*. São Paulo: Polis.

MOISÉS, José Álvaro (1979). *Classes populares e protesto urbano*. São Paulo: USP (tese de doutorado).

MOISÉS, José Álvaro (1982). "Qual é a estratégia do novo sindicalismo?". In: *Alternativas populares da democracia*. Petrópolis: Vozes, pp. 11-39.

MOISÉS, José Álvaro; ALIER, Verena (1978). "A revolta dos suburbanos ou 'patrão, o trem atrasou'". In: *Contradições urbanas e movimentos sociais*. Rio de Janeiro: Paz e Terra, pp. 13-63.

MORALES, Anamaria (1988). "O afoxé Filhos de Ghandi pede paz". In: REIS, J. J. (org.), *Escravidão e invenção da liberdade*. São Paulo: Brasiliense, pp. 264-74.

MOURA, R. (1995). *Tia Ciata e a pequena África no Rio de Janeiro*. Rio de Janeiro: Secretaria Municipal de Cultura.

MUNANGA, Kabengele (1999). *Rediscutindo a mestiçagem no Brasil: identidade nacional* versus *identidade negra*. Petrópolis: Vozes.

MYRDAL, Gunnar (1944). *An American dilemma: the Negro problem and modern democracy*. Nova York: Harper & Bros.

NABUCO, Joaquim (1883). *O abolicionismo*. Londres: Abraham Kingdon.

NASCIMENTO, Abdias do (1950). "Inaugurando o I Congresso do Negro Brasileiro". *Quilombo*, nº 10 (discurso pronunciado na Associação Brasileira de Imprensa em 26/8/1950).

NASCIMENTO, Abdias do (1968). *O negro revoltado*. Rio de Janeiro: Edições GRD.

NASCIMENTO, Abdias do (1968a). "Depoimento". Rio de Janeiro: *Cadernos Brasileiros*, 1968, vol. X, nº 47, pp. 23-6.

NASCIMENTO, Abdias do (1978). *O genocídio do negro brasileiro*. Rio de Janeiro: Paz e Terra.

NASCIMENTO, Abdias do (1980). "Quilombismo: an Afro-Brazilian political alternative". *Journal of Black Studies*, vol. XI, Issue 2, dezembro, pp. 141-78.

NASCIMENTO, Abdias do (1991). *A luta afro-brasileira no Senado*. Brasília: Senado Federal.

NASCIMENTO, Abdias do *et al.* (1950). *Relações de raça no Brasil*. Rio de Janeiro: Quilombo.

NASCIMENTO, A.; NASCIMENTO, E. (2001). "Dance of deception: a reading of race relations in Brazil". In: *Beyond racism: race and inequality in Brazil, South Africa, and the United States*. Boulder/Londres: Lynne Rienner Publishers, pp. 229-55.

NISBET, R. (1959). "The decline and fall of social class". Beverly Hills, CA: *Pacific Sociological Review*, vol. II, nº 1, Sage Publications, pp. 119-29.

NOGUEIRA, Oracy (1998 [1955]). *Preconceito de marca: as relações raciais em Itapetininga*. São Paulo: Edusp.

NOIRIEL, R. (1992). *Population, immigration et identité nationale en France, XIX-XX siècle*. Paris: Hachette.

O'DONNELL, Guillermo (1976). "Sobre o corporatismo e a questão do Estado". Belo Horizonte: *Cadernos do DCP*, nº 3, UFMG, pp. 1-54.

OBERSCHALL, Anthony (1973). *Social conflicts and social movements*. Englewood Cliffs, NJ: Prentice-Hall.

OFFE, Claus (1989). "Trabalho: a categoria-chave da sociologia?". São Paulo: *Revista Brasileira de Ciências Sociais*, vol. IV, nº 10, Vértice/ANPOCS, pp. 5-20.

OFFE, Claus; WIESENTHAL, Helmut (1979). "Two logics of collective action: theoretical notes on social class and organizational formats". In: ZEITLIN, Maurice (org.), *Political power and social theory*, vol. I. Greenwich, Conn.: JAI Press.

OLIVEIRA, Francisco de (1972). "Crítica à razão dualista". São Paulo: *Estudos Cebrap*, nº 2, pp. 3-82.

OLIVEIRA, Francisco de (1977). *Elegia para uma re(li)gião: SUDENE, Nordeste, planejamento e conflitos de classes*. Rio de Janeiro: Paz e Terra.

OLIVEIRA, Francisco de (1987). *O elo perdido: classe e identidade de classe*. São Paulo: Brasiliense.

OLIVEIRA, Francisco de (1988). "Medusa ou as classes médias e a consolidação democrática". In: REIS, Fábio Wanderley; O'DONNELL, Guillermo (orgs.), *A democracia no Brasil: dilemas e perspectivas*. São Paulo: Vértice, pp. 282-95.

OLIVEIRA, F.; REICHSTUL, P. (1973). "Mudanças na divisão inter-regional do trabalho no Brasil". São Paulo: *Estudos Cebrap*, nº 4, pp. 131-68.

OLIVEIRA, Roberto C. de (1976). *Identidade, etnia e estrutura social*. São Paulo: Pioneira.

OLSON JR., Mancur (1965). *The logic of collective action*. Cambridge: Harvard University Press.

PALACIOS, Guillermo (1993). "Campesinato e historiografia no Brasil: comentários sobre algumas obras notáveis". Rio de Janeiro: *BIB* — Boletim Informativo e Bibliográfico de Ciências Sociais, nº 35, ANPOCS/Relume-Dumará, pp. 41-57.

PALMEIRA, Moacir (1971). *Latifundium et capitalisme: lecture critique d'un débat*. Paris: Université de Paris (thèse de doctorat).

PALMEIRA, Moacir (1985). "A diversidade da luta no campo: luta camponesa e diferenciação do campesinato". In: PAIVA, V. (org.), *Igreja e questão agrária*. São Paulo: Loyola.

PAOLI, Maria C. (1987). "Os trabalhadores urbanos na fala dos outros: tempo, espaço e classe na história operária brasileira". In: LOPES, José Sérgio Leite (org.), *Cultura e identidade operária: aspectos da cultura da classe trabalhadora*. Rio de Janeiro: UFRJ/Museu Nacional/Marco Zero, pp. 53-102.

PARK, Robert E. (1950). *Race and culture*. Nova York: The Free Press.

PARKIN, Frank (1979). *Marxism and class theory: a bourgeois critique*. Londres: Tavistock.

PARROT, J.-P. (1974). *La représentation des intérêts dans le mouvement des idées politiques*. Paris: PUF.

PASSOS, Manoel (1942). "A message to American negroes". Atlanta, GA: *Phylon: The Atlanta University Review of Race and Culture*, nº 3, Third Quarter, pp. 284-86.

PEIXOTO, Fernanda Arêas (2000). *Diálogos brasileiros: uma análise da obra de Roger Bastide*. São Paulo: Edusp.

PENA, Maria Valéria Junho (1981). *Mulheres e trabalhadoras: presença feminina na constituição do sistema fabril*. Rio de Janeiro: Paz e Terra.

PEREIRA, João Baptista Borges (1982). "Parâmetros ideológicos do projeto político de negros em São Paulo". São Paulo: *Revista do Instituto de Estudos Brasileiros*-USP, nº 24, pp. 53-61.

PEREIRA, João Baptista Borges (1996). "Racismo à brasileira". In: MUNANGA, Kabengele (org.), *Estratégias e políticas de combate à discriminação racial*. São Paulo: Edusp, pp. 75-8.

PEREIRA, Luiz (1965). *Trabalho e desenvolvimento no Brasil*. São Paulo: Difel.

PEREIRA, Luiz (1978). *Classe operária, situação e reprodução*. São Paulo: Duas Cidades.

PEREIRA, Luiz Carlos Bresser (1977). *Estado e subdesenvolvimento industrializado*. São Paulo: Brasiliense.

PEREIRA, Luiz Carlos Bresser (1978). *O colapso de uma aliança de classes: a burguesia e a crise do autoritarismo tecno-burocrático*. São Paulo: Brasiliense.

PEREIRA, Luiz Carlos Bresser (1985). *Pactos políticos: do populismo à redemocratização*. São Paulo: Brasiliense.

PEREIRA, Luiz Carlos Bresser (1994). "Empresários, suas origens e as interpretações do Brasil". São Paulo: *Revista Brasileira de Ciências Sociais*, ano IX, nº 25, ANPOCS, pp. 52-64.

PEREIRA, Vera Maria Cândido (1979). *O coração da fábrica: estudo de caso entre operários*. Rio de Janeiro: Campus.

PIERSON, Donald (1942). *Negroes in Brazil: a study of race contact in Bahia*. Chicago: University of Chicago Press.

PIERSON, Donald (1945). "O estudo de contato racial". São Paulo: *Sociologia*, vol. VII, nº 1, pp. 38-53.

PIERSON, Donald (1948). "Como descobrir o que é 'classe'". São Paulo: *Sociologia*, vol. X, nº 2-3, pp. 71-5.

PIERSON, Donald (1971 [1942]). *Brancos e pretos na Bahia (estudo de contacto racial)*. São Paulo: Companhia Editora Nacional.

PIERUCCI, Antônio Flávio (1999). *Ciladas da diferença*. São Paulo: Editora 34.

PINHEIRO, Paulo Sérgio de N. S. (1974). *Classes médias urbanas: formação, natureza, intervenção na vida política*. Campinas: UNICAMP (mimeo).

PINHEIRO, Paulo Sérgio (1975). *Trabalho e política no Brasil: os anos 20*. Rio de Janeiro: Paz e Terra.

PINHEIRO, Paulo Sérgio (1975a). "Trabalho industrial no Brasil: uma revisão". São Paulo: *Estudos Cebrap*, nº 14, pp. 119-31.

PINHEIRO, P. S.; HALL, M. M. (1982). *A classe operária no Brasil: 1889-1930*. São Paulo: Brasiliense.

PINTO, Luiz de A. C. (1946). "Sobre as classes sociais". São Paulo: *Sociologia*, vol. VIII, nº 4, pp. 242-58.

PINTO, Luiz de A. C. (1998 [1953]). *O negro no Rio de Janeiro: relações de raças numa sociedade em mudança*. Rio de Janeiro: Companhia Editora Nacional (nova edição pela UFRJ).

PIVEN, Frances Fox; CLOWARD, Richard Q. (1979). *Poor people's movements: why they succeed, how they fail.* Nova York: Vintage Books.

PIZZORNO, Alessandro (1976). "Introducción al estúdio de la participación política". In: PIZZORNO, A. *et al.* (orgs.), *Participación y cambio social en la problemática contemporanea.* Buenos Aires: Editorial SIAP.

POERNER, Arthur José (1968). *O poder jovem: história da participação política dos estudantes brasileiros.* Rio de Janeiro: Civilização Brasileira.

PORTO, Maria Stella G. (1992). "A tecnologia como forma de violência". Brasília: *Sociedade e Estado*, vol. VII, nº 1-2, pp. 79-97.

POULANTZAS, Nicos (1968). *Pouvoir politique et classes sociales.* Paris: François Maspero.

POULANTZAS, Nicos (1973). *Political power and social classes.* Londres: New Left Books.

POULANTZAS, Nicos (1974). *Les classes sociales dans le capitalisme aujourd'hui.* Paris: Seuil.

POULANTZAS, Nicos (1977). "The new petty bourgeoisie". In: HUNT, A. (org.), *Class and class structure.* Londres: Lawrence and Wishart.

POULANTZAS, Nicos (1978). *Classes in contemporary capitalism.* Londres: Verso.

POULANTZAS, Nicos (1983). "On social classes". In: GUIDDENS, A. (org.), *Classes, power and conflict.* Londres: MacMillan.

PRADO JR., Caio (1965 [1937]). *A formação do Brasil contemporâneo: Colônia.* São Paulo: Brasiliense.

PRADO JR., Caio (1966). *A revolução brasileira.* São Paulo: Brasiliense.

PRANDI, Reginaldo (1996). "Raça e voto na eleição presidencial de 1994". Rio de Janeiro: *Estudos Afro-Asiáticos*, nº 30, pp. 61-78.

PRESTON, Kathleen; STANLEY, Kimberley (1987). "'What's the worst thing...?' Gender-directed insults". Nova York: *Sex Roles*, vol. XVII, nº 3-4, Plenum Pub. Corp. p. 209-19.

PRZEWORSKI, Adam (1977). "From proletariat into class: the process of class formation from Karl Kautsky's *The class struggle* to recent debates". Los Altos, CA: *Politics and Society*, vol. VII, nº 4, Geron-X, Inc.

PRZEWORSKI, Adam (1979). "The material bases of consent: economics and politics in a hegemonic system". In: ZEITLIN, Maurice (org.), *Political power and social theory*, vol. I. Greenwich, Conn: JAI Press.

QUEIROZ. Maria Isaura Pereira de (1967). "Bairros rurais paulistas". *Revista da Museu Paulista* (Separata), nova série, vol. XVII, pp. 63-210.

QUEIROZ, Maria Isaura Pereira de (1973). *O campesinato brasileiro*. Petrópolis: Vozes.

RAMALHO, José Ricardo Garcia Pereira (1989). *Estado-patrão e luta operária: o caso de São Paulo*. São Paulo: Paz e Terra.

RAMOS, Antonio Guerreiro (1957). *Introdução crítica à sociologia brasileira*. Rio de Janeiro: Andes.

REIS, Elisa P. (1982). "Elites agrárias, *state-building* e autoritarismo". Rio de Janeiro: *Dados*, vol. XXV, nº 3, pp. 331-48.

REIS, Elisa P. (1990). "Brazil: one hundred years of the agrarian question". Oxford: *International Social Science Journal*, nº especial: *Peasantries: Peasant Strategies, State Policies, and Market Relations*, Basil Blackwell for UNESCO, p. 153-68.

REIS, Elisa P. (2000). "Modernization, citizenship, and stratification: historical processes and recent changes in Brazil". Cambridge, MA: *Daedalus* (Spring), pp. 171-94.

REIS, Elisa P.; CHEIBUB, Zairo B. (1995). "Valores políticos das elites e consolidação democrática". Rio de Janeiro: *Dados*, vol. XXXVIII, nº 1, pp. 31-56.

REIS, Fábio Wanderley (1974). "Political development and social class: Brazilian authoritarianism in perpsective". Harvard University (Ph.D. dissertation).

REIS, Fábio Wanderley (1997). "Mito e valor da democracia racial". In: SANT'ANNA, A.; SOUZA, J. (orgs.), *Multiculturalismo e racismo: uma comparação Brasil-Estados Unidos*. Brasília: Paralelo 15.

REIS, João J. (1991). *A morte é uma festa*. São Paulo: Companhia das Letras.

RENAN, Ernest (1997 [1882]). "Que é uma nação?". São Paulo: *Plural*, nº 4, pp. 154-75.

RISÉRIO, Antonio (1981). *Carnaval Ijexá*. Salvador: Corrupio.

RISÉRIO, Antonio (1988). "A Bahia com H". In: REIS, J. J. (org.), *Escravidão e invenção da liberdade*. São Paulo: Brasiliense, pp. 143-65.

RODRIGUES, A. M. (1978). *Operário, operária*. São Paulo: Símbolo.

RODRIGUES, José Albertino (1968). *Sindicato e desenvolvimento no Brasil*. São Paulo: Difel.

RODRIGUES, Leôncio Martins (1966). *Conflito industrial e sindicalismo no Brasil*. São Paulo: Difel.

RODRIGUES, Leôncio Martins (1968). *Sindicalismo e sociedade*. São Paulo: Difel.

RODRIGUES, Leôncio Martins (1970). *Industrialização e atitudes operárias*. São Paulo: Brasiliense.

RODRIGUES, Leôncio Martins (1974). *Trabalhadores, sindicatos e industrialização*. São Paulo: Brasiliense.

RODRIGUES, Nina (1933). *Os africanos no Brasil*. São Paulo: Companhia Editora Nacional.

ROMERO, Silvio (1949 [1888]). *História da literatura brasileira* (4ª ed.). Rio de Janeiro: José Olympio.

ROSANVALLON, P. (1995). *La nouvelle question sociale*. Paris: Seuil.

ROWLAND, Robert (1974). "Classe operária e Estado de compromisso". São Paulo: *Estudos Cebrap*, nº 8, pp. 7-40.

SÁ JR., Francisco (1973). "O desenvolvimento da agricultura nordestina e a função das atividades de subsistência". São Paulo: *Estudos Cebrap*, nº 3, pp. 90-147.

SADER, Eder (1988). *Quando novos personagens entraram em cena: experiências, falas e lutas dos trabalhadores da Grande São Paulo (1970-80)*. Rio de Janeiro: Paz e Terra.

SADER, Eder; PAOLI, Maria Célia (1986). "Sobre 'classes populares' no pensamento sociológico brasileiro (notas de leitura sobre acontecimentos recentes)". In: CARDOSO, Ruth (org.), *A aventura antropológica*. São Paulo: Paz e Terra, pp. 39-68.

SADER, Eder; PAOLI, Maria Célia; TELLES, Vera (1983). "Pensando a classe operária: os trabalhadores sujeitos ao imaginário acadêmico". São Paulo: *Revista Brasileira de História*, nº 6, Marco Zero, pp. 129-49.

SAES, Décio (1985). *Classe média e sistema político no Brasil.* São Paulo: T. A. Queiroz.

SALLUM JR., Brasilio (1979). *Capitalismo e cafeicultura no Oeste Paulista, 1888-1930.* São Paulo: FFLCH-USP (doutorado, Departamento de Ciências Sociais).

SANSONE, Livio (1996). "De paraíso a inferno racial". Salvador: *A Tarde*, Caderno 3, 9 de novembro, pp. 8-9.

SANSONE, Livio (1996a). "The new blacks from Bahia: local and global in Afro-Bahia". Amsterdã: *Identities*, vol. III, nº 4, pp. 457-93.

SANTOS, Jocélio Teles (1995). *O dono da terra: o caboclo nos candomblés da Bahia.* Salvador: Sarah Letras.

SANTOS, Jocélio Teles (2000). *O poder da cultura e a cultura no poder: a construção da disputa simbólica da herança cultural negra no Brasil.* São Paulo: USP (tese de doutorado, Departamento de Antropologia).

SANTOS, Joel Rufino dos (1985). "O movimento negro e a crise brasileira". Rio de Janeiro: *Politica e Administração*, vol. II, nº 2, julho-setembro, pp. 287-307.

SANTOS, José Vicente T. (1991). "Crítica da sociologia rural e construção de uma outra sociologia dos processos sociais agrários". In: *Ciências sociais hoje, 1991.* São Paulo: Vértice/ANPOCS, pp. 13-51.

SANTOS, Wanderley Guilherme dos (1977). "Liberalism in Brazil: ideology and praxis". In: BLACKMAN, Morris J. A.; HELMAN, Ronald G. (orgs.), *Terms of conflict ideology in Latin American politics.* Filadélfia: Institute for the Study of Human Issues.

SAYAD, Abdelmalek (1984). "Tendances et courants des publications en sciences sociales sur l'immigration en France depuis 1960". *Current Sociology*, vol. XXXII, tomo II, nº 3 (Hiver), pp. 219-51.

SAYAD, Abdelmalek (1991). *L'immigration ou les paradoxes de l'alterité.* Paris/Bruxelas: De Boeck Université.

SAYAD, Abdelmalek (1999). *La double absence: des illusions de l'émigré aux souffrances de l'immigré.* Paris: Seuil.

SCHUTTE, Ofelia (1993). *Cultural identity and social liberation in Latin America thought.* Albany: State of New York Press.

SCHWARCZ, Lilia Moritz (1993). *O espetáculo das raças: cientistas, instituições e questões raciais no Brasil (1870-1930)*. São Paulo: Companhia das Letras.

SCHWARCZ, Lilia Moritz (1999). *As barbas do imperador*. São Paulo: Companhia das Letras.

SCHWARCZ, Lilia Moritz (1999a). "Questão racial e etnicidade". In: MICELI, Sergio (org.), *O que ler na ciência social brasileira (1970-1995)*, vol. II: *Antropologia*. São Paulo: Sumaré/ANPOCS, pp. 267-326.

SCHWARTZ, Olivier (1990). *Le monde privé des ouvriers: hommes et femmes du Nord*. Paris: PUF.

SCHWARTZMAN, Simon (1970). "Representação e cooptação política no Brasil". Rio de Janeiro: *Dados*, nº 7, pp. 9-40.

SCHWARTZMAN, Simon (1973). *São Paulo e o Estado nacional*. São Paulo: Difel.

SCHWARTZMAN, Simon (1982). *Bases do autoritarismo brasileiro*. Rio de Janeiro: Campus.

SEGNINI, Liliana (1998). *Mulheres no trabalho bancário*. São Paulo: Edusp.

SEYFERTH, Giralda (1990). *Imigração e cultura no Brasil*. São Paulo: Brasiliense.

SHUMWAY, Nicolas (1991). *The invention of Argentina*. Berkeley: University of California Press.

SIGAUD, Lygia (1986). "A luta de classes em dois atos: notas sobre o ciclo de greves camponesas". Rio de Janeiro: *Dados*, vol. XXIX, nº 3, pp. 319-44.

SIGAUD, Lygia (1986a). "Efeitos sociais dos grandes projetos hidrelétricos: as barragens de Sobradinho e Machadinho". Rio de Janeiro: *Comunicação*, nº 9, Museu Nacional.

SIGAUD, Lygia (1989). "A presença política dos camponeses: uma questão de reconhecimento". In: CAMARGO, A.; DINIZ, E. (orgs.), *Continuidade e mudança no Brasil da Nova República*. São Paulo: Vértice, pp. 163-83.

SILVA, Carlos B. Rodrigues (1995). *Da terra das primaveras às ilhas de amor: reggae, lazer e identidade cultural*. São Luis: Edufma.

SILVA, Jônatas C. da (1988). "História de lutas negras: memórias do surgimento do movimento negro na Bahia". In: REIS, João J. (org.), *Escravidão e invenção da liberdade*. São Paulo: Brasiliense, pp. 275-88.

SILVA, Nelson do Valle (1978). *White-nonwhite income diferentials: Brazil, 1960*. Ann Arbor: University of Michigan (Ph.D thesis).

SILVA, Nelson do Valle (2000). "Extensão e natureza das desigualdades raciais no Brasil". In: GUIMARÃES, A. S. A.; HUNTLEY, L. W. (orgs.), *Tirando a máscara: ensaios sobre o racismo no Brasil*. São Paulo: Paz e Terra, pp. 33-51.

SILVA, Nelson V.; SOARES, Gláucio (1985). "O charme discreto do socialismo moreno". Rio de Janeiro: *Dados*, vol. XXVIII, nº 2, pp. 253-73.

SILVA JR., Hédio (1998). *Anti-racismo: coletânea das leis brasileiras (federais, estaduais, municipais)*. São Paulo: Oliveira Mendes.

SIMÃO, Azis (1966). *Sindicato e Estado: suas relações na formação do proletariado de São Paulo*. São Paulo: Dominus.

SIMÕES, Solange de Deus (1989). *The position of engineers in the Brazilian class structure and their industrial and political orientation*. Londres: London School of Economics (tese de doutorado).

SIMÕES, Solange de Deus (1992). "Classe média profissional no Brasil: teoria e organização política e sindical". In: *Ciências sociais hoje, 1992*. Rio de Janeiro: Rio Fundo/ANPOCS, pp. 160-99.

SIMONSEN, Roberto (1978). *História econômica do Brasil*. São Paulo: Companhia Editora Nacional.

SINGER, Paul; BRANT, Vinicius Caldeira (1980). *São Paulo: o povo em movimento*. Petrópolis: Vozes.

SIQUEIRA, D.; SOUZA FILHO, E. (1996). "Identidade e identidade de classe: reflexões para a pesquisa". In: SIQUEIRA, D.; POTENGY, G.; CAPPELLIN, P. (orgs.), *Relações de trabalho e relações de poder*. Brasília: Editora da UNB, pp. 73-84.

SKIDMORE, Thomas (1976). *Preto no branco, raça e nacionalidade no pensamento brasileiro*. Rio de Janeiro: Paz e Terra.

SKIDMORE, Thomas (1997). "Ação afirmativa no Brasil? Reflexões de um brasilianista". In: SOUZA, Jessé (org.), *Multiculturalismo e racismo: uma comparação Brasil-Estados Unidos*. Brasília: Paralelo 15, pp. 127-36.

SKURSKI, Julie (1996). "The ambiguities of authenticity in Latin America: Doña Bárbara and the construction of national identity". In: ELEY, Geoff; SUNY, R. G. (orgs.), *Becoming national.* Oxford: Oxford University Press, 1996.

SOARES, Sergei (2000). "O perfil da discriminação no mercado de trabalho: homens negros, mulheres brancas e mulheres negras". Rio de Janeiro: *Textos para Discussão*, nº 769, IPEA.

SODRÉ, Nelson Werneck (1968). *Fundamentos do materialismo dialético.* Rio de Janeiro: Civilização Brasileira.

SODRÉ, Nelson Werneck (1976). *História da burguesia brasileira.* Rio de Janeiro: Civilização Brasileira.

SORJ, Bila (1983). "O processo de trabalho na indústria: tendências de pesquisa". São Paulo: *BIB: O que se Deve Ler em Ciências Sociais no Brasil*, vol. III, nº 15, Cortez, pp. 53-5.

SOUZA, Amaury de (1971). "Raça e política no Brasil urbano". São Paulo: *Revista de Administração de Empresas*, nº 11, FGV, outubro-dezembro, pp. 61-70.

SOUZA, Jessé (2000). "Democracia racial e multiculturalismo: a ambivalente singularidade cultural brasileira". Rio de Janeiro: *Estudos Afro-Asiáticos*, nº 38, dezembro, pp. 135-55.

SOUZA, Jessé (2000a). *A modernização seletiva.* Brasília: Editora da UNB, pp. 209-52.

SOUZA-LOBO, Elizabeth (1991). *A classe operária tem dois sexos.* São Paulo: Brasiliense.

STEPAN, Alfred (org.) (1973). *Authoritarian Brazil: origins, policies and future.* New Haven: Yale University Press.

STEPAN, Alfred (1971). *The military in politics: changing patterns in Brazil.* Princeton: Princeton University Press.

STUTZMAN, Ronald (1981). "El Mestizaje: an all-inclusive ideology of exclusion". In: WHITTEN, Norman (org.), *Cultural transformation and ethnicity in Ecuador.* Urbana: University of Illinois Press, pp. 49-76.

SUAREZ, Marcos Alban (1986). *Petroquímica e tecnoburocracia.* São Paulo: Hucitec.

TAVARES, Júlio César (1988). "Teatro Experimental do Negro: contexto, estrutura e ação". Rio de Janeiro: *Dionysos*, nº 28: *Teatro Experimental do Negro*, MINC/Fundacen, pp. 79-88.

TEIXEIRA, João Gabriel L. C. (1989). *Os metalúrgicos de Salvador: um estudo de ideologia operária*. Brasília: Editora da UNB.

TELLES, Edward (1992). "Residential segregation by skin color in Brazil". Menasha, WIS: *American Sociological Review*, nº 57, abril, pp. 186-97.

TELLES, Edward; BAILEY, Stan (2001). *Políticas anti-racistas e opinião pública: comparações com os Estados Unidos*. Rio de Janeiro, 11 pp. (texto digitado).

TELLES, Vera da Silva (1988). "Anos 70: experiências, práticas e espaços políticos". In: KOWARICK, Lúcio (org.), *As lutas sociais e a cidade*. Rio de Janeiro: Paz e Terra, pp. 247-86.

TELLES, Vera da Silva (1992). *Cidadania inexistente, incivilidade e pobreza: um estudo sobre trabalho e família na Grande São Paulo*. São Paulo: FFLCH-USP (tese de doutorado em Sociologia).

THOMPSON, E. P. (1958). *The making of English working class*. London: Vintage.

THOMPSON, E. P. (1978). "Eighteenth-century english society: class struggle without class?". Londres: *Social History*, vol. III, nº 2, Methuen.

TILLY, Charles (1978). *From mobilization to revolution*. Reading, MA: Addison Wesley.

TÖNNIES, Ferdinand (1966). "Estates and classes". In: BENDIX, R.; LIPSET, S. M. (orgs.), *Class, status, and power*. Londres: Routledge and Kegan Paul.

TOURAINE, Alain (1961). "Industrie et conscience ouvrière à São Paulo". *Sociologie du Travail*, nº 4, pp. 77-94.

TOURAINE, Alain (1969). *La société post-industrielle*. Paris: Denöel.

VARGAS, Nilton (1985). "Gênese e difusão do taylorismo no Brasil". In: *Ciências sociais hoje, 1985*. São Paulo: Cortez/ANPOCS, pp. 155-91.

VASCONCELOS, José (1948 [1925]). *Raza cósmica: misión de la raza iberoamericana*. Buenos Aires: Espasa-Calpe.

VELHO, Otávio G. (1976). *Capitalismo autoritário e campesinato: um estudo comparativo a partir da fronteira em movimento*. São Paulo: Difel.

VELLOSO, M. P. (1990). "As tias baianas tomam conta do pedaço: espaço e identidade cultural no Rio de Janeiro". Rio de Janeiro: *Estudos Históricos*, vol. III, nº 6, pp. 207-28.

VERGER, Pierre (1984). "Procissões e carnaval no Brasil". Salvador: *Ensaios/Pesquisas*, nº 5, Centro de Estudos Afro-Orientais, outubro.

VERRET, Michel (1981). "Classe ouvrière, conscience ouvrière". In: REYNAUD, J.-D. (org.), *Français, qui êtes-vous?* Paris: La Documentation Française, pp. 61-70.

VERRET, Michel (1988). *La culture ouvrière*. Paris: L'Harmattan.

VERRET, Michel (1988a). *Le travail ouvrier*. Paris: A. Colin.

VERRET, Michel (1994). "Où va la classe ouvrière française?". Paris: *Autrement*, nº 126, pp. 21-32.

VIANNA, Hermano (1988). *O mundo funk carioca*. Rio do Janeiro: Zahar.

VIANNA, Luiz Werneck (1978). "Estudos sobre sindicalismo e movimento operário: resenha de algumas tendências". São Paulo: *BIB: O que se Deve Ler em Ciências Sociais no Brasil*, vol. I, nº 3, Cortez, pp. 53-69.

VIANNA, Luiz Werneck (1978a). *Liberalismo e sindicato no Brasil*. Rio de Janeiro: Paz e Terra.

VIANNA, Luiz Werneck (1984). "Atualizando uma bibliografia: 'novo sindicalismo', cidadania e fábrica". São Paulo: *BIB: O que se Deve Ler em Ciências Sociais no Brasil*, vol. III, nº 17, Cortez, pp. 53-69.

WADE, Peter (1993). *Blackness and race mixture: the dynamics of racial identity in Colombia*. Baltimore: The Johns Hopkins University Press.

WAGLEY, Charles (1951). *A revolução brasileira*. Salvador: Progresso.

WAGLEY, Charles (org.) (1952). *Race and class in rural Brazil*. Nova York: Columbia University Press.

WEBER, Max (1968). *Economy and society*. Nova York: Bedminster Press.

WEFFORT, Francisco (1971). "Nota sobre a Teoria da Dependência: teoria de classe ou ideologia nacional". São Paulo: *Estudos Cebrap*, nº 1, pp. 1-24.

WEFFORT, Francisco (1972). "Participação e conflito industrial: Contagem e Osasco". São Paulo: *Cadernos Cebrap*, nº 5, 93 pp.

WEFFORT, Francisco (1973). "Origens do sindicalismo populista no Brasil: a conjuntura do após-guerra". São Paulo: *Estudos Cebrap*, nº 4, abril-junho, pp. 65-105.

WEFFORT, Francisco (1975). *Sindicatos e política*. São Paulo: FFLCH-USP (tese de livre docência).

WEFFORT, Francisco (1978). "Democracia e movimento operário: algumas questões para a história do período 1945-1964 (1ª parte)". São Paulo: *Revista de Cultura Contemporânea*, vol. I, nº 1, julho, pp. 7-13.

WEFFORT, Francisco (1979). "Democracia e movimento operário: algumas questões para a história do período 1945-1964 (2ª parte)". São Paulo: *Revista de Cultura e Política*, vol. I, nº 1, agosto, pp. 11-8.

WEIL, Simone (1951). *La condition ouvrière*. Paris: Gallimard.

WILLEMS, Emílio (1947). *Cunha: tradição e transição em uma cultura rural do Brasil*. São Paulo: Secretaria da Agricultura do Estado de São Paulo, Directoria de Publicidade Agrícola.

WILLEMS, Emílio (1948). "Velhos e novos rumos no estudo das classes sociais". São Paulo: *Sociologia*, vol. X, nº 2-3, pp. 76-90.

WILLIAMS, Raymond (1977). *Marxism and literature*. Oxford: Oxford University Press.

WILLIAMS, Raymond (1981). *The sociology of culture*. Nova York: Schocken Books.

WOOD, Charles; CARVALHO, J. A. (1994). *A demografia da desigualdade no Brasil*. Rio de Janeiro: IPEA.

WRIGHT, E. O. (1977). "Class boundaries in advanced capitalist societies". Londres: *New Left Review*, vol. XCVIII, pp. 3-41.

WRIGHT, E. O. (1978). *Class, crisis and the state*. Londres: New Left Books.

WRIGHT, E. O. (1985). *Classes*. Londres: Verso.

ZALUAR, Alba (1994). "Memorial da violência". Campinas: *Cadernos do Instituto de Filosofia e Ciências Humanas*, Unicamp, nº 28.

ZAVERUCHA, Jorge (1994). *Rumor de sabres: controle civil ou tutela militar? Estudo comparativo das transições democráticas no Brasil, na Argentina e na Espanha*. São Paulo: Ática.

Este livro foi composto em Sabon pela Bracher & Malta, com fotolitos do Bureau 34 e impresso pela Bartira Gráfica e Editora em papel Pólen Soft 80 g/m² da Cia. Suzano de Papel e Celulose para a Editora 34, em abril de 2002.